新编21世纪高等职业教育精品教材
金融类

金融科技基础

主 编 汪一林 项 阳

中国人民大学出版社
· 北京 ·

前言

党的二十大报告指出，“加快发展数字经济，促进数字经济和实体经济深度融合”。金融是促进数字经济建设的重要推力，同时金融业本身也与数字技术深度关联，形成了金融科技新业态，是数字经济发展的重要实践领域。

在金融业的发展长河中，金融始终离不开科技的支持。造纸术、印刷术、模拟信息科技、计算机、互联网先后激发了金融业的创新，促进了金融业跨越式发展。如今，大数据、区块链、云计算和人工智能等新兴技术与金融业深度融合，正在推动金融业进行又一次飞跃式的创新实践。科技与金融的交叉融合，显著地减少了金融市场的信息不对称，极大地提高了金融效率，降低了金融业的运营成本，提升了金融消费者的体验。围绕金融科技创新发展的基础设施、技术服务等也发展迅猛，并逐步缔造出新的产品和服务理念。大数据、区块链、云计算和人工智能等底层技术在金融领域的深度创新应用突破了传统的金融服务模式。在这样的背景下，金融业对金融与科技的复合型人才需求激增。职业院校的金融类专业培养的是金融一线人才，在金融科技浪潮的推动下，金融业的初、中级岗位中已有多类岗位需要金融与科技交叉的复合型人才，传统金融岗位人才也只有具备复合化的专业知识体系，才能适应创新不断提速的现代金融业。正是顺应金融科技的发展与人才培养需要，我们编写了《金融科技基础》这本教材。本教材可以作为金融科技应用专业的专业基础课教材，也可以作为高职金融类其他专业的专业核心课或者拓展课教材。

本教材的编写突出以下特色：

第一，本教材契合《职业教育专业目录（2021 年）》中职业本科和高职“金融科技应用”新专业的设置要求，采用校企双元合作开发方式编写而成。

第二，本教材有大量的视频、在线测试题、扩展案例等数字化教学资源，供立体教学使用。为契合及时性、新颖性和实践性的课程特征，本教材融入了金融科技领域的新产品、新政策和新发展，配之以企业真实的金融科技应用案例，以二维码形式标注在教材中并及时更新。

第三，本教材较好地平衡了职业技能人才培养的理论与实践需求，综合考虑了人才培养需求和学生的可接受程度，教材内容有一定深度，但简洁明了、通俗易懂，在多处理论难点以图表、特别提示和知识链接等形式帮助学生理解。金融科技是一门金融与信息技术交叉的学科，对于目前的职业本科和高职学生来说学习难度仍然较大。本教材具有较强的可读性、实用性、趣味性和新颖性，可以避免学习者出现“蜻蜓点水”“不痛不痒”等现象。

第四，本教材旨在讲好中国故事，所有项目的编写逻辑都基于中国实践，案例也基本来自中国金融市场。金融科技是一个实践性非常强的产业和领域，与西方国家相比，中国的金融科技产业发展有着自身显著的特征，在网络支付、数字货币、大数据金融等领域都不同于欧美国家，以中国金融科技实践为基础的教材符合现代人才培养需求。

本教材的框架分为三部分，项目一是金融科技概论，旨在建立金融科技的框架性认知，项目二至项目五是大数据、区块链、云计算和人工智能的技术原理和金融应用，项目六至项目十为我国金融科技的新兴业态，包括网络支付、智慧银行、大数据征信、数字货币和保险科技。

本教材的具体编写分工如下：项目一至项目五、项目九由汪一林编写；项目六由项阳编写；项目七由李冠编写；项目八由许莉编写；项目十由刘标胜编写。各项目编写完成之后由项阳统一进行图表设计，由汪一林进行统稿。在教材编写过程中，江苏知链科技有限公司的陈婷婷提供了大量行业前沿信息与资料，中国人民大学出版社的编辑团队全程参与了教材编写与审校过程，在此一并致谢。

本教材虽然由编写团队历时三年精心设计与编写，但肯定仍存在诸多不足和问题，需要在使用过程中不断改进，敬请广大读者批评指正。

（本教材得到江苏经贸职业技术学院“领军人才培训计划”资助。）

编　者

目录

项目一 金融科技概论

学习目标

知识目标

1. 掌握金融科技的概念与内涵，了解金融科技的发展历程
2. 掌握金融科技的功能理论
3. 熟悉经营金融科技的企业，了解金融科技发展的基础、特征和影响

能力目标

1. 能够区分金融科技、科技金融与互联网金融的概念
2. 能够运用相关理论分析金融科技发展的动力与基础
3. 能够分析金融科技对金融业的影响

素养目标

1. 培养爱国精神、民族自信和国际化视野：互联网金融和金融科技行业的国内外对比，彰显中国力量；金融科技和互联网金融的发展突破了国界和行业壁垒

2. 培养科学思维和创新思维：金融科技以科学技术为载体；金融科技和互联网金融领域具有开拓创新精神

3. 了解正确的改革方法论，理解顶层设计：金融科技领域的多个顶层指导文件体现了党和政府政策的前瞻性和先进性

项目案例

科技变革金融的历史必然

从当代金融业的发展历程看，20世纪80年代以来，金融科技的持续影响经历了三大阶段：第一阶段，银行业务处理效率获得提升；第二阶段，金融机构服务和产品不断创新；第三阶段，新金融普遍兴起，传统金融全面变革。我们越来越清晰地看到金融科技对传统金融的历史性颠覆作用。

第一阶段的典型特征：技术替代手工。20世纪80年代客户到银行存款，还需要按姓氏笔画把账户卡片从一个木制转盘中抽出来，计算并填写今天存多少钱，再插回去。而今天，计算机存储代替了这种账户，大大提高了金融业务的数据计算、存储和传输的效率。金融业务实现了实时的跨空间交易，例如去国外旅游购物，可以立即完成交易结算。

第二阶段的典型特征：科技角色发生变化。科技对金融反客为主，由工具类型的被动角色转变为驱动金融变革的基本力量。科技以其延伸性、跨界性、创新性，构建金融场景，并不断地丰富金融生态，使得电子商务平台模糊了金融边界，实现从跨界到无界。它给传统金融机构带来的变革效应，使得各类金融机构以互联网方式开展业务转型，提供综合性服务。

第三阶段的典型特征：科技推动金融的全方位变革。第二阶段只是科技改变金融的开始，积累到一定阶段，量变产生质变，科技会使整个金融行业发生全方位的变革，互联网金融、金融科技等新金融已全面兴起，还有大数据、人工智能、区块链等。第一，虚拟交易逐渐替代现实交易，账本、手工计算工具消失，柜台、网点迅速减少。第二，金融业务的产品化、证券化、交易化、平台化，降低了交易成本，正在不断地替代传统的“存贷”业务方式，成为金融活动的主流模式。第三，电商企业构建场景化的互联网金融的情形越来越多，如微信支付、微信红包、京东白条等都是创新的场景化业务。第四，金融科技构建金融生态。原来在一个机构内部的业务分类拆分出独立的业态，如第三方支付、网络借贷等；原来一项业务在机构内部的流程被分解为外部的生态，如身份认证、平台交易、智能投顾、大数据风控、IT运营服务等。第五，金融服务的边界日益模糊，领域不断延展。第六，一站式金融服务大行其道。第七，金融服务的便利化大幅提高，人们可以随时、随地、随身获取各类金融服务。第八，自金融、普惠金融快速推进。

几百年的金融业在短短几十年里发生了根本性、颠覆性的变革。由此进一步推理，科技变革金融是历史趋势，同时也是渐进发展和角色演进的过程。金融科技的替代效应显现，其计算效率高，逐步智能化，具有成本低，边际成本递减，体验便捷，随时、随地、随身的特点。

资料来源：黄卓，王海明，沈艳，等. 金融科技的中国时代：数字金融12讲［M］. 北京：中国人民大学出版社，2017.

任务一 认识金融科技

任务导入

在金融业发展的历史长河中，科技一直起着推动社会进步的作用。造纸术和印刷术为钱庄、银号、票号、近代银行的发展打开了空间，电报和电话突破了汇兑与支付的时空约束，算筹、算盘、计算器、机械计算机和电子计算机在金融业的应用都引发了革命性的效率升级。如今，以互联网、大数据为代表的新兴科技再一次引发金融业的历史性变革，金融科技对金融业的变革影响已然成为业界、学界和政府部门的共识。我们学习金融科技的第一步是掌握金融科技的概念，在辨析其与科技金融、互联网金融概念异同的同时认识金融科技的本质，了解金融科技发展的历程。

知识准备

一、金融科技的概念

金融稳定理事会（FSB）于 2016 年提出了金融科技（FinTech①）的定义，目前已成为全球共识：金融科技是技术驱动的金融创新，旨在运用现代科技成果改造或创新金融产品、经营模式、业务流程等，推动金融发展提质增效。② 国际货币基金组织（IMF）和世界银行（WB）对金融科技的概念阐述与金融稳定理事会类似：金融科技用来描述有可能促进金融服务提供方式转变并促进新商业模式、应用、程序和产品出现的技术进步。除此之外，金融科技的概念还有以下几个。

（1）金融科技是金融和科技相融合而产生的新业务模式，包含数字货币、众筹、智能投顾、大数据风控和征信等。巴塞尔银行监管委员会将金融科技分为支付结算、存贷款与资本筹集、投资管理、市场设施四类基本的业务模式。

（2）金融科技是对金融产生重大影响的科学技术，如人工智能、大数据、区块链和云计算。金融科技是将科学技术应用于金融行业，服务于普罗大众，降低行业成本，提高行业效率的技术手段，广泛影响着金融支付、融资、贷款、投资、金融服务以及货币运行。金融科技发展初期的主要底层技术可以用“ABCD”来概括，“A”是人工智能（Artificial Intelligence，AI），“B”是区块链（Blockchain），“C”是云计算（Cloud Computing），“D”是大数据（Big Data）。我们将在项目二、项目三、项目四和项目五中深入学习它们的技术原理与应用。最近几年，随着第五代移动通信技术（5G）的普及和物联网（Internet of Things，IoT）的迅速发展，金融科技的技术内涵得到了进一步扩展。目前，金融科技的技术是以“ABCD+GI”为主的新一代信息技术（见图 1-1）。

---

① FinTech 是 Financial 和 Technology 的合成词。

② 中国人民银行发布的《金融科技（FinTech）发展规划（2019—2021 年）》也应用了该定义。

特别提示

简单来说，物联网就是通过构建的网络，使得物品（商品）能够彼此进行“交流”，无需人的干预。智能家居、智能汽车就是典型的物联网应用。5G技术为物联网的发展提供了更快的传输和处理速度，以及更低的时延。

图 1-1　金融科技的技术

（3）在行业实践中，金融科技这一术语有时候也用来专指从事金融科技业务的企业，如蚂蚁科技、京东科技和金融壹账通[①]等，或者专指新兴的金融科技产业，即运用技术来促进金融活动的一类新兴的金融服务产业。

二、金融科技、科技金融和互联网金融

“金融科技”与原有的一些名词如“科技金融”“互联网金融”等非常容易混淆，在学习金融科技之前我们需要对这些名词进行辨析。

（一）金融科技与科技金融

学习二十大

科技是第一生产力

金融与科技的深度融合形成了金融科技和科技金融两个概念。在产业演进中，创新催生并持续强化了金融与科技的交互，科技进步助推了金融创新，金融支持科技产业发展，金融创新与科技创新形成了双向因果的关系。科技金融是指通过创新财政科技投入方式，引导和促进银行业、证券业、保险业金融机构及创业投资等各类资本，创新金融产品，改进服务模式，搭建服务平台，实现科技创新链条与金融资本链条的有机结合，为初创期到成熟期各发展阶段的科技企业提供融资支持和金融服务的一系列政策和制度的系统安排。从定义上看，科技金融指的是推动科技创新与科技型企业的金融资源配置。而金融科技强调的是以人工智能、区块链、大数据和云计算为代表的科学技术对金融业的改造和重塑，以及对金融生态的丰富和优化。

特别提示

简单而言，科技助力金融发展是金融科技，金融助力科技发展是科技金融。金融科技的本质仍是金融。

① 金融壹账通是面向金融机构的商业科技云服务平台，是中国平安旗下金融科技服务公司。

（二）金融科技与互联网金融

互联网金融是指传统金融机构与互联网企业利用互联网技术和信息通信技术实现资金融通、支付、投资和信息中介服务的新型金融业务模式。互联网金融的典型业务模式有互联网支付、网络借贷、股权众筹融资、互联网基金、互联网保险、互联网信托和互联网消费金融等，这些业务模式对传统金融机构产生了巨大的冲击。

业界一般认为，2013 年因“余额宝”诞生而成为互联网金融发展的元年。2013 年 6 月，支付宝联手天弘基金，推出余额宝服务，在短短的四年之后，余额宝的理财规模就达到了 1.43 万亿元，超过了招商银行同期个人活期和定期存款总额，并直追中国银行同期个人活期存款平均余额 1.63 万亿元。余额宝的快速增长是 2013 年至 2015 年互联网金融这个新兴行业欣欣向荣的缩影。第三方支付企业竞争激烈，网络借贷平台、众筹平台爆发式增长，首家互联网保险、首家互联网银行相继获批成立，同时信托、券商、基金等金融机构也开始布局互联网金融。然而，互联网金融产业并非基础性的金融创新，而是利用互联网技术、借鉴发达经济体实践经验，并根据中国市场特性进行局部流程创新的产物。互联网金融的突破与创新客观上提升了金融服务的效率，但也诱发了泡沫与风险，市场上充斥着以互联网金融为名，从事传统金融业务，但又不受各项监管制度约束的伪互联网金融活动。2015 年总成交量超过 740 亿元的“e 租宝”平台涉嫌非法吸收公众存款和自融等问题被警方调查，是行业风险暴露的标志性事件。关于互联网金融的金融监管文件于 2015 年开始密集出台。多年后，网络银行、互联网支付、网络借贷等实际问题仍是热点，但是人们不再以“互联网金融”之名来探讨这些问题，而是冠之以“金融科技”。互联网金融热潮的逐渐褪去并不意味着科技与金融融合发展进程的终结。恰恰相反，随着金融科技在全球范围内的流行，以及大数据、人工智能、互联技术、分布式技术、安全技术等领域的迅猛发展，科技对金融体系的影响范围越来越广，冲击力越来越具有颠覆性。

学习二十大

加强和完善
现代金融监管

互联网金融模式提出的时候被很多政府和业界人士寄予厚望，期待它突破普惠金融发展的困境。例如互联网基金和互联网保险可以降低用户的进入门槛，甚至有人认为互联网金融模式是一种既不同于商业银行间接融资，也不同于资本市场直接融资的第三种金融融资模式。然而回顾互联网金融的典型业务模式，它们只是借助了互联网的渠道和技术开展了金融活动，并没有改变金融的实质和金融的各项核心功能。所以有的学者认为互联网金融没有必要作为一个独立概念提出来，因为它的本质无非是利用互联网来提供金融服务而已。例如互联网基金和互联网保险只是利用互联网渠道开展基金和保险销售业务；股权众筹融资只是利用互联网开展私募基金业务；互联网消费金融也只是利用互联网开展小额贷款业务。所以，互联网金融实现的主要是金融服务渠道的创新，是金融的互联网渠道化，它可以被看作特定时期的一个过渡性概念。而金融科技显然比互联网金融包含的商业模式更广，它不仅应用了互联网和信息通信技术，而且是基础性、整体性、全业务流程的技术变革，是金融的科技化。

特别提示

国外鲜有“互联网金融”的提法，国外学者也认为金融利用互联网渠道开展业务并不能算是一种全新的模式创新。

三、金融科技的发展历程

金融与科技的融合古已有之，金融行业也积极推进科技的应用。造纸术是中国古代四大发明之一，造纸术的发展使纸的加工工艺越来越多样，如染色、印花等工艺都在不断创新，这为货币工具的创新提供了便利，促进了银行券、不兑现纸币等的出现。印刷术也是中国古代的四大发明之一，宋代交子为了防止伪造，已经使用多色套印花纹图案及官方印章和私记。从电气时代开始，科技与金融的融合越来越紧密。科技重塑了金融的业态，科技的应用赋予现代金融业更强的生命力。结合中国的历史与实践，金融科技的发展历程如表1-1所示。

表1-1　金融科技的发展历程

阶段	时间段	关键驱动技术	主要特征
古代金融业的科技应用	宋朝	造纸术、印刷术	• 银行券、不兑现纸币等出现 • 使用多色套印花纹图案及官方印章和私记，防止伪造
金融科技1.0阶段	1866—1967年	电报、电话等模拟信息科技	• 围绕跨大西洋电缆而构建的全球电传系统展开
金融科技2.0阶段	1968—2008年	计算机、互联网、ATM	• 金融电子化和信息化 • 科技与金融未完全结合，多数科技企业主要为金融机构提供技术与数据服务或解决方案 • 银行的存贷款业务为主要业务 • 金融逐渐从模拟产业转化为数字产业 • 主业由传统金融机构主导 • 20世纪90年代中后期进入互联网金融阶段
金融科技3.0阶段	2009年至今	新兴科技（大数据、云计算、人工智能和区块链）	• 从商业、业务和运作模式上全面改革金融业 • 金融科技初创公司发展迅猛，传统金融机构渐失主导优势，两者从竞争趋向合作，金融服务边界日渐模糊

（一）金融科技1.0阶段

金融科技的出现可追溯到19世纪上半叶，这一时期通信技术发生了关键性变革。莫尔斯于1837年发明了电报，之后数十年里电学获得日新月异的发展，电报传送技术也日益成熟，1866年第一条跨大西洋电缆终于成功建造。1876年贝尔发明了电话，1956年第一条跨大西洋电话电缆开通。这些技术创新为金融全球化奠定了基础。如今的物联网时代，很难想象信息流无法顺畅传输的情况。这一阶段的技术手段是电报、电话等模拟信息科技。涉及的机构和客户基本是规模比较大的金融机构，这些机构业务半径很大，进行跨区域经营，并且跟区域外机构保持紧密的业务联系。技术发展使得金融服务的供需双方能更大限度满足其即时性、跨区域性要求。这一阶段的数据资源是由客户和金融机构发起和提供的，数据不存在被垄断或被占有的问题。此时数据还未完成从工具化到资源化的逻辑转变，仍只是经营手段而不是经营资源。

（二）金融科技 2.0 阶段

这一阶段，金融科技发展的四大主体相对于上一阶段均发生了变化。技术手段发展为计算机、互联网、ATM 等，金融服务的内涵更丰富，成本也进一步降低。客户范围扩大，中小客户也可获得多样化的金融服务，其金融需求不局限于重要的商业或交易需求，也可以是日常生活的金融需求。数据本身的含义也发生了改变，金融机构面对庞大的客户群体，积累了丰富的内部数据，挖掘并形成了结构化的数据。此阶段进行技术投入、发起技术应用的主要是金融机构，客户更多的是扮演技术享用者的角色。从某种意义上讲，客户对技术也有投入。例如：客户可能会为金融账户或信用卡的开通支付小额的手续费或信息提醒费用，但这更接近被动投入的概念，而且投入量无法与金融机构的巨大投入相比。技术主要由金融机构来运用、投入并掌握。同时，金融机构也对数据拥有某种意义上的所有权。金融机构之所以愿意这样做，是因为技术既提高了自己的内部效率，也提升了自身对客户的服务能力，其从而得以在行业中具有更强的竞争力。除了这个基本动力，金融机构还可以获得特殊收益，即把数据变成机构垄断的金融资源。在金融科技 2.0 阶段，数据性质已改变，既是手段也是资源，完成了从工具化到资源化的逻辑转变。在 2008 年之前的金融科技 1.0 阶段和金融科技 2.0 阶段，中国金融科技尚处于觉醒与初步发展时期。这一时期重要的里程碑事件是 2004 年阿里巴巴旗下支付宝的上线。支付宝首创了“担保交易”，成功开启了中国的移动支付时代。

（三）金融科技 3.0 阶段

这一阶段，技术获得重大突破，大数据、云计算、人工智能和区块链等新兴科技迅速发展。除了传统金融机构之外，拥有大量数据的其他主体，如阿里巴巴、腾讯等科技公司也渗透到金融服务中来。这些公司在其他领域里获得了大量数据，且它们处理数据的能力也特别强大。同时，其自身客户的行为需要金融服务支持。如阿里巴巴推出支付宝，很重要的原因是满足其客户的金融需求，便利商户和消费者间的交易行为。这一时期，金融机构的含义已经扩大，谁拥有并能处理数据，同时其客户有金融需求，谁就有可能进入该领域成为新的主体。此外，客户的需求和群体构成也发生了改变。之前是金融服务客户，客户可能需要存款、取款、转账、贷款，或者需要购买股票债券、上市发行等，总之客户一定要有金融服务需求，才会成为金融体系的组成部分。如今，即使客户并没有金融服务的直接需求也可以被引入。同时，数据的含义也发生了改变，变得非常复杂。之前的数据信息大多与金融相关，现在客户的其他行为信息也被采集记录下来，数据本身的结构更加复杂，被应用的场景更为丰富。客户和数据的关系也在发生变化，客户从被动参与提供数据，开始转变为区块链下可以享有自身数据创造的价值的所有权。

以 2008 年为分水岭，金融科技 3.0 阶段在中国获得了飞速发展。2008 年金融危机后，全球金融监管普遍趋紧。传统金融机构尽全力应对严格的监管框架，业务战线迅速收缩，留下的市场发展空间被受监管约束较小、依托于技术的金融科技公司所抢占。初创公司利用大数据与区

扩展视频

我国金融科技整体竞争力处于世界前列

块链技术以更好的客户体验和更高的效率提供支付、信贷、保险、理财等一系列金融服务，补充了传统金融无法覆盖但潜力十分巨大的需求。而与金融监管趋紧相反，金融科技监管一度出现过度宽松的局面。由于中国实行分业监管，金融科技公司曾因无法确定监管部门而未受到有效监管。此外，金融科技公司普遍具有普惠性，在一定程度上吻合了2005年以来的金融政策导向。上述情形促成了金融科技公司的大量产生和蓬勃发展。

这一时期，“互联网场景化”的理念拓宽了金融服务的渠道与覆盖面，激发了大量潜在用户的金融消费需求。互联网金融模式形成了“充分交易可能性集合[①]”，突破了传统的商业可行边界。移动互联技术的发展使得互联网、终端设备、金融机构被有效地联合起来，形成了一个新型的支付体系，改变了整个社会的消费习惯。与此同时，线上借贷、线上理财等业务也在飞速发展。

金融科技3.0阶段还可以做进一步划分。2013年，支付宝成功打造了在线货币市场基金余额宝，这是中国金融科技发展的重要标志性事件。此后金融科技再创辉煌，大数据、云计算、物联网、区块链、金融云、人工智能等新技术注入，人脸支付、智能投顾和风险控制、智能客服开始被引入金融行业，以迅猛的速度翻新了金融业态，因此也有人称这段时间的金融科技发展为金融科技3.5阶段。这个阶段带来的是基础性、整体性、全业务流程的技术变革，这也是金融科技可以单独成为一门学科的原因。

任务小结

1. 金融科技是技术驱动的金融创新，旨在运用现代科技成果改造或创新金融产品、经营模式、业务流程等，推动金融发展提质增效。金融科技可以被看作新业务模式（例如数字货币、大数据征信），也可以被看作对金融产生重大影响的新科学技术（例如区块链、大数据），还可以被看作专门从事金融科技的企业。

2. 金融科技与科技金融是不同的概念，科技金融强调的是金融助力科技发展，而金融科技强调的是科技助力金融发展，金融科技的本质仍是金融。金融科技与互联网金融是不同的概念，互联网金融实现的主要是金融服务渠道的创新，是金融的互联网渠道化，而金融科技不仅应用了互联网和信息通信技术，而且是基础性、整体性、全业务流程的技术变革，是金融的科技化。

3. 金融与科技的融合古已有之，经历了金融科技1.0阶段、2.0阶段和3.0阶段，现在已经发展到了3.5阶段，带来的是基础性、整体性、全业务流程的技术变革。

技能实训

1. 互联网金融与金融科技是两个十分相似却又不同的概念，请说出它们之间的区别与联系。

2. 金融科技的概念有不同的视角，金融科技的概念在不同的背景下含义也不同，可能是新业务模式、新科学技术或者新兴金融科技企业。请你根据对金融科技概念的理解，完成以下填空：

---

① 有人认为，互联网平台上可以让交易成本和信息不对称程度均趋近于不存在，从而实现潜在的借款者和贷款者能够“充分交易”，达到“充分交易可能性集合”。

（1）新业务模式（　　）；（2）科学技术（　　）；（3）金融科技企业（　　）。
A. 数字货币
B. 大数据技术
C. 蚂蚁科技
D. 智能投顾
E. 区块链技术
F. 人工智能技术
G. 金融壹账通
H. 大数据风控与征信
I. 网络支付

任务二 了解金融科技的功能

任务导入

国务院印发的《推进普惠金融发展规划（2016—2020年）》中指出，大力发展普惠金融，是我国全面建成小康社会的必然要求，鼓励金融机构运用大数据、云计算等新兴信息技术，打造互联网金融服务平台，为客户提供信息、资金、产品等全方位金融服务。可见，金融科技是助推普惠金融发展的重要力量。金融科技对金融业有哪些革命性的功能作用？它为什么可以改善信息不对称，为什么可以推进普惠金融，为什么可以降低交易成本？在本任务中，我们将从信息不对称、普惠金融、交易成本三个角度学习金融科技相关的功能理论。

知识准备

一、信息不对称与金融科技

信息不对称是指在市场经济条件下，市场的买卖主体不可能完全占有对方的信息，这种信息不对称必定导致信息拥有方为谋取自身更大的利益而使另一方的利益受到损害。金融业中的信息不对称现象尤其普遍，因为金融业的信息更为抽象。例如：银行贷款业务中，银行作为贷款提供者，很难准确掌握企业的财务状况、未来风险和企业主的信用状况；股票投资中，投资者想获得企业的实际财务状况信息几乎是不可能的；保险业务中，保险公司也无法掌握投保人的准确信息。金融机构存在的重要原因就是它可以较好地解决信息不对称问题。以银行贷款业务为例，商业银行的从业人员会通过财务报表分析、实地勘察、信用记录调查和其他相关信息搜寻，尽可能地掌握贷款企业信息，据此决定是否对企业贷款以及企业的贷款利率。

信息不对称会导致逆向选择和道德风险，这些现象体现了市场体系的缺陷。

（一）逆向选择

逆向选择是指一场交易的一方如果能够利用多于另一方的信息使自己受益而对方受损，信息劣势的一方便难以顺利地做出买卖决策，于是价格便随之扭曲，并失去了平衡供求、促成交易的作用，进而导致市场效率的降低。

例如在消费金融市场上，银行或消费金融公司对客户的信息不可能完全掌握，对客户还款意愿的判断只能基于客户所提供的资料或第三方信息。经过风险定价测算，它们会最终给客户一个贷款利率或手续费率报价。但这个报价并不是针对这个客户量身定制的，而是针对一个客户群体甚至全部客户的报价。比如面对同样一款手续费率为15%的现金分期产品，信用状况良好、还款意愿高的客户因为条件较好，理应获得更好的贷款条件，即客户认为15%的手续费率过高，于是便会放弃这款产品。而信用状况不佳、还款意愿低的客户因为风险较高，往往愿意接受15%的手续费率。甚至有的客户从一开始就没有打算还款，更无所谓手续费率的高低。于是经过一段时间的推广，银行或消费金融公司会发现办理现金分期业务的客户大多数都是高风险客户，现金分期产品的不良率快速升高，甚至15%的手续费率都已经不足以覆盖该产品的市场风险。

在一定的价格条件下，逆向选择会导致优质客户被低估而退出交易市场，只有非优质客户会留下来交易，也就是说，最可能造成不利结果的借款人往往最为积极地寻求贷款。显然，导致逆向选择的根本原因是金融机构无法掌握客户的全部信息，无法准确判断客户的资信与风险。

特别提示

逆向选择导致的结果是想让他来的他不来，不想让他来的他偏要来。

知识链接

二手车交易模型

课堂讨论

阅读知识链接“二手车交易模型”，从逆向选择的角度谈一谈，为什么在车险业务中提高保险费并不一定会增加盈利？你还能想到一些逆向选择的现实案例吗？你认为解决逆向选择问题的方法是什么？为什么在金融业务中应用金融科技可以适当避免逆向选择？

（二）道德风险

道德风险是指在信息不对称条件下，负有责任的经济行为主体不承担其行动的全部后果，在最大化自身效用的同时，做出不利于他人行动的现象。以车险业务为例，当车主和驾驶员购买了保险之后，他们的驾驶习惯可能会变得比没买保险的时候差，从而提高交通事故发生的概率，因为他们违约行为的成本不再由自己承担，而是转嫁给了保险公司。如果想让他们继续保持良好的驾驶习惯，只能依靠他们的道德自律。此时保险公司承担的行为改变导致损失的可能性称作道德风险。“道德风险”这个概念起源于海上保险，1963 年数理经济学家阿罗将此概念引入经济学中。

课堂讨论

某所大学学生自行车被盗比率约为10%，有几个有经营头脑的学生发起了一个对自行车的保险，保费为保险标的的15%。按常理，这几个有经营头脑的学生应获得5%左右的利润。但该保险运作一段时间后，这几个学生发现自行车被盗比率迅速提高到15%以上。何以如此？这是因为自行车投保后学生对自行车安全防范措施明显减少。在这个例子中，投保的学生由于不完全承担自行车被盗的风险后果，因而采取了对自行车安全防范的不作为行为。而这种不作为行为，就是道德风险。可以说，只要市场经济存在，道德风险就不可避免。你认为解决道德风险问题的方法有哪些？

交易双方信息不对称会导致市场失灵，因此能够减少信息不对称就成为金融机构的优势。但是仍然存在两个问题：一是金融机构只能部分处理信息不对称的问题，二是金融机构本身是营利机构，存在显著的自利倾向。对于其他参与金融市场的主体（政府、投资者、存款人和借款人）来说，他们也需要处理信息不对称问题，以确保自己可以公平地参与金融市场交易，所以信息不对称仍然是金融市场核心的特征和待解决的问题。

（三）金融科技减少信息不对称

金融科技底层技术的应用可以显著减少信息不对称。

以区块链技术和大数据技术为例。区块链技术的核心是分布式账本技术，这套记账体系不可篡改且可追溯，区块链共识机制通过特殊节点的投票，让全网对交易迅速达成共识，不用再对交易进行反复确认，提高了交易效率。区块链共识机制通过技术手段直接对交易本身进行验证，能够更高效地减少信息不对称问题。在传统的共识机制下，有些金融领域存在显著的信息不对称问题，例如供应链金融和医疗保险，这些领域也成为区块链技术应用和发展的重要方向。

大数据技术在智能风险控制、智能客服、征信、保险反欺诈等方面的应用也是基于其可以减少信息不对称的作用。以小微企业贷款业务为例，传统的线下信用审查需要查验小微企业的财务报表、资质证明、担保资产和信用状况等信息，但是小微企业往往财务报表不规范，企业主无有效的信用记录，缺乏有价值的担保资产，所以基于传统授信模式的金融机构会由于无法掌握小微企业的信息而拒绝发放贷款。在实践中，大数据技术在信用风险监测、反欺诈管理和合规监管等操作风险及市场风险防范中得到了广泛应用。金融机构利用客户信用评分、客户交叉违约预警信息、反欺诈模型等开展贷前调查、贷中审核及贷后管理工作，将人脸识别、行为识别、位置识别等作为辅助的风控手段，也可以实现信贷风险全流程有效控制。以京东为例，京东利用“大数据技术＋实时监控”的征信模式，构建全面风险预警监测机制。京东的大数据征信模式主要运用天平和浮标模型实时预估每家店铺季节性销售对资金的需求，提前快速发现商家资金需求，修正贷款额度，预测店铺的生命周期，提高借前贷后预警的可靠性。目前，京东大数据征信模型体系已完成超1亿数量的用户评分，从身份特征画像、用户评估、履约历史评价、关系网络评估、网络行为偏好及信用风险预测等6个维度刻画用户，为客户风险评估提供更多有价值的参考。

课堂讨论

也有人认为，大数据技术加剧了信息不对称，因为大数据技术只是让商家更准确地掌握了客户的信息，更了解客户，这让商家有了“大数据杀熟”的技术基础。你如何看待这个问题？

二、普惠金融与金融科技

普惠金融（也称包容性金融）是 2005 年联合国在宣传“国际小额信贷年”时所提出的一个概念，是指立足机会平等要求和商业可持续原则，以可负担的成本为有金融服务需求的社会各阶层和群体提供适当、有效的金融服务。

小微企业、农民、城镇低收入人群、贫困人群、残疾人、老年人等特殊群体是普惠金融重点服务对象。根据世界银行发布的《2021 年全球金融包容性指数数据库报告》，仍有 24%的成年人没有银行账户，如果剔除中国，发展中经济体仅有 20%的成年人使用数字支付，全球约有 7.4 亿成年女性没有银行账户，失业或无劳动能力人群占无银行账户成年人的大多数。① 根据国家统计局的数据，2023 年末我国的小微企业和个体工商户约 3.2 亿户。中国人民银行发布的数据显示小微企业和个体工商户占全部市场主体的比重超过 90%，中小微企业贡献了 80%以上的城镇就业岗位、60%以上的 GDP 以及 50%以上的税收。与此形成反差的是：截至 2022 年末，普惠型小微企业贷款余额为 23.8 万亿元，占金融机构人民币各项贷款余额的比例仅为 11.12%。截至 2020 年 2 月，我国银行对小微企业和个体工商户的贷款覆盖率仅为 20%左右。此外，银行对小微企业贷款的利率往往在基准利率之上，并存在收取中间服务费用抬高小微企业融资成本等问题。大多数小微企业难以获得银行贷款，少数能够获得银行贷款的小微企业也面临着高利率、高中间费用等问题，我国小微企业获得的金融支持仍然不足。

普惠金融的发展可以弥补传统金融的短板，不仅为那些缺乏金融选择的弱势群体提供可获得、可负担、全面、商业可持续的金融服务，而且为一般人群提供更为广泛、便捷、实惠的金融服务；不仅扩大了金融服务覆盖面的广度，而且延伸了高质量金融服务的深度。其终极目标是扶持企业和家庭经济增长，消除贫困和不平等，扩大金融服务范围，让各个群体都能得到适当的、与其自身需求相匹配的金融服务。然而，普惠金融的风险识别、信用记录和数据获取成本较高，传统金融采取的一般做法往往难以兼顾可获得性、可负担性、全面性和商业可持续性的内生要求，传统普惠金融发展存在现实困境。

因此，普惠金融要想取得长足发展，还需要找到新的突破口，于是建立在数字技术、移动互联网、云计算、人工智能等科技基础之上的数字普惠金融②应运而生。数字普惠金融主要是通过数字技术等金融科技赋能传统普惠金融，帮助解决金融服务“最后一公里”中所遇到的问题，大幅降低金融服务门槛与成本，提高金融服务效率，改善金融服务体验，从而助力传统普惠金融突破发展瓶颈，解决可获得性、可负担性、全面性和商业可持续性的内生要求，加快普惠金融发展进程。数字普惠金融早期主要表现为传统业务实现互联网化，即借助互联网平台把线下业务发展至线

学习二十大

数字普惠金融
促进共同富裕

① 数据同时显示，中国的普惠金融发展状况优于世界平均水平，成年人银行账户拥有率达到 89%，女性拥有银行账户的比重也达到 87%，有 82%的成年人使用数字支付。

② 2016 年 9 月，二十国集团（G20）峰会发布了《二十国集团数字普惠金融高级原则》，首次定义数字普惠金融的概念，即“一切通过使用数字化技术或信息化技术促进普惠金融的正规行为”。

上。近年来，随着金融科技的飞速发展和广泛应用，金融创新不再是最初阶段简单的“互联网＋传统金融业务”，而更多的是通过技术进步与科技创新驱动新兴产品设计或服务模式调整重塑。例如微众银行推出了“微业贷”，以数字化、无抵押为优势，为小微企业缓解“融资难、融资贵”的难题，支持产业和实体经济发展，同时针对科创型企业“重技术、轻资产”的特点，推出“科创贷款”，扩充企业融资渠道。

金融科技支持普惠金融发展的思路与传统金融不一样。传统金融奉行的是二八定律，一是因为金融机构的盈利大部分来自大型企业和高净值客户，二是因为普惠金融群体的风险识别和个性化服务的边际成本居高不下，传统金融模式很难在普惠金融服务上可持续发展。而金融科技可以颠覆二八定律，奉行长尾理论，在很大限度上消除金融排斥，缓解信息不对称和规模不经济难题，从过去只能专注于为少数人和企业服务转向为绝大多数人和企业服务，实现规模经济、范围经济和长尾经济。以投资顾问业务为例，传统的投资顾问是点对点的个性化人工服务，对投资顾问的沟通能力、业务水平、服务素质都有很高的要求。较高的人力成本推高了投资顾问的费用，使得传统投资顾问业务的服务范围只限定于中高净值客户。而由金融科技驱动的智能投顾利用大数据和人工智能技术构建机器人顾问，由机器人顾问提供低成本、自动化且个性化的服务。智能投顾的边际成本极低，可以实现规模经济，也能为低净值客户提供个性化的投资顾问服务。

中国实践

让“金融科技”助力精准扶贫

知识链接

二八定律和长尾理论

三、交易成本与金融科技

经济学家科斯首先把交易成本引入经济学的研究范围，他指出交易成本是交易活动过程中发生的成本，交易成本是从自由市场上寻找、沟通、购买一项服务，为这个购买能够达成所付出的时间和货币成本。金融机构的交易成本一直是重要的成本构成，金融机构对交易成本的管理与控制能力直接决定金融机构的利润，所以，金融业应用金融科技的重要动机之一在于控制成本。金融机构的单位成本在过去近 130 年均维持在 2%左右，但是金融科技赋能将改变这种状况，推动金融交易成本进一步降低。

（一）降低信息搜寻成本

在互联网、大数据以及区块链等技术支持下发展的数字金融能够弥补企业信用不足的缺陷，有效解决交易双方信任问题，为降低企业融资成本提供帮助。非传统数据的使用令一些被传统标准认定为次级的借款人能够获得更好的评级，从而降低其融资成本。从信息共享角度，金融科技赋能使信贷市场信息共享范围扩大，丰富的贷款信息可降低筛选和监控成本，约束借款人的行为，降低贷款风险。金融科技的应用有助于降低匹配交易实体的搜寻成本，在搜集和使用大数据方面达成规模经济。例如：区块链技术通过为企业的供应链打开透明窗口，提供了以较低的信号成本获得优惠融资条件的能力，这是因为区块链技术可使借款企业的供应链透明化，贷方从而可以

业界前沿

融 360：移动金融智选平台降低搜寻成本

以足够低的监控成本验证其库存交易。

（二）降低信息处理成本

金融科技可以显著降低信息处理成本。例如：金融科技赋能令贷款机构可以使用机器学习算法建立小微企业和个人信用评估模型，提高处理信息的能力，降低风险评估成本。金融科技作为一种替代性融资方式，其相较于传统资本来源，能够以较低成本提供便捷的融资渠道，有效提高企业融资的可获得性。又如：云计算是一种变革性的技术，可降低机构前期搭建基础架构的成本，降低运算能力和存储容量访问的准入门槛，帮助机构在数字经济中进行创新和竞争。

（三）降低信息验证成本

一方面，金融科技在数字支付系统中的运用不仅可以帮助企业建立信用记录，以数据驱动提升正规融资可获得性，而且能利用支付系统与其他融资渠道的相互关联，在一定程度上降低信息的验证成本。金融科技可以使企业获得更廉价但更安全的信息传递，同时减少验证费用。另一方面，由于信息不对称的广泛存在，金融交易参与方之间互相取信亦需要成本，区块链具有重构金融市场信任实现机制的潜能。例如：区块链通过工作量证明机制将资产转移和付款联系起来，可加快结算系统的运行速度并降低成本。

（四）降低其他交易成本

金融科技赋能减少了金融机构对于人力和扩展分支机构网络的需求，从而可以帮助机构削减这部分支出。金融科技能够通过大数据创造新产品和服务，降低银行获取客户的成本。另外，金融业务的互联网化还可以节省传统金融在线下开展业务所需要承担的物理成本。据学者估算，银行相比于网络借贷平台具有更高的运营成本，因为它们需要承担分支网络、ATM 以及满足繁杂合规要求的成本。

任务小结

1. 信息不对称是指在市场经济条件下，市场的买卖主体不可能完全占有对方的信息，这会导致逆向选择和道德风险，进而会让市场失灵。金融机构在解决信息不对称的问题时能够起到一定的作用，但仍然有明显的局限性。金融科技的底层技术应用可以显著减少信息不对称。

2. 普惠金融是指立足机会平等要求和商业可持续原则，以可负担的成本为有金融服务需求的社会各阶层和群体提供适当、有效的金融服务。普惠金融的风险识别、信用记录和数据获取成本较高，传统金融采取的一般做法往往难以兼顾可获得性、可负担性、全面性和商业可持续性的内生要求，传统普惠金融发展存在现实困境。而金融科技可以突破传统普惠金融发展瓶颈。

3. 传统金融奉行的是二八定律，而金融科技支持下的普惠金融奉行的是长尾理论。

4. 交易成本是金融机构重要的成本构成，金融科技可以通过降低信息搜寻成本、信息处理成本、信息验证成本、其他交易成本来降低交易成本。

技能实训

登录微众银行官方网站（www.webank.com），下载并查阅微众银行最近一年的年度报告，结合微众银行公开披露的信息，回答以下问题，并总结分析微众银行应用金融科技促进普惠金融业务的要点。

（1）微众银行的普惠金融产品有哪些？

（2）微众银行普惠金融业务的发展成果有哪些？

（3）微众银行如何运用金融科技助推普惠金融业务？

任务三　了解金融科技的发展现状

任务导入

“十四五”规划中明确指出“稳妥发展金融科技，加快金融机构数字化转型”。中国人民银行连续印发《金融科技（FinTech）发展规划（2019—2021年）》和《金融科技发展规划（2022—2025年）》。在数字经济发展的浪潮下，金融科技的发展是经济高质量发展的重要支撑力量。金融科技行业有哪些类型的企业？为什么金融科技如此重要，它能突破哪些传统金融业的约束？金融科技对金融业有哪些影响？我们将在本任务中学习金融科技的发展与影响。

延伸阅读

金融科技发展规划（2022—2025年）

知识准备

一、经营金融科技业务的企业

金融科技行业的企业类型主要有传统金融机构、金融科技公司和技术服务供应商三类。在初始定义层面，三者金融属性依次递减、科技属性依次递增（见图1-2）。目前看来三者开始互相渗透，边界逐渐模糊。其中，传统金融机构基础雄厚，技术支出投入量大，在自身业务降本增效的同时，也积极向金融科技公司转型；金融科技公司也开始积极申请经营金融业务许可，深度参与全链条金融业务。

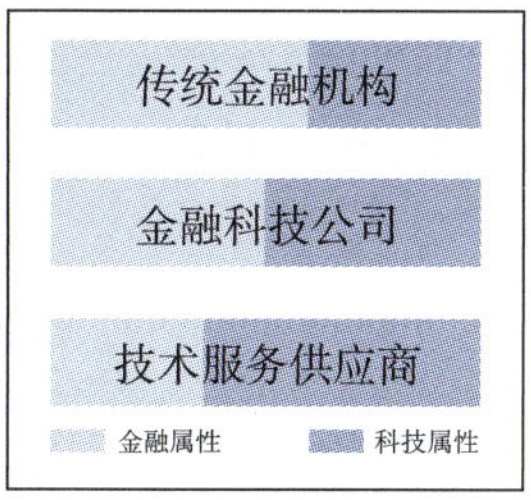

图1-2　金融科技行业的企业类型

（一）传统金融机构

业界前沿

建信金融科技

在金融与科技不断融合的过程中，传统金融机构开始进行数字化转型，希望能够借助自身客户优势，借力新兴技术超越其他金融机构。传统金融机构包括银行、保险、证券、基金和资管机构等。例如，招商银行、中国建设银行、中国平安保险等传统金融机构充分利用大数据、云计算等前沿技术开展智能投顾、智能营销等金融科技业务；证券与基金公司也通过人工智能等技术丰富和拓展公司业务模式，致力于提升用户服务体验。与此同时，一些传统金融机构将科技能力对外转化为服务，这使得市场上出现了一些由大银行成立的金融科技子公司。这些公司由于拥有大数据、人工智能等新技术平台的搭建能力和行业应用服务能力，同时对行业有更加深入的认识和了解，因此在金融科技竞争中发展势头迅猛。2023 年，中国金融科技市场规模为 6 183.4 亿元，同比增长 16.2%。预计到 2026 年，中国金融科技市场规模将突破 9 400 亿元。其中，银行金融科技建设投入规模最大，国有六大行 2023 年金融科技投入总量达 1 228 亿元。

（二）金融科技公司

金融科技公司是指将金融科技应用于自身业务（且该公司主要经营金融类业务），或将企业自身科技能力对外输出至合作金融业务中（且仅面向金融业务进行技术输出）的一类技术公司。金融科技公司还可以细分为两类：一类是具有经营金融业务许可，与传统金融机构形成直接业务竞争的金融科技公司；另一类是未获得经营金融业务许可，但以其他角色深入参与金融活动，与持牌金融机构以合作为主的金融科技公司。针对不同的业务方向，现今一些知名的金融科技公司如图 1－3 所示。

图 1－3　金融科技公司

（三）技术服务供应商

技术服务供应商是通过企业自身技术能力，对金融机构或金融科技公司进行技术输出或合作的一类技术公司。该类公司不仅服务于金融机构或金融科技公司，也为其他行业提供底层技术服务。此类公司的金融属性偏低，技术能力为竞争力基础，其用户为金融服务或产品的提供者，而不直接与金融服务或产品的终端使用者发生交互。提供不同技术服务的技术服务供应商如图 1-4 所示。

图 1-4 技术服务供应商

业界前沿

来也科技

二、金融科技的发展基础

金融科技的创新发展引发了金融业的巨大变革，大数据、人工智能、区块链等先进技术日益融入金融领域，科技对金融的影响不再只停留在渠道与效率层面，而在革新金融业的生态。金融科技的发展能突飞猛进主要源于以下四个方面。

（一）技术基础

技术进步是金融创新最基础的驱动因素。21 世纪，以信息网络技术为核心的第三次科技革命，正在颠覆性地改变工业革命所形成的经济形态和增长模式，网络环境的开放性、虚拟性、交互性、平等性与共享性等特征使得人们能够通过互联网与身处不同地域的人随时随地进行双向或多向信息交流，由此产生的时空距离的缩短和交易成本的降低使得商业环境发生了基础性改变。互联网、移动技术和传感器等基础设施的日渐完善，大数据、物联网、云计算、区块链等技术的日臻成熟，智能手机等移动互联设备的日益普及，使金融科技能够不断突破技术瓶颈，创造出更多的金融产品、服务和商业模式。

（二）社会基础

2022 年，全球互联网用户数量已经达 49.5 亿人①，全球智能手机用户达 40 亿②。2022 年我国电子商务交易额达 43.83 万亿元③，作为对比，2000 年全球范围的电子商务交易额仅有 3 770 亿美元④。电子商务规模急剧扩大，催生了大量线上金融需求和服务。金融科技支撑的网络金融服务更契合电子商务的发展和线上消费者的需求。很多发展中国家，即使在金融发展与改革之后，其金融服务覆盖率仍然比较低。在普惠金融的探索和实践过程中，不少国家都面临传统金融机构网点覆盖率低、专业人才不足、作业成本高、信

① 资料来源：Hootsuite.

② 资料来源：Strategy Analytics.

③ 资料来源：中国电子商务报告（2022）.

④ 资料来源：联合国报告.

息采集难等问题。这些问题的存在直接导致了无信用记录或信用记录不足的个人和小微企业难以从银行等传统金融机构获得金融服务，这部分客户为金融科技发展留出了巨大的市场空间。互联网、移动通信的普及、电子商务与普惠金融的发展催生了对金融产品和服务的庞大需求，为金融科技发展和创新奠定了社会基础。

还有一个重要因素推动了金融科技的快速发展，那就是金融危机。2008 年全球金融危机之后，全球金融格局发生了相当大的变化。银行风险偏好大幅降低，减少了放贷活动，社会上大量的金融服务需求无法满足。这为金融科技创新产品提供了市场进入机会。金融危机使得人们对金融的预期有所改变，人们的行为习惯也有所改变，社会对传统银行的信任度显著降低、对旧有金融服务的需求显著下降，金融业改革的呼声在全球范围内不断增多。同时，千禧一代逐渐成为金融业的主力客户，他们更加熟悉和习惯网络平台上的生活方式，对服务的智能、便捷、低成本、不受时空限制等方面有着强烈的需求。

现阶段，经济全球化对金融服务的广度和深度提出了更高的要求，而且大多数国家基于经济发展的需要，或是为了解决传统金融的困境，对金融科技企业的发展往往采取支持或默许的态度。

（三）企业基础

金融科技企业大多数具有“IT 血统”，拥有完全不同的组织文化，灵活而富有创新精神，受到较少的监管制约，所提供的新产品和新的解决方案能够满足传统金融机构无法满足的客户需求，能够通过新技术和新理念的传播来创造产品和服务的销售机会。金融科技企业近年来发展迅猛，拓展了传统金融的疆域，在金融领域占据了一席之地。胡润研究院发布的《2022 年中全球独角兽①榜》数据显示，截至 2022 年 6 月全球独角兽公司有 1 312 家，其中金融科技是全球独角兽的主要行业，有 168 家，前十名包括中国的蚂蚁集团、微众银行和京东科技，国外的 Stripe、币安和 Checkout. com 等。

（四）人才基础

为了避免重蹈金融动荡的覆辙，各国实行了更加严格的监管措施。机构的削减使大量金融从业人员失业，他们亟须获得新的就业机会，有相当一部分人涌入了快速发展的金融科技企业，为金融科技的持续发展提供了人力资源。

三、金融科技的发展特征

与以往的金融变革不同，新一轮金融科技革命是“由外向内”的变革，即由初创企业和科技巨头（BigTech）进入金融领域而引起的变革，由此催生出大量的金融科技企业和新金融模式、新金融产品（如互联网借贷平台、智能投顾、移动支付、数字货币），对传统金融机构产生了巨大冲击。与此相伴的金融科技研究也蓬勃发展，除了涉及商业模式、监管、技术、支付等领域的大量研究成果外，在风险管理、金融素养、学科建设、消费者保护、技术哲学、心理学等多个层面也开枝散叶。金融科技更加强调金融的技术化、智能化和普惠化，它以新技术为后端支撑，这些技术多是共性或底层技术且交叉程度高，其进

① 独角兽：投资界术语，一般指成立不超过 10 年，估值超过 10 亿美元，少部分估值超过 100 亿美元的公司。

展迅速、冲击强烈，影响往往是全局性的。例如：大数据为信息获取、信息质量以及信息归集提供了保障；云计算的普及极大提升了系统算力；区块链的分布式账本技术通过算法和加密实现了自然信任，为解决信息不对称问题提供了新途径。

金融科技具有以数据为核心的演变逻辑，数据涵盖既有广度也有深度。虽然金融科技在一定程度上实现了去中心化，但是网络效应和规模经济催生了更高程度的集中，产生了去中心化之后的再中心化，推动了全产业链的高度一体化。

金融科技起源于美国，随后迅速在全球蔓延，特别是在缺少传统金融束缚、金融服务不充分、高移动终端普及率和低金融账户拥有率的国家或地区获得了巨大的成功。金融科技首先在不依赖存款的支付领域和资产管理领域获得了长足发展，而后又开始进军信贷、投资、外汇、货币等领域。从全球范围来看，金融科技初步形成了三类主要的发展模式，即以市场需求拉动为主要特征的中国模式、以核心技术驱动为主要特征的美国模式和以制度框架建设为主要特征的英国模式。

四、金融科技对金融业的影响

金融科技对金融业产生了深刻的影响，这种影响是全方位的，不仅涉及渠道增加和业务的线上转移，而且包括基础支持系统、组织架构、内部流程、风险控制体系、客户管理方式等的变革，渗透了金融体系的前台、中台和后台的大部分领域。

（一）对业务发展的影响

1. 金融科技与竞争

金融科技具有鲇鱼效应，其凭借新技术和新模式加剧了金融市场内部的竞争。传统金融机构的运营模式和商业模式较为保守，创新能力相对较弱。而金融科技企业通过引入新的技术和商业模式，打破了传统行业的壁垒，提供了更加灵活、个性化的金融服务。例如：互联网消费金融、互联网基金、互联网保险和智能投顾等新型金融服务形式的出现，丰富了金融市场的产品和服务，提高了市场竞争度，推动了金融业的创新和变革。可以说，金融业的竞争度与金融科技的发展程度呈现显著正相关。例如，实证研究发现，金融科技发展水平越高，促进小微企业信贷供给的最优银行业竞争程度越高。

2. 金融科技与效率和成本

由于种种原因，传统金融的性能与效率都有较大的局限性，这主要体现在流程繁复、处理效率低下、中介繁多且服务费用较高等方面。例如：大部分金钱交易都通过银行、保险公司、担保公司等第三方中介完成，无法确保记录的完整性和唯一性，导致数据获取效率低下和对账手续烦琐。通过应用人工智能、大数据、区块链等技术，金融机构能够更高效地处理和分析海量的金融信息，实现自动化和智能化运营。这不仅提高了金融机构的运营效率，降低了成本，而且为客户提供了更快、更准确的金融服务。金融科技为信息归集、数据计算、风险定价以及信息不对称等问题提供了有效应对工具，有助于降低成本、节省时间和留住更多的潜在用户。研究表明，金融

业界前沿

跨境支付的升级与创新

科技通过金融创新、技术溢出、市场竞争、技术进步等途径提高了银行等金融机构的全要素生产率。传统金融服务存在高昂的运营成本和复杂的风险控制体系，使得金融服务对于中小微企业和普通大众来说获取相对困难，而金融科技创新通过智能化、数字化的方式，减少了人力成本，加快了流程速度，提高了精确度，降低了金融机构的运营成本和交易成本。

3. 金融科技与金融产品

在传统的金融业态中，保险、基金等金融产品的品类较为固定，同质化严重，缺乏产品创新。在金融科技时代，企业可通过移动端、物联网设备等多方终端采集数据，利用大数据和人工智能技术，实现用户需求的深度分析，进而设计出定制化甚至千人千面的金融产品，在一定限度上改善了产品同质化的现象。

特别提示

很多与金融科技相关的金融机构和平台企业在开展业务的同时收集了大量的个人和企业支付、消费、融资等数据，这些数据应该怎样处理，怎样才能既使金融机构和平台企业充分利用大数据进行科技和产品的创新，提高金融行业的效率，降低运行成本，以此改善社会福祉，同时又能保护消费者的隐私和保障信息安全，是金融科技行业发展过程中面临的重要伦理问题。

4. 金融科技与业务结构

金融科技改变了现有的银行业务结构，银行通过运用金融科技也能够主动调整资产负债结构；金融科技能够从负债端、资产端、支付端和商业模式四个方向为银行的转型升级赋能。但是金融科技也确实冲击了我国存款利率市场化进程，增加了银行的资金成本，这实质上推动了一种变相的利率市场化，改变了银行的负债端结构，使得银行负债端越来越依赖于同业拆借等批发性融资方式。此外，金融科技的运用提高了银行处理信息的能力，将更多金融弱势群体纳入业务范畴，致使银行总体信贷规模扩大，进而促进了信贷的信用结构和客户结构调整。

（二）对风险管理的影响

学习二十大

处理好金融发展和金融安全的关系

金融科技创新最终还是要以金融为核心，而金融的核心始终离不开风险管理。金融科技通过人工智能、区块链、云计算、大数据、5G技术等一系列新兴技术成功快速获取金融交易风险信息，准确、快速地识别、分析风险信息，及时应对，提高风险管理效率。但是，金融科技并未改变金融的风险本质，金融科技不仅不能消除风险，而且还可能引发新的风险，影响金融稳定。传统的风险依然存在且愈加复杂，而科技风险、网络风险与数据安全等问题则日益严重。金融科技使金融风险更加隐蔽，不仅会强化传统金融的固有风险，而且风险源的变异也可能改变金融风险的常态分布。金融科技提供的新营业模式及其快速发展加剧了银行的流动性管理压力，从某种意义上增加了风险容忍度，也存在虚假信息、网络欺诈、网络安全等一系列风险问题。

与传统金融相比，金融科技的内外部传染性强，存在更多以及更加隐蔽的风险，并且网络信息传输特征使得金融科技的风险传递性更强、危害性更高。学者们普遍认为，金融科技增加了金融系统性风险。系统性风险的增加，主要是由于金融业务跨界融合，金融交易链条不断延伸，金融交易主体间的时空界限日益模糊。此外，连接模式日益复杂、对外信息交互日益增多，强化了羊群效应和市场共振，强化了金融体系的顺周期性，直接或间接导致了多重风险交叉融合，使得金融风险的复杂性、交叉性、传染性、隐蔽性和突发性更为突出。

在风险视域下，原本作为金融科技创新优势的去中介和去中心化特质本身也会导致风险。那些“小而分散”且去中心化的金融科技企业，其规模与商业模式易受恶劣经济形势的影响，所诱发的系统性风险可能比传统中心化的系统重要性金融机构还要大。金融科技的去中心化并不像期待的那样显著，因为网络效应和规模经济会催生更高程度的集中，从而在诸多领域形成具有系统重要性的非传统金融机构，影响金融系统从风险事件中恢复的能力。金融科技所引发的平台垄断使得金融机构“大而不倒”的现象更加突出，进而提高了系统性风险发生的概率。

中国实践

中国金融科技的发展成果与挑战

任务小结

1. 目前经营金融科技业务的企业有传统金融机构、金融科技公司和技术服务供应商。

2. 金融科技快速发展的基础有技术基础、社会基础、企业基础和人才基础。本轮金融科技革命是由初创企业和科技巨头引起的变革（由外向内），以数据为核心。

3. 金融科技对金融业的影响非常深刻。首先是对业务发展的影响。金融科技加剧了行业竞争，提高了运营效率，降低了成本，推动金融产品的创新，改变了金融机构的业务结构。其次是对风险管理的影响。金融科技虽然提高了风险管理的效率，但是并未改变金融风险的本质，还使得金融风险的复杂性、交叉性、传染性、隐蔽性和突发性更为突出。

技能实训

查阅资料，了解传统的基金投资方式。在支付宝平台“理财”/“基金”板块购买任意一款基金，体验支付宝平台互联网基金的投资过程，在持有至少一周后填写表 1-2 并回答问题：

表 1-2　互联网基金投资实践记录

基金名称		
基金类型		
基金档案	基金全称	
	基金代码	
	成立日期	
	资产规模	
	基金管理人	
	基金托管人	
	基金经理	
	资产配置/持仓情况	

续表

购买时间	
投资金额	
持有收益	
持有收益率	
单位净值	
累计盈亏	
近一个月七日年化收益/业绩走势图	

（1）对比传统的基金投资方式，互联网基金投资在投资门槛、信息披露和投资便利性方面有哪些不同？

（2）以互联网基金投资为例，总结分析金融科技如何提高金融业的运营效率、降低金融业的交易成本。

在线测试

项目一
金融科技概论

项目二 大数据金融

学习目标

知识目标

1. 掌握大数据的概念、特征和主要类型，了解大数据技术的发展

2. 掌握大数据处理流程

3. 熟悉大数据的金融应用

能力目标

1. 能够总结出大数据与传统数据的区别

2. 能够根据使用需求选择合适的大数据处理工具

3. 能够提炼大数据在金融各子领域的应用点

素养目标

1. 培养科学精神与创新思维：大数据技术的发明与应用富有科学精神和创新思维

2. 了解普惠金融：大数据技术是普惠金融的重要工具

3. 了解大数据相关的行业政策：国家出台了多个文件指导大数据行业发展

4. 培养职业素养与道德：大数据的具体应用有利于严谨缜密的职业素养的培养

项目案例

基于互联网与大数据的全线上小微企业智能贷款产品——微业贷

小微企业是国家实体经济的重要组成部分，在承载创新、就业、保障民生及税收贡献等方面发挥着至关重要的作用。然而，小微企业面临“融资难、融资贵”的困境由来已久，各方努力多年，投入甚多，问题始终未能得到圆满解决。植根于深圳的微众银行所推出的基于互联网与大数据的全线上小微企业智能贷款产品——微业贷，其户均授信金额为传统银行小微贷款的10%，所服务的小微企业平均雇员人数仅为10人，助力授信企业近千万员工就业。

一、缘起：被称为世界性难题的小微企业融资问题如何破解?

实体经济中的小微企业群体“融资难、融资贵”的问题根源在于其资金需求普遍具有“短小频急”的特点，与银行发展小微业务所遇到的风险成本、运营成本、服务成本“三高”问题形成了供需两侧矛盾。怎么破解“三高”问题? 怎样才能做出一款普适性的产品，既能下沉到广泛而分散的小微企业，又能让“三高”大幅降下来具有商业可持续性? 微众银行的尝试是通过金融科技赋能，融合在其他前序产品领域实践打磨过的大数据、互联网产品设计、互联网科技，来开辟一条新路。

二、突破：国内首个全线上小微企业智能贷款产品问世

微众银行经过充分的论证、设计与准备，将产品设计为一款下沉的、纯线上化的普适性产品。这也是国内首个基于互联网和大数据的，纯线上、纯信用的法人主体企业流动资金贷款产品。这款产品被命名为“微业贷”，即小微企业的贷款产品。该产品突出的特点是极低的门槛、便捷的服务、极致的体验。上线至今，微业贷受到了广大小微企业的热烈欢迎。

三、创新：依靠大数据与金融科技是关键

具有人工智能、区块链、云计算与大数据的先进科技架构，微业贷正是基于微众银行强大的科技基因打磨而成的。在大数据风控方面，微业贷引入涵盖企业征信、个人征信、税务及腾讯独有安全平台等数十种数据源和庞大数据，建立了多套风控规则与量化评估模型，客户无须提交任何资料，秒级速度可见授信审批结果。

四、普惠：服务小微企业就是支持实体经济

微业贷授信企业全部为民营企业、小微企业。截至2023年末，微业贷客户已经覆盖全国30个省、自治区、直辖市，累计申请客户超过450万家，客户中超过70%的企业年营业收入在1 000万元以下。

资料来源：微众银行：基于互联网与大数据的全线上小微企业智能贷款产品——微业贷［EB/OL］. 金融界，2019-06-12；微众银行2023年度报告.

任务一 认识大数据

任务导入

规模较大的企业人力资源部门和财务部门在进行工资发放的时候往往会制定一张数据表格，表格中包含每一位员工所属的部门、职务、基本工资、岗位工资、当月的出勤情况等数据，再用固定的公式计算出每一位员工的当月工资，并提交系统，由银行代理发放工资。这是工作中一项常见的数据应用，那么它是我们要说的大数据应用吗？大数据究竟是什么？它与传统数据有哪些区别？处理大数据有哪些步骤？让我们带着疑问，一起走进大数据的世界。

知识准备

一、大数据的概念

随着移动互联网、物联网、云计算和移动智能终端的快速兴起与发展，当前各种数据呈爆发式增长。每一秒，全球会产生 1 万笔以上的交易，有超过 240 万封电子邮件发出。21 世纪初我国数据的增长速度约为每天 100 GB，而目前已达到 5 TB/秒，且数据增量年均增速仍超过 30%。数据已经成为继土地、劳动力、资本和技术之后的第五个生产要素。数据规模越来越大，内容越来越丰富，关系越来越复杂，更新速度越来越快，这些新的数据特征促使一个新的概念诞生，那就是大数据（Big Data）。

大数据是以数据量大、数据类型多、处理速度快、价值密度低为主要特征的数据集合，其正快速发展为对数量巨大、来源分散、格式多样的数据进行采集、存储和关联分析，从中发现新知识、创造新价值、提升新能力的新一代信息技术和服务业态。

二、大数据的特征

大数据与传统的数据对比呈现出显著的特点，业界将其概括为数据量大（Volume）、数据类型多（Variety）、处理速度快（Velocity）和价值密度低（Value）四个特征，简称“4V”特征。

（一）数据量大

数据量大是大数据最基本的特征，数据量级从 TB 级到 PB 级并接近 EB 级。数据的爆发式增长是人类信息技术不断发展的必然结果，特别是 20 世纪的信息化革命之后，随着网络和移动互联网的快速发展，每个个体都成为数据的制造者。

（二）数据类型多

传统数据大多是结构化数据，并且数据来源和类型比较单一，存储和管理相对容易。

大数据时代，数据类型包罗万象，如网页、邮件、音频、视频、图片等未加工的半结构化和非结构化数据是数据资源的主要构成，这对传统的数据存储和分析处理技术都提出了新的挑战。

（三）处理速度快

在数据量非常庞大的情况下，大数据技术也能够做到对数据的实时处理与分析，这与传统的数据挖掘技术有着本质的不同。数据体量的增大对数据的处理速度、时效性提出了更高的要求，如个性化推荐算法要求实时完成推荐。

（四）价值密度低

随着互联网以及物联网的广泛应用，信息感知无处不在，虽然数据量巨大，但是价值密度却很低，真正有价值的数据很少。以视频为例，1 小时的监控视频，在持续不间断的监控过程中，有价值的数据可能只有一两秒。

（五）其他特征

除了“4V”特征之外，大数据还具备一些其他特征，例如数据真实性高（Veracity），即在大量的数据资源支撑下，企业越来越需要也有可能获得更为真实的信息；耐用性低（Viability），即特定情况下大数据往往具有很强的时效性，逾期后价值会大幅度受损；数据是在线的（Online），即在互联网上随时能调用和计算。

三、大数据的数据类型

大数据的数据类型多是大数据区别于传统数据的特征之一。按照数据结构来划分，数据可分为结构化数据、非结构化数据和半结构化数据。结构化数据通常存储在关系型数据库中，是可以用二维表结构进行逻辑表达和实现的数据。非结构化数据是指不能用传统二维表结构来存储的数据，例如网络上传输的各种图片、HTML 文档、音频和视频信息等。

（一）结构化数据

结构化数据也称作行数据，是由二维表结构进行逻辑表达和实现的数据，严格地遵循数据格式与长度规范，主要通过关系型数据库进行存储和管理（见表 2-1）。主流的 SQL Server、Oracle、MySQL、DB2 等数据库都是关系型数据库。

表 2-1　结构化数据举例

序号	指标（单位：亿元）	2020 年	2019 年	2018 年	2017 年
1	国民总收入	1 008 782.5	983 751.2	915 243.5	830 945.7
2	国内生产总值	1 015 986.2	986 515.2	919 281.1	832 035.9
3	第一产业增加值	77 754.1	70 473.6	64 745.2	62 099.5
4	第二产业增加值	384 255.3	380 670.6	364 835.2	331 580.5
5	第三产业增加值	553 976.8	535 371	489 700.8	438 355.9

资料来源：国家统计局.

（二）非结构化数据

非结构化数据是数据结构不规则或不完整，没有预定义的数据模型，不方便用数据库二维逻辑表来表现的数据。常见的非结构化数据有网页、多媒体（音频、图片与视频）等。有人估计全球新增数据中非结构化数据占比在 80%以上。

（三）半结构化数据

半结构化数据一般较为规范，都是纯文本数据，可以通过某种特定的方式解析得到每项数据。半结构化数据与结构化数据的区别是它往往是自描述的，数据的结构和内容混在一起，没有明显的区分。最常见的半结构化数据是日志数据，如图 2－1 所示。

```
<!DOCTYPE html>
<html lang="en" class="js cssanimations">
▶<head id="mainHead">…</head>
▼<body style="overflow: visible;">
  ▶<div class="np-slide-bg">…</div>
  ▶<div class="np-header npHeaderDiv">…</div>
  ▶<script type="text/html" id="dateLate_html">…</script>
  ▶<div id="version">…</div>
   <!-- 教师端侧边栏 -->
  ▶<div id="maskSidebar" style="display: block;">…</div>
```

图 2－1　半结构化数据举例

四、大数据技术的诞生与发展

（一）大数据技术的诞生

大数据技术是 2000 年后，伴随互联网技术兴盛而逐渐发展起来的。随着网页、音视频、图形图像的广泛应用，非结构化数据大量出现，传统的数据库难以应对海量数据分析需求，于是分布式水平扩展的处理需求应运而生。2004—2008 年，Google 提出了分布式数据处理技术系统 Google File System（GFS）、分布式计算系统 MapReduce 和分布式数据库 BigTable，这被视为大数据技术的基础。随后不断有新的技术推出和应用，比如分布式文件系统 HDFS 和分布式数据库 HBase，这也被视作大数据技术开源生态系统的诞生。2008 年，雅虎构建了互联网公司中最早的 Hadoop 集群，随后 Hadoop 技术被广泛应用到各行业。

经过十余年的发展，大数据技术形成了各种数据技术、架构与开放源代码共存的特征。大数据技术整体分为数据采集与传输、数据存储、资源调度、计算与处理、查询与分析五个领域，技术趋于稳定。

（二）大数据技术的发展趋势

近年来，随着云计算、人工智能等技术的发展以及芯片的存储终端的变化，大数据技术也在发生相应的变化。

（1）大数据流架构替换。曾有大数据技术（如 Spark）尝试统一流处理和批处理。近年来，纯链接流体系结构 Flink 由于其合理的设计和健康的生态而迅速发展。

（2）大数据云技术。在企业各类应用程序转移到云平台的同时，大数据分析工具和数据库也将走上云平台。同时，云计算为大数据带来了可以弹性扩展且更便宜的存储和计算资源。

（3）数据分析范围不断扩大，很快进入 PB 时代，企业级数据仓库将成为主流。

（4）兼容智能分析应用。随着深度学习的兴起，大数据技术正与人工智能兼容。通过一站式功能，开发人员可以在工具站中编写 SQL 任务，调用机器学习和深度学习算法来训练模型，并完成各种数据分析任务。

知识链接

流数据与流处理

（三）我国大数据技术的发展

在国际层面，以美国、英国、德国、法国为首的一些发达国家，以及联合国、世界经济论坛等国际组织，都已经从政府和组织层面将大数据发展提升到战略高度。

自 2014 年“大数据”首次被写入国务院政府工作报告起，我国不断出台大数据相关政策。政策出台的思路也反映了各阶段大数据发展的特征以及面临的关键问题。我国的大数据发展经历了以下几个阶段。

1. 酝酿阶段（2014—2015 年）

从 2014 年“大数据”首次被写入国务院政府工作报告开始，认识数据并重视数据价值成为这一阶段中央的重要着力点。2015 年 8 月印发的《促进大数据发展行动纲要》（国发〔2015〕50 号）明确提出“数据已成为国家基础性战略资源”，并对大数据整体发展进行了顶层设计和统筹布局，产业发展开始起步。

2. 落地阶段（2016—2019 年）

“十三五”规划正式提出实施国家大数据战略，实体经济中的各行各业与大数据的融合成为政策热点。在国家顶层设计的倡导和推动下，工信部、环境保护部、农业农村部和水利部等多部门密集出台各个部门的大数据建设方案，各级地方政府也积极推进大数据等新兴产业发展，例如上海、北京等地率先推出政府数据资源开放共享网络平台，贵州提出建设“数字贵州”计划。

3. 深化阶段（2020 年至今）

随着国内相关产业体系日渐完善，各类行业融合应用逐步深入，国家大数据战略开始走向深化。2020 年 3 月，《关于构建更加完善的要素市场化配置体制机制的意见》将“数据”与土地、劳动力、资本、技术并称为五种生产要素，提出“加快培育数据要素市场”。这意味着数据不仅是一种产业或应用，而且已成为经济发展赖以依托的基础性、战略性资源。

目前，我国互联网、移动互联网用户规模居全球第一，拥有丰富的数据资源和应用市场优势，数据资源极其丰富，总量位居全球前列，大数据部分关键技术研发取得突破，产业创新日渐活跃，涌现出一批互联网创新企业和创新应用。我国大数据产业规模增长迅速，产业基础日渐巩固。“十三五”时期，我国大数据产业年均复合增长率超过 30%，2022 年产业规模达到 1.57 万亿元。

未来，我国大数据产业仍将保持高速增长。2021 年 11 月工业和信息化部发布的《“十四五”大数据产业发展规划》提出，到 2025 年我国大数据产业测算规模将突破 3 万亿元，年均复合增长率保持在 25%左右，创新力强、附加值高、自主可控的现代化大数据产业体系基本形成。

延伸阅读
促进大数据发展行动纲要

中国实践
加快数据要素市场建设的意见

学习二十大
加快发展数字经济

延伸阅读
“十四五”大数据产业发展规划

课堂讨论

结合我国政府发布的关于大数据的政策文件，谈一谈为什么我国要把大数据上升为国家战略。

任务小结

1. 大数据是以数据量大、数据类型多、处理速度快、价值密度低为主要特征的数据集合，其正快速发展为对数据巨大、来源分散、格式多样的数据进行采集、存储和关联分析，从中发现新知识、创造新价值、提升新能力的新一代信息技术和服务业态。

2. 大数据的特征有数据量大、数据类型多、处理速度快和价值密度低。

3. 大数据的主要类型包括结构化数据、非结构化数据和半结构化数据。

4. 半结构化数据是纯文本数据，但是结构和内容混在一起，需要特定的方式解析。

5. 我国已发布多项政策文件引导和支持大数据产业发展，产业规模增长迅速，并且仍将保持高速增长，预计 2025 年产业规模将突破 3 万亿元。

技能实训

1. 表 2－2 是某酒店当月用 Excel 软件编制的工资数据表格，企业员工总人数为 1 500 人，工资数据表的大小为 15 KB。

表 2－2　某酒店的工资数据表格

序号	姓名	部门/职务	应发工资					应扣工资							实发工资
			基本工资	岗位工资	加班工资	业务佣金	合计金额	社保	税金	事假	病假	旷工	代扣	合计金额	
1	张宏	销售/文员	3 700	1 000	0	600	5 300	490	0	50	0	0	38	578	4 722
2	李旺	工程/员工	4 500	800	100	0	5 400	495	0	0	0	0	0	495	4 905

续表

序号	姓名	部门/职务	应发工资					应扣工资							实发工资
			基本工资	岗位工资	加班工资	业务佣金	合计金额	社保	税金	事假	病假	旷工	代扣	合计金额	
3	柳红	餐饮/员工	3 500	1 200	500	100	5 300	490	0	0	0	0	0	490	4 810
……	……	……	……	……	……	……	……	……	……	……	……	……	……	……	……
1 500	徐静	管理/总经理	10 000	5 000	200	8 000	23 200	1 600	2 290	0	0	0	0	3 890	19 310

请观察这张数据表格，根据它的应用场景，结合大数据技术的四个特征判断它是否属于大数据技术的应用，并说出大数据的概念。

2. 请判断下列数据属于哪一种数据类型，填入对应的数据类型中：

(1) 结构化数据（　　）；(2) 非结构化数据（　　）；(3) 半结构化数据（　　）。

A. 客户的身份证号

B. 客户的身份证照片

C. 客户照片

D. 某同学发布的附带图片的朋友圈信息

E. 某上市公司的财务报表

F. 监控拍摄的某企业门店的客流录像

G. 无人机拍摄的某工厂的进出货流量视频

H. 记录系统操作的日志数据

任务二 掌握大数据处理流程

任务导入

数据是大数据技术的基础资源。在生活中，数据无时无刻不在产生，但是想让数据真正地产生价值，从原始数据到数据的价值实现需要经过一系列复杂的大数据处理流程。本任务中，让我们一起掌握大数据的处理流程吧！

知识准备

大数据处理是指面向类型复杂的海量数据，使用非传统的工具进行数据采集、数据预处理、数据存储、数据分析、数据呈现，从而获得分析和预测结果的一系列过程。其处理流程如图 2-2 所示。

图 2-2　大数据处理流程

一、数据采集

知识链接

Python 语言

大数据时代，采集数据的方式不再依赖于手工采集，对于网络数据多采用网络程序进行自动化采集，以保障采集到的数据的时效性。自动化采集程序通常使用 Python 语言编写，还可以通过外部采集工具如摄像头、麦克风等，采集并传输到信息系统，也可以在网络信息系统内埋点采集数据。

二、数据预处理

经过第一步数据采集得到的数据属于原始数据。原始数据往往存在不完整、不一致的问题，这样的数据无法直接用于分析和研究。因此，为了进一步分析、挖掘和存储，应对原始数据进行预处理，然后将处理过的数据再导入一个集中的大型数据库或者分布式存储集群。数据预处理的过程包括数据清洗、数据集成、数据转换、数据规约等。

（一）数据清洗

采集到的数据，由于结构各不相同，数据值易缺失、易冲突，在使用之前需要对其进行计算机或人工的清洗，包括补充缺失值、去重、数据转换、逻辑检验等，这就是数据清洗。清洗后的数据可以大大提升准确性和可用性，以便支撑后续数据存储、分析、可视化等进一步应用。

表 2－3 为某公司利润表，其存在的问题包括：汇兑收益出现了重复，2020 年的利润总额出现了缺失值，“报表日期”一栏 2020 年度和 2019 年度的日期表示方法不一致。这些数据的缺失、重复和不规范都需要经过程序或者人工的清洗。

表 2－3　某公司利润表　（单位：元）

项目	报表日期	
	2020/12/31	2019/12
一、营业总收入	**9 799 324.05**	**8 885 433.75**
营业收入	9 491 538.09	8 542 957.35
二、营业总成本	**3 130 513.06**	**2 981 225.3**
营业成本	815 400.15	743 001.39
营业税金及附加	1 388 651.73	1 273 329.24
销售费用	254 774.57	327 899.1
管理费用	678 984.43	616 798.28
财务费用	－23 461.06	745.8
研发费用	5 039.8	4 868.88
公允价值变动损益	489.8	－1 401.85
投资收益	30.56	

续表

项目	报表日期	
	2020/12/31	2019/12
汇兑收益		
汇兑收益		
三、营业利润	**6 663 507.99**	**5 904 148.93**
加：营业外收入	1 105.11	945.45
减：营业外支出	44 918.9	26 839.19
四、利润总额		**5 878 255.18**
减：所得税费用	1 667 361.21	1 481 255.1
五、净利润	**4 952 332.99**	**4 397 000.08**
归属于母公司所有者的净利润	4 669 728.54	4 120 647.1
少数股东损益	282 604.45	276 352.98

（二）数据集成

原始数据是从多种渠道收集来的。数据集成是指将多个数据源中的数据结合起来并统一存储，建立数据仓库，以更好地解决数据的分布性和异构性问题。数据集成的过程像是将多条河流的水汇聚到一个湖泊中，每条河流都是数据源，湖泊就是构建的数据仓库。

数据集成需要考虑的问题主要有：实体识别问题、冗余问题和数据值冲突的检测与处理。（1）实体识别问题即来自多个信息源的实体如何匹配，更具体地说是如何确定两个不同数据库中命名不同的某项数据是否是同一个实体，例如如何确定一个数据库中的现金流记录和另一个数据库中的现金流记录是同一个实体。（2）冗余问题指的是，如果一个属性能由另一个或者另一组属性导出，则这个属性是冗余的。（3）数据值冲突的检测与处理指的是同一个数据不同数据源的属性值可能是不同的，这是因为数据的表示方法、比例或者编码等不同。例如：在跨国集团公司的财务报表中，来自不同国家的子公司提交的单价数据可能会以不同的货币种类存放。

（三）数据转换

数据转换是采用线性或非线性的数学变换方法将多维数据压缩成较少维数据，消除它们在时间、空间、属性、精度等特征表现方面的差异，使其变为适合数据挖掘的形式。常见的数据转换方法有数据平滑、数据聚焦、数据规范化、属性构造（特征构造）等。

（四）数据归约

数据归约是指通过选择有意义的子集或通过聚合等方式减少数据的复杂性和规模。常见的数据归约方法包括特征选择、特征提取、聚类等。数据归约可以提高数据分析和建模的效率，并降低对存储和计算资源的需求。

三、数据存储

传统的数据一般使用 MySQL、Oracle 等传统的关系型数据库存储，其优点是能够快速存储结构化数据，并支持随机访问。

但大数据的数据结构以非结构化数据为主，数据种类多，传统数据库存储系统已经无法满足数据存储的需要。大数据的数据体量巨大，无法由一台服务器中的数据库来承受巨大的并发量和高速的访问需求。大数据环境下，为保证高可用、高可靠和经济性，往往使用分布式存储方式来存储数据；采用冗余存储的方式来保证存储数据的可靠性，即为同一份数据存储多个副本。大数据存储系统主要包括分布式存储系统、数据仓库和非关系型数据库。当前市场上知名的产品有 Hadoop、HBase 等分布式存储系统，及 MongoDB 等 NoSQL 非关系型数据库。

知识链接

Hadoop 与 HDFS

四、数据分析

大数据处理的核心是数据分析。数据分析就是从海量、繁杂的数据中发现规律并获取知识的过程。传统的数据分析方法是运用先验知识构建模型再进行分析。然而面对非结构化、多源异构的大数据集，传统的方法难以胜任，需要更加智能的数据分析技术，包括统计分析、机器学习、数据挖掘和人工智能等技术。

以数据挖掘为例，数据挖掘是指依据业务的需求和目的，运用计算机技术从大量的数据中提取出隐藏的有价值的信息和知识的过程。数据挖掘的特点有基于海量数据、非平凡性、隐藏性、价值性，即挖掘出的信息往往不简单，不是浮于表面的信息，而是对企业有直接或者间接的价值。

五、数据呈现

数据呈现环节的关键是数据可视化。数据可视化是大数据技术在各行业应用中的关键环节，通过直观图像反映出数据各维度指标的变化趋势，用以支撑用户分析、监控和挖掘数据价值。该技术可以帮助人们更好地理解和发现业务数据中隐含的规律性信息，从而辅助管理决策。数据可视化在一定程度上影响人们对大数据分析结果的理解和具体应用。

常见的数据可视化工具有 WPS 和 Office 绘图工具、DataV 可视化组件库、腾讯云图和 Tableau 等。

任务小结

大数据的处理流程包括数据采集、数据预处理、数据存储、数据分析和数据呈现。数据的自动化采集程序通常使用 Python 语言编写，数据预处理包括数据清洗、数据集成、数据转换和数据归约，数据存储一般采用分布式存储系统和非关系型数据库，数据分析是大数据处理的核心环节，数据呈现的关键是数据可视化。

技能实训

1. 请说出大数据处理流程。

2. 请判断下列大数据应用工具主要应用于哪项大数据处理流程，完成连线。

Python语言	数据采集
MySQL	数据预处理
NoSQL	数据存储
Office 绘图工具	数据分析
腾讯云图	数据呈现
Tableau	

任务三 大数据的金融应用分析

任务导入

大数据与金融有着天然的契合性，那么金融行业如何运用大数据技术完成行业创新？银行业如何利用大数据技术为客户量身推荐合适的理财产品？基金公司如何通过社交网络的情绪洞悉股票市场的机会？保险公司如何通过数据分析来进行风险控制？本任务中，让我们带着疑问，探索大数据在金融业的应用。

知识准备

金融业具备应用大数据技术的基础和需求。普华永道调研显示，在所有金融科技中，大数据是金融行业投资和应用的首选。首先，金融业是一个典型的数据密集型产业，拥有海量的数据资源，金融机构沉淀着大量数据，不仅包括客户的账户和资金收付交易等结构化数据，还包括客服音频、网上银行记录、电子商城记录等非结构化数据。其次，互联网和移动应用的普及，Hadoop 平台、Spark 平台和数据仓库等大数据工具的商业化，以及云计算技术的应用，都使得大数据技术趋于完善。

一方面，金融业拥有应用大数据的资源和技术基础；另一方面，应用大数据也是金融业创新发展的需求。如今整个金融业的运作模式正在重构，行业竞争日益激烈，基于数据的精细化运营需求日益迫切；监管部门对于数据管理和监测的要求也在不断提高，要求金融机构加强数据管理，提高数据信息质量。近年来，互联网金融业异军突起，利用金融科技降低小额分散零售客户的金融服务风险与成本，提高了金融服务的效率，突破了行业壁垒。大数据技术在金融业的创新应用已经成为行业公认的变革方向。金融业的各个子行业对大数据技术的应用各有特点，但动因上归结为在精准营销、风险控制和运营优化三个方面展开应用，完成价值变现。

一、精准营销

精准营销以客户的属性归类与客户的购买行为数据为基础进行需求挖掘，通过客户特征集形成客户画像，有针对性地推荐相对应的满足客户需求的产品，减少客户的认知成本和时间成本，去掉中介并直接将客户和其需求的产品建立关联，帮助客户做出购买决策。精准营销与传统营销的比较如表 2－4 所示。

表 2－4　精准营销与传统营销的比较

比较项目	精准营销	传统营销
服务目标	细分目标客群	所有客户
服务方式	个性化服务	标准化服务
服务模式	双向交互	单向传送
服务效果	可量化且精准度高	无定量结果、无精准度
经营模式	以客户为中心	以产品为中心

在经济领域，信息发展让决策趋于理性化与可量化。基于数据和分析，人们趋向于把存储在计算机上的数字、音频、视频、图片等信息，通过大数据的交换、整合、分析来解释现象及原因，预测未来的发展趋势。精准营销正是在大数据背景下，以数据库营销和数据挖掘技术为基础发展起来的。大数据技术能够助力客户信息收集与处理，有效整合客户的特征信息，归类目标客户群体，完成客户细分与市场定位，辅助营销决策与营销战略设计，进行精准的营销服务，从而提升公司的营销效率，降低营销成本。

（一）客户画像

客户画像也称用户画像，是根据客户的社会属性、生活习惯、消费行为、运营和财务等信息而抽象出的标签化的客户模型。构建客户画像的核心工作是给客户贴“标签”，而标签是通过对客户信息进行分析得来的高度精炼的特征标识，目的是进行客户识别。客户识别就是了解客户的有效需求，为下一步的产品服务营销提供依据。举个例子，如果你经常使用支付宝购买化妆用品或者观看美妆购物直播，支付宝就会根据你的购买历史和行为，给你打上“美妆达人”标签；如果你常常购买“酒店住宿”“自驾租车”等服务，支付宝会给你打上“旅游达人”标签；把这些所有给你打上的标签结合起来，就组成了你的客户画像。反过来，研究一个人的客户画像也可以大体判断和勾勒出这个人是一个什么样的人。

客户画像实际包含以下几个核心点。首先，客户画像是真实客户的虚拟描述。它的对象不是单个客户，而是特定群体。具有相似文化、经济、教育等背景的客户在使用产品或服务时具有相似的特征，客户画像通过对这些特征进行总结分析，帮助完成客户分组。因此，客户画像对目标客户群体的界定越明确，画像结果越有针对性。其次，客户画像提炼的群体客户特征可以更精准地识别特定客户群的行为及价格偏好，进而为新产品设计、定价、已有产品改进指明方向。最后，客户画像强调以客户为中心，以客户需求为指引。互联网时代，企业需要根据客户使用场景分析客户的需求，来设计或改进产品和服务。客户画像作为定性定量的手段，以标签的形式描述客户的特征，以及客户与目标产品之间的联系和使用场景。

客户画像可以视作精准营销的基础服务。精准营销需要足够精确的客户画像来作支撑，只有挖掘出客户兴趣、偏好、人口统计学属性（性别、年龄等），对客户实施侦测搜索、精确定位、持续跟踪，对客户行为趋势具有预判能力，做好个性化推荐的基础，才能为个性化推荐、精准营销、商业决策分析提供基本的数据支撑。

客户画像分为个人客户画像和企业客户画像。个人客户画像包括自然属性、兴趣属性、能力属性、关系属性、消费属性与信用属性等；企业客户画像包括企业的生产、流通、运营、财务、销售、客户关系、相关产业链上下游等数据。客户画像数据分布在客户关系管理系统、交易系统、渠道和产品系统等不同的信息系统中。上海数据交易中心的数据金融创新产品 CRP，即“中国企业信用风险画像库”，是企业用户画像的一个典型应用。该画像库在合规、效率、质量等方面致力于科技创新，为行业提供合规高效互信的数据供应，为金融机构服务中小微企业提供有力的工具和平台。

客户画像在金融业的应用范围很广泛，主要包括三个方面：第一，通过分析潜在客户，针对特定客户群体进行广告投放，减少不必要的费用投入；第二，通过分析客户数据的关联性，构建面向客户的个性化推荐系统，对服务或产品做到千人千面的定制化部署；第三，进行企业经营效果评估，完善产品运营，提升服务质量和客户体验，促进企业的良性发展。

银行通过大数据构建客户画像数据库，细分客户群体。银行自身拥有大量的客户信息数据、交易数据和非交易数据，随着大数据时代的来临，银行从互联网中获得的数据也越来越多。面对客户的多样化需求，银行可以通过大数据技术，整合客户的基本属性、交易属性、风险偏好，结合客户的交易行为以及资金流进行分析，生成上千种客户标签，为每一个客户打上各种标签。银行将这些客户标签结合起来，就能够形成客户画像，从而快速、直观地了解一个客户，有针对性地开展客户营销与服务。

以图 2-3 的银行某客户群的客户画像为例，基本可以根据已有的特征勾勒出一个较具体的客户画像，银行可以有针对性地对该客户群进行营销。例如：收入较高但是存款并不多的客户，可能会进行定期理财和股票基金投资，同时也有大额单笔分期贷款需求；高学历、从事 IT 行业工作的年轻人易接受创新事物，可以利用短视频、微信公众号等新渠道开展营销，也可以尝试向其推荐创新性的理财产品；收入高且年轻，有证券投资经历的客户，风险容忍度强，可以尝试向其推荐高风险的理财产品。

图 2-3　银行某客户群的客户画像

与银行一样，在掌握众多数据的基础上，证券公司也应用大数据技术，利用客户画像数据来进行客户细分，建立业务场景，筛选目标客户，设计产品。证券公司可以通过客户基础属性信息（性别、年龄、地域、受教育水平、职业类型、薪资水平）、交易行为信息（开户时长、资产规模、交易频次、交易金额、购买方式、购买类型、分红方式、风险承受度）、投资收益信息和社交行为信息来进行客户聚类和细分，从而发现客户交易模式类型，找出最有价值和盈利潜力的客户，以及他们最需要的服务，更好地配置资源和政策，改进服务，抓住最有价值的客户。

业界前沿

中国互联网证券用户画像

（二）金融机构精准营销的具体手段

1. 实时营销

实时营销是指根据客户的实时状态进行营销，比如根据客户当时的所在地、客户最近一次消费等信息来有针对性地进行营销。证券公司可以在市场进入调整期，客户倾向于降低权益类资产权重的时候，更多地推荐客户配置泛固定收益类资产。

业界前沿

泰康在线：精准营销打造“端到端”体验闭环

2. 交叉营销

银行可以根据客户交易记录分析，有效识别小微企业客户，然后用远程银行来交叉销售。而证券公司如果通过数据检测发现某客户的资金经常在保证金账户和银行托管账户间转换，同时炒股和购买银行理财，就可以对其加大资产管理产品的营销力度，实现交叉销售。

3. 个性化推荐

证券公司可以根据客户的年龄、资产规模、理财偏好等，对客户进行精准定位，分析出其潜在金融服务需求，进而有针对性地开展营销推广。图 2－4 所示即为大数据驱动下的个性化推荐流程。例如：银行可以利用自身卡消费数据、移动设备信息、社交和境外强相关数据（攻略、航线、景点、费用），寻找境外游客户并为其提供金融服务。

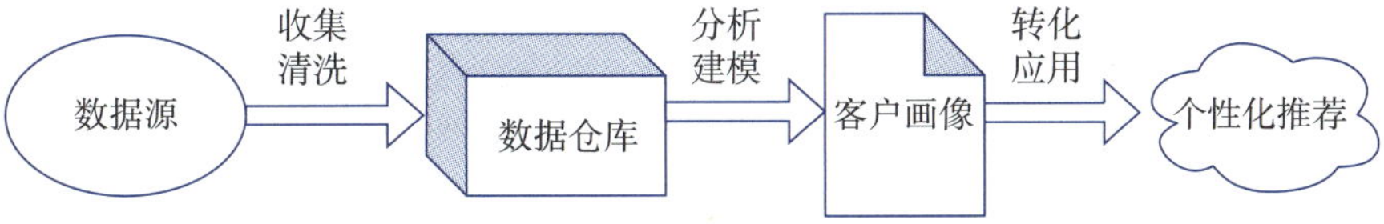

图 2－4　大数据驱动下的个性化推荐流程

4. 客户生命周期管理

客户生命周期管理包括新客户获取、客户防流失和客户赢回等。例如：招商银行通过构建客户流失预警模型，对流失率等级前 20％的客户发售高收益理财产品予以挽留，使得金卡和金葵花卡客户流失率分别降低了 15 个和 7 个百分点。证券公司可以参照建立自己的预警模型，对流失率等级前 30％的高净值客户通过调整佣金、发售高收益产品、加强投顾跟踪服务等方式予以挽留。

二、风险控制

大数据风险控制是指通过运用大数据构建模型的方法对客户进行风险控制和风险提示。在大数据时代之前，传统风险控制多由各机构内设风险控制团队，以人工方式对企业客户或个人客户进行经验式风险控制。大数据风险控制则通过采集大量客户的各项指标进行数据建模，风险控制效率更高。大数据风险控制可以应用于信贷风险评估、保险赔付、证券分析、欺诈识别、黑产防范、消费贷款等多个具体业务领域。

扩展视频

大数据风险控制

业界前沿

ZestFinance：用大数据进行金融风险管控

（一）信贷风险评估

在传统方法中，银行对企业客户的违约风险评估多是基于过往的信贷数据和交易数据等静态数据，这种方式的最大弊端就是缺少前瞻性。因为影响企业违约的重要因素并不只是企业历史的信用情况，还包括行业的整体发展状况和实时的经营情况。而大数据技术的介入使信贷风险评估更趋近于事实。

例如：阿里金融利用客户积累在阿里巴巴、支付宝、淘宝等电商平台上的信用和行为数据，以及社交网络信息、房租交纳记录、网络数据信息，甚至借款人填写表格时的书写习惯等极边缘的信息，综合构建网络数据模型和在线视频资信调查模式，通过交叉检验技术，并借助第三方验证，提高客户信息的真实性，就能够衡量那些通常无法在传统金融渠道获得贷款的客户群体的信用水平，以此为依据向他们发放“金额小、期限短、随借随还”的小额信贷。依靠大数据而不是担保抵押来进行风险的决策与抵御，使阿里金融获得了向传统银行发起挑战的核心竞争力。

（二）欺诈识别

大数据技术还可以应用于欺诈识别，在保险业和支付清算行业中有着典型应用。

对于保险业而言，赔付直接影响保险企业的利润，因此赔付的管理一直是保险企业的关注点。而赔付中的“异常值”（即超大额赔付）是推高赔付成本的主要驱动因素之一。保险欺诈严重损害了保险企业的利益，为了识别可疑保险欺诈案件，保险企业需要展开大量专项调查，但往往需要耗费数月甚至数年的时间。借助大数据手段，保险企业可以识别诈骗规律，显著提升骗保识别的准确性与及时性。保险企业可以通过建立保险欺诈识别模型，大规模地识别近年来发生的所有赔付事件，通过筛选功能从数万条赔付信息中挑出疑似诈骗索赔。保险企业再根据疑似诈骗索赔展开调查，就可以有效提高工作效率。此外，保险企业可以结合内部、第三方和社交媒体数据进行早期异常值检测，包括客户的健康状况、财产状况、理赔记录等，及时采取干预措施，减少先期赔付。

例如：保险企业泰康在线进行了基于大数据技术的反欺诈系统的研发与应用，系统采用机器学习式的风险控制模式，可在海量数据中提取 15 大维度的 4 000 个以上风险特征，并通过不断学习，更加全面、准确地预测个人欺诈风险。该系统通过隐私计算的方式，在保证客户数据隐私安全的情况下，引入海量外部数据，解决了在单一领域内进行数据分析的片面性问题和数据孤岛困境，通过挖掘多领域、多维度、深层次的潜在风险因子，分析客户是否有骗保动机。

支付清算行业中也可以应用大数据进行交易欺诈识别。目前支付服务操作十分便捷，客户已经可以随时、随地进行转账操作。面对盗刷和金融诈骗案件频发的现状，支付清算企业交易欺诈识别工作面临巨大挑战。大数据可以利用账户基本信息、交易历史、位置历史、历史行为模式、正在发生行为模式等，结合智能规则引擎进行实时的交易反欺诈分析。整个技术实现流程为实时采集行为日志→实时计算行为特征→实时判断欺诈等级→实时触发风控决策→案件归并，形成闭环。

三、运营优化

大数据技术通过对大量金融相关数据的分析整合，可以更加清晰地指出当前金融机构存在的关键问题，从而更好地对症下药，提高金融机构的管理效率。运营优化的目的是让企业在一个集成且开放的平台上建立完整的增长体系，从连接全渠道到各种客户数据的集中管理，从大数据分析到可执行的最佳运营策略，从自动化执行到效果监测，帮助企业内外协同，跨越从数据到增长的鸿沟。以银行为例，运营优化主要包括以下内容。

（一）市场和渠道分析

通过大数据，银行可以监控不同市场推广渠道尤其是网络渠道推广的质量，从而进行合作渠道的调整和优化。同时，银行也可以分析哪些渠道更适合推广哪类银行产品或者服务，从而进行渠道推广策略的优化。

（二）产品和服务优化

银行可以将客户行为转化为信息流，并从中分析客户的个性特征和风险偏好，从更深层次理解客户的习惯，智能化分析和预测客户需求，从而进行产品创新和服务优化。例如：兴业银行目前对大数据进行分析，通过对还款数据挖掘比较区分优质客户和一般客户，根据客户还款数额的差别，提供差异化的金融产品和服务方式。

（三）舆情分析

舆情监测是指对社会公众对于某一特定事件或者话题的态度、情绪或者言论进行收集、分析和评估的过程。银行可以通过爬虫技术，抓取网络社区、论坛和微博上关于银行以及银行产品和服务的相关信息，并通过自然语言处理技术进行正负面判断，尤其要及时掌握银行以及银行产品和服务的负面信息，及时发现和处理问题；对于正面信息，可以加以总结并继续强化。银行也可以抓取其他银行的正负面信息，及时了解同行做得好的方面或坏的方面，以作为自身业务优化的借鉴。在证券行业中，舆情分析可以用于评估股票市场的涨跌幅度，判断市场的趋势和情绪，帮助投资者做出更加明智的决策。

扩展视频

数据金融

任务小结

1. 金融行业具备应用大数据技术的基础和需求，归结为在精准营销、风险控制和运营优化三个方面展开应用。

2. 精准营销与传统营销不同，它以客户的属性归类与客户的购买行为数据为基础进行需求挖掘，通过客户特征集形成客户画像，有针对性地推荐相对应的满足客户需求的产品，减少客户的认知成本和时间成本，去掉中介并直接将客户和其需求的产品建立关联，帮助客户做出购买决策。

3. 客户画像是精准营销的基础服务。客户画像是指根据客户的社会属性、生活习惯、消费行为、运营和财务等信息而抽象出的标签化的客户模型。

4. 客户画像分为个人客户画像和企业客户画像。

5. 证券公司精准营销的具体手段包括实时营销、交叉营销、个性化推荐、客户生命周期管理。

6. 大数据风险控制是指通过运用大数据构建模型的方法对客户进行风险控制和风险提示。风险控制的典型应用包括信贷风险评估和欺诈识别。其中，欺诈识别主要应用在保险业和支付清算行业。

7. 大数据技术可以提高金融机构的管理效率。以银行为例，运营优化的主要内容包括市场和渠道分析、产品和服务优化、舆情分析。

技能实训

1. 假设你是一家小型证券公司经纪业务部门负责人，该证券公司近期准备在互联网渠道拓展证券经纪业务和投资顾问业务，你计划如何利用大数据为互联网证券用户提供个性化增值服务，提升客户黏性？

2. 银行客户画像的构建与应用：本项实训通过一个完整的银行客户画像的构建与应用，帮助学生全面系统地了解银行如何应用大数据进行个性化推荐。银行可以通过采用客户画像对客户特征进行描述，有效甄别不同类别的客户群体，提供有针对性的产品和服务，防范客户流失。请结合本项目的学习内容，回答金融机构如何利用大数据技术实现精准营销，并列举出每一步可能使用的工具。

(1) 客户数据采集与清洗。智慧银行应用客户画像实施个性化推荐的第一步是数据采集（见图 2-5）和清洗。智慧银行可以打通不同来源的数据之间的壁垒，将客户数据全部打通，将一个客户的所有数据用同一个客户 ID 管理，然后利用数据处理软件对数据进行清洗，最终获得的数据库如图 2-6 所示。

图 2-5　智慧银行数据采集

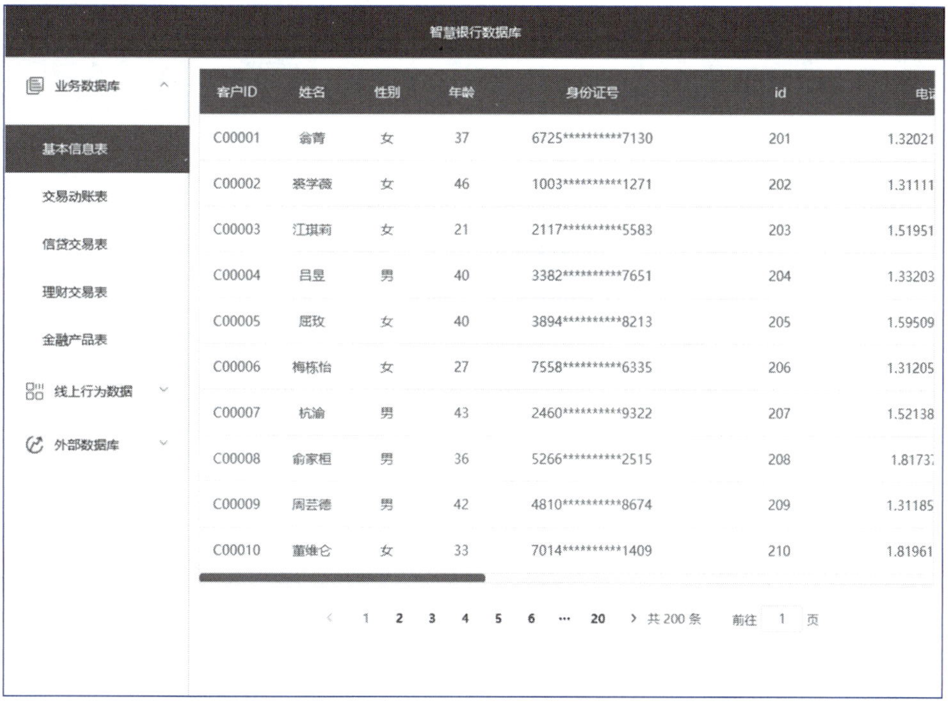

图 2-6　智慧银行数据库

（2）客户特征提取。特征提取是指在收集客户数据的基础上，对其进行整理和分类，并通过一定的数据挖掘方法从中抽取客户特征，进一步提炼得到客户标签并构建客户画像的过程，其实质上就是从客户特征中提炼出客户标签的过程。表 2-5 是智慧银行需要搭建的客户标签体系。

表 2-5　智慧银行客户标签体系

序号	类别	说明
1	基本属性类	对零售客户的基本信息、社会属性进行标识，包括性别、年龄分段、职业等标签
2	金融交易类	客户在银行的资金转入转出的情况，包括交易活跃度、渠道偏好、大额消费等标签
3	产品投资类	客户理财产品、基金等金融产品的持有、产品偏好、购买潜力等和产品趋势相关的标签
4	资产负债类	客户的金融资产等级、资产偏好、贷款等情况，包括客户层级、贷款类型、历史贷款笔数、还款金额等标签
5	风险评估类	客户的风险偏好和信用状况，包括客户风险评级、逾期次数、历史不良贷款笔数等标签
6	线上行为类	客户在 App、PC 端的登录、产品详情浏览、跳转、退出、优惠券领取使用等信息，包括登录活跃次数等标签

（3）生成客户画像。智慧银行基于搭建的标签体系，生成每个客户的画像。图 2-7

是单人客户画像示例。

客户属性

职业	事业单位工作人员
投资年限	投资达人
客户风险评级	C
逾期次数标签	未逾期
现居住地	南京

图 2-7　智慧银行单人客户画像

（4）个性化推荐。在生成客户画像的基础上，智慧银行可以总结产品与产品之间的相似度，根据该类客户的历史偏好信息，将类似的产品推荐给客户。

在线测试

项目二
大数据金融

项目三 区块链金融

学习目标

知识目标

1. 掌握区块链的概念与特征，掌握区块链的关键技术
2. 了解区块链的类型与发展阶段
3. 熟悉区块链的金融应用

能力目标

1. 能够准确描述区块链关键技术的作用机理
2. 能够分析区块链在金融细分领域的应用场景
3. 能够总结区块链在金融行业可以解决的难题

素养目标

1. 理解共享发展理念：区块链技术的核心是取消中心化记录，共享信息

2. 培养科学精神与创新思维：区块链技术的发明与应用富有科学精神和创新思维

3. 了解区块链相关的行业政策：国家出台了多部文件指导区块链行业发展

4. 培养文明诚信的职业道德：区块链技术的核心价值是实现信息对称，可靠的信息传递机制有助于提升社会运转的效率

项目案例

村里记账的故事

有一个古老的村落，从前村民之间发生账务往来都是由村长记账，比如甲村民向乙村民购买了一头牛，支付 1 000 元，村长就在账本上记录甲村民账户减少 1 000 元，乙村民账户增加 1 000 元。久而久之，以村长为中心记账人的记账体系暴露出一些问题：一是村长可能会利用记账权为自己牟私利，如凭空让自己账户的资金增加，又如故意不记录与自己关系亲近的人的转账支出；二是村长经常保管不当，损坏或者丢失账册；三是村长的儿子会偷偷地篡改账本。问题暴露了之后，村民都认为村长不能再胜任记账职位，商讨免去村长的记账权，但问题是没有人可以保证接替村长记账的人永远奉公守法，也没法保证账目不被篡改，或是不会损坏、丢失。

于是，村民开发了一套不同于以往的全新的记账体系，这套记账体系的最大特点就是不再由某一个单一的人来记账，而是全体村民共同参与记账。例如：甲村民支付给乙村民 1 000 元，甲村民则在村里进行广播："请注意，我甲向乙转账 1 000 元。"附近的村民听到之后做了两件事：(1) 通过声音判断这是甲村民喊的，而不是别人冒名；(2) 检查甲村民账户是否有 1 000 元。每个村民都有个小账本，记录了各个村民的账户余额，当确认甲村民确实有 1 000 元后，每个村民都会在自己的小账本上记录："×年×月×日，甲村民向乙村民支付 1 000 元。"

此时仅有附近能听到广播的村民记录了该次转账，并不是全体村民。剩下的村民如何完成记账呢？他们只需要照抄广播时记录转账的村民的账本即可。每日的账目往来记录成一页，用链条将每一页连接在一起形成账本。

这套记账体系克服了以村长为中心记账人的记账体系的缺陷，不用再担心账本的损坏和丢失。更重要的是有两种机制可以保证账本不可篡改。一是全体记账，人人手上都维护一本账本，即使某个村民改了自己的账本，他也无法修改其他村民手上的账本，如果想达到篡改账本的目的，必须同时篡改全村超半数村民手上的账本，难度极大，接近于不可能。二是每一页"链"在一起形成的账本如果从中间某一页修改数据的话，会破坏整个账本的链式结构，导致链条断了，从而很容易被发现。

但这套人人参与记账的体系仍然有个难题需要解决——如何激励所有人都来记账呢？之前村长记账会获得报酬，但是在人人参与的记账体系中每人都获得报酬并不现实，此时有三个解决思路。第一个思路是说服村民不要求报酬，让他们意识到稳定可靠的记账体系是经济生活的保障，每人都有义务参与记账。第二个思路是村里有个富豪，他认为稳定可靠的记账体系有助于他的生意往来，更能维护自己的巨额财富，他愿意出资维护这套记账体系。当村民数量不多的时候，说服村民或者让富豪出资可能是可行的。但当村民数量足够多的时候，说服全体村民的难度极大，富豪也无力承担，这就需要第三种解决思路，即建立一个大家都认可的激励机制。奖励首个记账被认可的人一定的报酬，谁的这一页记账被认可，其他人都会分别照抄这一页账，从而保证所有人维护的账本完全一致。接下来的问题是，既然有了激励，大家都会争抢成为那个记账被认可的人，怎么确定以谁的记录为准呢？村民们想到了一个办法：做题。每一页账都找一道难题，让所有参与记账的村民都去尝试破解这道难题，谁最先破解，这页就以谁的记账为准。其他村民会验证首个解题成功的村民的答案是否正确，虽然解题很难，但是验证答案却很容易。当然，该村民也会验证记的账务往来是否正确，如果答案和账务都验证无误，其他村民都会照抄他的账页，这一页就会"链"在全村共同维护的账本上。

任务一 认识区块链技术

任务导入

项目案例《村里记账的故事》就是一个形象易懂的可以用来解释区块链技术的故事。村长记账是传统的中心化记账方式，而后来的全体村民记账就类似于区块链技术。那么区块链到底是什么？它为什么被认为是革命性的信息技术？如何利用技术实现它的特性？让我们一起深入地理解区块链技术。

知识准备

一、区块链的概念与特征

扩展视频

解读区块链

区块链是新一代信息技术的重要组成部分，是分布式网络、加密技术、智能合约等多种技术集成的新型数据库软件，通过数据透明、不易篡改、可追溯等特性，有望解决网络空间的信任和安全问题，推动互联网从传递信息向传递价值变革，重构信息产业体系。

简单来说，区块链就是一种全新的记账方式。原本掌握在拥有唯一记账权人手中的大账本，现在人手一本，人人都有权参与记账过程。由于人人都记账，不存在绝对的权威中心，因此很难篡改历史账本，信息也更易追溯和验证。从结构上来说，若干交易信息打包成区块，区块按顺序前后链接在一起就形成区块链，如图 3-1 所示。

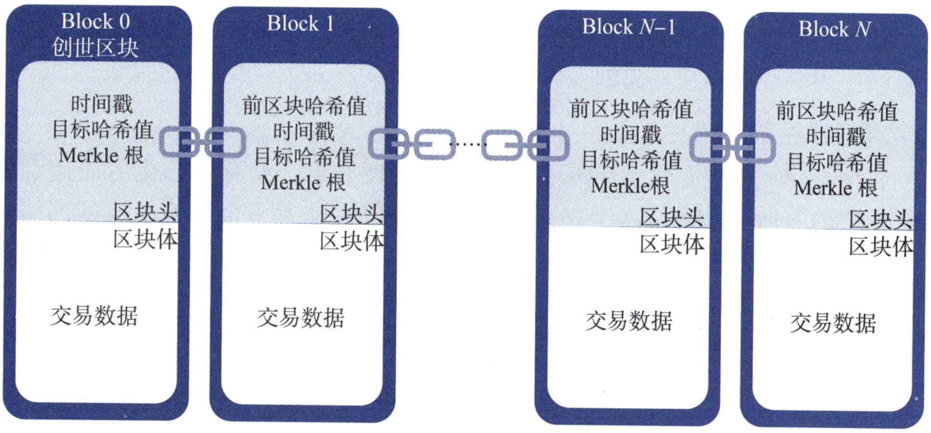

图 3-1　区块链结构

2008 年 11 月，中本聪发表了论文《比特币：一种点对点的电子现金系统》。文中详细描述了如何建立一套全新的、去中心化的、不需要信任基础的点到点交易体系的方法。虽然我国已经明确比特币等虚拟货币不应且不能作为货币在市场上流通使用，相关业务活动也属于非法金融活动①，但是其技术本身的可实现性已经被自 2009 年运行至今的比特币体系所证明。

所以，支撑比特币的技术与管理方法——区块链技术凭借其去中心化、不易篡改、可追溯等独特的技术优势，吸引了众多目光，相关的研究和应用也迅速发展。从比特币体系中提炼出的区块链技术有望重塑人类社会活动形态，为金融、科技、文化、政治等领域带来深刻的变革。

二、区块链的关键技术

区块链系统具有数据透明、不易篡改、可追溯等特点，可以解决网络空间的信任和安全问题，因而被认为是革命性的信息技术。这些特点之所以能够实现是基于区块链的几项关键技术：区块链的信任问题通过分布式账本解决，共识机制是可以实现区块链达成一致性的重要方法，加密技术是区块链数据不可篡改的技术基础，智能合约是存储在区块链上可以自动执行的协议，扩展了区块链的应用范围。

（一）分布式账本

1. 分布式账本的概念

传统的记账体系一般由单一的中心节点完成记账。例如：一家企业的财务报表由该企业的财务部门编制，一个国家的货币发行与流转由该国的中央银行记账。而分布式账本（Distributed Ledger）的数据库分布于对等网络的节点（设备）上，每个节点都复制及存储与账本完全相同的副本并独立更新。显然，与传统的记账体系不同，区块链的记账是多个节点同时记账，主要优点是不存在绝对的中央权威。当账本需要更新时，多个节点都会根据交易内容各自更新自己的副本，各个节点以特定的共识机制决定哪一个副本是正确的。一旦达成共识，即确定某一个节点的副本是唯一正确的副本，其他所有节点都会按照正确副本的数据进行更新，这样就在整个区块链中明确了下一个副本（区块）。随着区块的逐步更新，多个区块连在一起就会形成区块链。

2. 分布式账本的特点

（1）去中心化。去中心化意味着不依赖中央处理节点，没有中心化的应用和管理部分。数据库中的数据可以通过多个站点、不同地理位置或者多个机构组成的网络进行分享。在一个网络里的网络成员都可以获得一个唯一、真实的账本副本。账本里的任何改动都会在所有的副本中被反映出来，账本的反应时间会在几分钟甚至几秒钟内。在这个账本里存储的资产可以是金融、法律定义上的实体资产或电子资产。

特别提示

人人都保有和更新账本，也意味着账本信息和数据是完全透明的。

（2）不易篡改。分布式账本中的每条记录都有唯一的时间戳和唯一的数字签名，这使得账本成为网络中所有交易的可审查记录。如果有任何的人员想要修改数据，一般需要根

① 2021 年 9 月，中国人民银行等十部门发布《关于进一步防范和处置虚拟货币交易炒作风险的通知》。

据共识机制与其余所有人员达成一致才能够完成，不然是无法进行修改的。

(3) 需要共识机制。根据网络中达成共识的规则，账本中的记录可以由一个、一些或者所有参与者共同进行维护。网络中的参与者根据共识机制来制约和协商对账本中的记录的维护。

（二）共识机制

在传统的中心化账本中，存在记账中心，各参与者以记账中心的记账数据为准。然而区块链技术的核心特征之一是去中心化，由多个节点共同维护信息，并没有记账中心存在。在去中心化的体系中，如何让各个节点达成一致是非常关键的问题，共识机制则是可以实现区块链多个节点达成一致的方法。

特别提示

任何一个去中心化的分布式系统，必须解决共识问题，否则就无法运转。

知识链接

拜占庭将军问题

分布式账本体系中取得一致性的难点有两个。一个是同时问题，即一笔账可能在多个账本上同时被记录下来，如何确定以谁的记录作为标准，即确定哪一个节点具有记账权。另一个是拜占庭将军问题，即在追求一致性的过程中，不仅各个节点之间的通信可能由于网络故障导致延后或者中断，而且可能存在恶意节点故意发送错误的信息干扰网络的运行。

如何解决这两个难点就需要有明确的共识机制。目前，区块链的共识机制主要可以分为四类：工作量证明机制（PoW）、权益证明机制（PoS）、股份授权证明机制（DPoS）、拜占庭容错机制（BFT）。

比特币和以太坊使用的都是工作量证明机制（Proof of Work，PoW）。所谓工作量证明机制，简单理解就是一份证明，通过对工作的结果进行认证来证明完成了相应的工作量。具体到区块链和比特币的应用中，节点需要找到一个满足一定条件的合适的随机数（Nonce），这个随机数只能通过穷举寻找，所以一个节点的算力直接决定了它找到随机数的概率。如果某个节点最先找到了这个合适的随机数，就相当于完成了工作量证明，获得了记账权。在像比特币、以太坊这样的公有链中，获得记账权的节点可以得到一笔奖励①，如在比特币中系统成功获得打包一个区块的记账权目前会获得 3.125 个比特币，市场价值约 21 万美元②。

特别提示

比特币使用的工作量证明机制可以理解为出一道数学题，全班同学一起来求解，求解的方法只有一个，就是逐个试不同的数字以判断是否符合题设条件。这时候谁计算能力强，谁就可以试更多的数字，试出正确答案的概率就更大。谁一旦试出了正确答案，就会立即告诉全班同学，全班同学会验证这个答案是否正确。如果正确，那么该同学就获得了

---

① 在比特币系统中，成功打包区块的人会获得比特币奖励，而包里记录的也是若干条比特币的交易信息。实际上，打包区块、争夺记账权进而获得系统奖励的过程就是比特币的发行过程。

② 根据 2024 年 10 月的数据估算而得。

这个奖励，大家再一起竞争下一道题目的奖励。

如果某个节点成功找到了满足条件的随机数，会马上对全网广播打包的区块，网络上的其他节点收到该区块后，会先验证其结果，如果验证通过，则表明已经有节点成功找到随机数，其他节点就不再竞争当前区块，而是选择接受这个区块，并记录到自己的账本中。所以，只有网络中最快找到随机数的区块才会被添加到账本中，形成新的区块，其他的节点都是在复制这个区块，以此来保证账本的唯一性。

特别提示

节点利用自己的算力寻找随机数的过程类似于淘金时代矿工挖矿的过程。矿工（节点）在大量的矿产资源（巨量的随机数）中找金子（合适的随机数），一旦找到，就会获得巨额财富。所以寻找这个随机数、获得记账权的过程被行业内的人称作“挖矿”。

工作量证明机制的优点有两个：一是权利平均化，即找到合适的随机数的概率仅依赖于自身算力，保证节点之间相对公平；二是难以篡改，如果想修改链上的数据，需要联合超过50%的算力进行同步修改才能完成，这在像比特币这样的大型网络中几乎是不可能完成的任务。

工作量证明机制也有缺点。一是浪费资源。比特币的挖矿收益可观，吸引了大量算力，实际上这些算力仅仅为了争取记账权，进而产生对社会来说使用价值很低的比特币，这本身是无意义的计算，也是对资源的消耗与浪费。2022 年，比特币的全网算力已达到 210 EH/s，每天耗电 4 000 MWh。如果把比特币消耗的算力比作一个国家，其在全球所有国家中排名高达第 27 位。二是算力集中化。目前，在比特币网络中，普通的个体或者几十台规模的计算机由于算力不足，已经很难取得记账权，这就导致各方联合起来，集中算力以提高获得记账权的概率，这些算力集中的地方称为“矿池”。以比特币的 GHash 矿池为代表，其算力已经接近比特币算力的一半。这与中本聪当年去中心化的设想并不一致，甚至会威胁比特币去中心化的核心特征。

（三）加密技术

为了保证账本的完整性、公开性、隐私性、不可篡改、可校验等一系列特性，区块链高度依赖加密技术。加密技术古已有之，据《六韬》记载，姜子牙将渔竿制成不同长短的数节，不同的长度代表不同的含义，用于传递军事机密。目前的电子商务领域、军事领域等都会应用加密技术，加密技术可以让信息在传递过程中仍然保密。下面介绍两个支持区块链运行的关键加密技术：非对称加密技术与哈希函数。

1. 非对称加密技术

密钥加密技术包括两个元素：算法和密钥。算法是将普通的文本（或者可以理解的信息）与一串数字（密钥）相结合，产生不可理解的密文的步骤。密钥加密技术可以分为对称加密技术与非对称加密技术。对称加密技术采用对称密码编码，它的特点是文件加密和解密使用相同的密钥，即加密密钥也可以用于解密，典型代表是数据加密标准（Data Encryption Standard，DES）。

区块链使用的一般是非对称加密技术，应用于信息的发送与收取。与对称加密技术不同，非对称加密技术需要两个密钥：公开密钥（Public Key）和私有密钥（Private Key），简称公钥和私钥。公钥与私钥是一对，如果用公钥对数据进行加密，那么只有用对应的私钥才能解密；如果用私钥对数据进行加密，那么只有用对应的公钥才能解密。因为加密和解密使用的是两个不同的密钥，所以这种算法叫作非对称加密算法。在现实世界中可作比拟的例子：一个保险箱，开门和关门用的是同一把钥匙，这是对称加密；而某个人家门口的信箱，我们知道地址就可以寄信给他，地址就是公钥，但是只有它的钥匙可以打开这个信箱，钥匙就是私钥，这是非对称加密。

非对称加密技术的工作流程如图 3－2 所示。A 想要给 B 发信息，首先对明文信息用公钥进行加密处理，形成密文，进行传输，B 通过私钥对密文进行解密，得到明文信息输出。

图 3－2　非对称加密技术的工作流程

特别提示

加密和解密用的都是接收者的公钥与私钥。

2. 哈希函数

区块链账本数据主要通过父区块哈希值组成链式结构来保证其不可篡改。哈希函数可以把任意长度的输入文本，通过散列算法变换成固定长度的输出，输出的结果是由字符和数字组成的字符串。目前有多种哈希算法，比特币使用的是 SHA256 算法。一般来说，哈希算法有以下特征：

（1）不可逆。给定一个哈希值，很难据此计算出原始数据。

（2）输入敏感。输入信息即使发生非常微小的变化，新的哈希值也会产生巨大的变化。由于无法根据变更数据前后的哈希值推测出原始数据发生了什么样的变化，因此哈希算法也是检验两组原始数据是否相同的方法之一。

（3）固定长度。输入内容无论长短，输出的哈希值长度都是一样的。

（4）强抗碰撞性。输入不同的内容很难输出相同的哈希值。当然，输入的内容有无限可能，但是哈希值是固定长度的，是有限的，所以理论上来说不存在永远不发生碰撞的哈希算法。但是现实世界中，只要保证碰撞的概率足够小，算法就是可用的。

小贴士

哈希（Hash）在英文中的原义是剁碎的食物。同理，哈希函数是把数据拆散后再重新排列。目前的哈希算法，如 SHA256，往往是将原始数据通过非常复杂的运算得到哈希值，就相当于把原来的食物（数据）剁得粉碎。

随堂练习

实训题

扫描右侧二维码，进入哈希函数小工具平台，完成以下验证：

（1）验证不可逆：让你的同学随机输入一段内容生成哈希函数，你能根据哈希函数猜到他输入的是什么吗？

（2）验证输入敏感：分别输入两段极其相似但不相同的内容，生成两个哈希函数，你能找到两个哈希函数之间的关联吗？

（3）验证固定长度：输入两段总字符差别极大的内容，生成两个哈希函数，数一数，它们的总位数一样吗？

（4）验证强抗碰撞性：多次输入任意内容，观察是不是很难生成相同的哈希函数。

哈希算法基于以上特性，保证了区块链的不可篡改性。区块头包含上一个区块数据的哈希值，这些哈希值层层嵌套，最终将所有区块串联起来，形成区块链。区块链里包含了自诞生以来的所有交易，因此要篡改一笔交易就要将其后所有区块的父区块的哈希值全部篡改，运算量非常大。而且伪造交易链必须在新的正确区块产生之前出现，在节点足够多的情况下，这几乎是不可能实现的。另外一种篡改区块链的方式是某一方控制超过50%的算力，因为区块链的特点为少数服从多数，一旦某一方控制了全网超过50%的算力，即可篡改历史交易。同样，在参与的节点足够多的情况下，这也是几乎不可能做到的。

特别提示

区块链平台的信息之所以不易篡改，一方面是因为分布式账本，想更改信息必须取得超过半数的节点同意，另一方面是因为独特的链式结构。所谓区块链，就是一个一个区块（通过哈希指针，如图3-3所示）连接在一起，如果更改前面的信息，后面所有区块的验证信息（哈希函数）都会改变，很容易被发现。

图3-3　区块链中的哈希指针

（四）智能合约

智能合约的概念最早是由尼克·萨博在20世纪90年代提出的。一个智能合约即是一个计算化交易协议，用来执行合约条款。设计智能合约的目的是满足一般的合同条件，最大限度减少恶意和意外的状况，最大限度减少使用信任式的中间媒介。智能合约的目标是减少欺诈损失，降低仲裁、执法和交易的成本。将智能合约引入区块链是区块链技术发展的一个里程碑。区块链最早仅应用于数字货币领域，如今能融入金融和商务的各个领域，智能合约的引入是关键要素。

智能合约的概念并不复杂，就是利用计算机实现这样一种效果：只要满足一定的条件，就执行某个指令。例如：储户在ATM上取现，只要满足三个条件，一是卡号与密码正确，二是账户余额大于取现金额，三是取现金额小于当日取现限额，ATM就会立即执行指令，吐出现金，这可以被看作智能合约。但是智能合约在现实中应用难以扩展，原因就是一直以来缺少一个能够使其良好运行的平台，这个平台必须能够保证执行条件与执行结果不可篡改，且不受权威中心干扰。区块链技术的出现，凭借其不可篡改和去中心化的特性，很好地解决了之前智能合约运行的难题。

课堂讨论

你还能想到哪些在现实生活中可以被看作智能合约的应用？

知识链接

一个有关天气的合约

特别提示

智能合约概念的出现远早于区块链技术，但智能合约的实现依赖高度信任的合作环境，所以难以发展。区块链技术可以构建信任的合作环境，促使智能合约在金融和商务中的应用实现跨越式发展。

任务小结

1. 区块链是新一代信息技术的重要组成部分，是分布式网络、加密技术、智能合约等多种技术集成的新型数据库软件，通过数据透明、不易篡改、可追溯等特性，有望解决网络空间的信任和安全问题，推动互联网从传递信息向传递价值变革，重构信息产业体系。

2. 简单来说，区块链就是一种全新的记账方式，核心特征是去中心化，除此之外还有数据透明、不易篡改、可追溯等特点。

3. 区块链的关键技术有分布式账本、共识机制、加密技术和智能合约。

4. 分布式账本的数据库分布于对等网络的节点（设备）上，每个节点都复制及存储与账本完全相同的副本并独立更新。分布式账本的特点是去中心化、不易篡改以及需要共识机制。

5. 区块链需要共识机制实现多个节点达成一致。目前的共识机制有工作量证明机制（PoW）、权益证明机制（PoS）、股份授权证明机制（DPoS）、拜占庭容错机制（BFT）。比特币使用的是工作量证明机制。

6. 区块链高度依赖加密技术。区块链一般应用非对称加密技术发送信息，主要通过哈希算法维护链式结构，保证其不可篡改性。哈希函数的特征有不可逆、输入敏感、固定长度和强抗碰撞性。

7. 智能合约是一个计算化交易协议，用来执行合约条件，目标是减少欺诈损失，降低仲裁、执法和交易的成本。智能合约的引入让区块链不再局限于数字货币领域。

技能实训

阅读项目案例《村里记账的故事》，将村里记账的故事与区块链技术应用类比，完成以下完形填空，并将这个故事讲述给一个不了解区块链的朋友听。

村里原先记账的方式称作____________，故事中记账的村长就是____________，账本是____________。这种传统的记账方式有不少缺点，于是村民开发了一套创新的记账体系。

创新的记账体系中，每一个人都是记账人，当新的账页产生以后，每个人都会参照新的账页抄一个副本加入自己的账本中，这体现了____________特征，账本是____________。因为每一个人都在记账，而且每一页账前后都建立了钩稽关系，想篡改账目的难度非常大，这体现了____________特征，因此也比较容易追溯每一笔账的来龙去脉（易追溯）。

既然是多人记账，如何解决记账过程中大家意见不一致，取得群体共识的问题就十分重要，这被称为____________。传统的记账体系中，村长记账是有报酬的，新的记账体系由于人人记账，不可能给每个人都发放报酬。如何激励大家参与记账呢？一个比较好的方法是由大家来竞争取得记录新账页的权利，竞争的方法是看谁最快最准地做出一道数学题，谁就取得了记录新账页的权利，也就获得了报酬，剩下的人照抄他的账页即可。这种做题的竞争方法，也就是取得共识的方法，称作____________。剩下的人会快速验证取得这一页记账权的人的数学题答案和记的账是否正确，这体现了记账体系的____________。

这种创新的记账体系就是____________。

A. 去中心化　B. 分布式账本　C. 中心账本　D. 共识机制　E. 不易篡改

F. 工作量证明　G. 中心　H. 可验证性　I. 中心式记账　J. 区块链技术

任务二 了解区块链的类型与发展阶段

任务导入

随着区块链技术的发展，区块链网络从最初的完全开放，逐步衍生出经过授权才能加入的新型区块链类型，也不再局限于数字货币应用。那么，目前的区块链有哪些类型？区块链又经历了哪些发展阶段呢？

知识准备

一、区块链的类型

区块链系统根据应用场景和设计体系的不同，一般分为公有链、联盟链与私有链。

（一）公有链

公有链的任何节点都是向所有人开放的，每个人都可以参与区块链中的计算，而且任何人都可以下载获得完整的区块链数据，即全部账本。公有链一般通过发行代币来鼓励参与者竞争记账（“挖矿”），并确保数据的共识性和安全更新。

任何人都可以用一台计算机联网访问公有链，各个节点可以自由加入和退出网络，并参与链上数据的读写。公有链运行时以扁平的拓扑结构互联互通，网络中不存在任何中心化的服务端节点。比特币是公有链最典型的代表，比特币之后产生的绝大多数应用区块链技术的非法定数字货币，以及以太坊，也都是公有链。目前，不少区块链项目都依靠以太坊应用公有链。除金融类应用外，任何对信任、安全和持久性要求较高的应用场景，如资产注册、投票管理和物联网等应用，都会较大规模地受到以太坊的影响。

小贴士

以太坊（Ethereum）是一个开源的有智能合约功能的公共区块链平台，其通过专用的加密货币以太币（ETH）提供去中心化的虚拟机来处理点对点合约。以太坊是可编程的区块链，允许用户按照自己的意愿创建复杂的操作，可以作为多种类型去中心化区块链应用的平台。和编程语言相似，以太坊由企业家和开发者决定其用途。以太坊尤其适合那些在点对点之间自动进行直接交互，以及跨网络促进小组协调活动的应用。

（二）联盟链

联盟链的各个节点通常有与之对应的实体机构组织，通过授权后才能加入与退出网络。各机构组织组成利益相关的联盟，共同维护区块链的健康运转。联盟链适合机构间的交易、结算和清算等 B2B 场景。例如：在银行间进行支付、结算、清算的系统就可以采用联盟链的形式，将各家银行的网关节点作为记账节点。2015 年成立的 R3 联盟链，就是银行业的一个联盟链。除了 R3 联盟链之外，目前较大的区块链联盟有：超级账本（Hyperledger）、企业以太坊联盟（EEA）、区块链服务网络（BSN）、中国分布式总账基础协议联盟、金链盟。

相对于公有链来说，联盟链节点更少，处理速度更快，交易成本更低，所以更适用于实体企业。同时，联盟链相对于公有链来说开放性没那么高，可以更好地保护机构的数据隐私安全，风险更小。联盟链相对来说可控性也更强，公有链的节点数量使得篡改区块数据几乎不可能。但在联盟链中，只要大部分参与机构达成共识，就可以更改区块链数据，这虽然弱化了区块链不易篡改的特征，但更适用于实际的商务场景。联盟链可能存在的问题是引入管理机构来设定联盟规则，区块链去中心化的核心特征因此被削弱。

业界前沿

R3 联盟链和金链盟

特别提示

从法规约束、政策引导和行业发展多个角度综合来看，在我国，联盟链相较于公有链和私有链更具备发展潜力，会是未来我国区块链技术应用的重要方向。

（三）私有链

网络中的所有节点都掌握在一家机构手中，这条区块链就被称为私有链。私有链的各个节点的写入权限由内部控制，而读取权限可视需求有选择性地对外开放。私有链仍然具备区块链多节点运行的通用机制，适用于特定机构的内部数据管理与审计。例如：沃尔玛开发了一个基于 Hyperledger Fabric 的私有链系统来追踪其产品的来源，该私有链允许供应商将相应证书安全地上传到分布式账本中，使沃尔玛能够在几秒钟而不是几天内追溯产品的来源。

私有链的主要价值在于提供安全、可溯源、不可篡改、自动执行的运算平台，这是传统系统很难做到的。相对于公有链和联盟链，私有链的安全性更高，效率也更高，可控性更强，当然中心化特征也更显著。

三种区块链类型的比较如表 3-1 所示。

表 3-1　三种区块链类型的比较

比较项目	公有链	联盟链	私有链
参与者	任何人自由进出	联盟成员	链的所有者
共识机制	PoW/PoS/DPoS	分布式一致性算法	分布式一致性算法
记账人	所有参与者	联盟成员协商确定	链的所有者
激励机制	需要	可选	无
中心化程度	去中心化	弱中心化	强中心化
突出特点	信用的自创建	效率和成本优化	安全性高、效率高
承载能力	＜100 笔/秒	＜10 万笔/秒	视配置而定
典型场景	虚拟货币	供应链金融、银行、物流、电商	大型组织、机构
代表项目	比特币、以太坊	R3、Hyperledger	

因为联盟链和私有链都需要授权加入和访问，所以联盟链和私有链也被称作许可链。

特别提示

公有链想要维持运转，必须给参与者激励，公有链通常的做法是以发行代币的方式向参与者支付报酬。与公有链不同，联盟链一般是联盟成员为了集体的利益而搭建的，费用分担一般在联盟成立之初已约定好。私有链则根本不需要激励机制，成本都由链的所有者承担。

在项目案例《村里记账的故事》中，如果把整个村子的记账体系看成是公有链，就需要用做题获得奖励的方式来激励村民参与记账。如果把整个村子的记账体系看成是联盟链，那么村民为了共同利益（稳定可靠的记账体系是经济生活的保障），往往会事先约定好如何分担记账产生的成本，有可能由大家分担，也有可能采取激励的方式。如果把整个村子的记账体系看成是私有链，是富豪为了自己的利益而搭建的区块链（稳定可靠的记账体系有助于他的生意往来），毫无疑问，链的搭建和维护成本应由富豪来承担，也就不需要激励机制。

课堂讨论

很多比特币和区块链的研究者和爱好者认为私有链与区块链是非常矛盾的，因为区块链的核心特征就是去中心化，而私有链可以被看作完全中心化的，所以在一个机构内部搭建私有链没有必要。对于这个观点，你有什么看法？

二、区块链的发展阶段

区块链的发展阶段如图 3－4 所示。

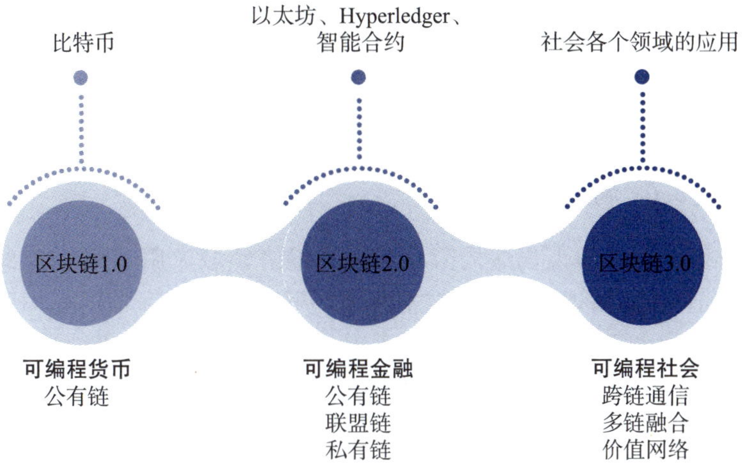

图 3－4　区块链的发展阶段

（一）区块链 1.0：可编程货币

区块链 1.0 是以比特币为代表的数字货币时代，代表了数字货币的应用，主要具备的是去中心化的数字货币交易支付功能，目标是实现货币的去中心化与支付手段。

区块链 1.0 只满足数字货币的需要，虽然区块链 1.0 的蓝图很庞大，但工作量证明机制使得区块链系统耗费了大量的计算机硬件和电力资源，区块链 1.0 在可扩展性、互操作性、可持续性和效率方面都有不足。技术约束使得区块链 1.0 只停留在数字货币应用领域，无法普及到其他领域。

特别提示

比特币的交易速度很慢，需要 10 分钟来确认交易，这样的交易速度在比特币的系统中也许可以接受，但是应用在其他金融领域显然是不可接受的，金融业需要更快的速度和更高的效率。

（二）区块链 2.0：可编程金融

区块链 2.0 涉及数字货币与智能合约，是对金融领域更广泛的场景和流程进行优化的具体应用，其最大的创新是引入了智能合约。20 世纪 90 年代就由尼克·萨博提出的智能合约理念，因为缺少可信的执行环境，并没有应用到实际产业中。自比特币产生后，人们认识到比特币的底层技术——区块链可以为智能合约提供可信的执行环境。智能合约的引入让区块链技术不只停留在数字货币应用领域，而是扩展到整个金融领域。金融服务、智能资产、众筹和贷款等多个方面都进行了区块链技术的实践。

区块链 2.0 的代表是以太坊，它提供了各种模块让用户搭建应用。以太坊提供了一个强大的合约编程环境。通过合约的开发，以太坊实现了各种商业与非商业环境下的复杂逻辑。以太坊的本质是智能合约的全面实现，支持合约编程。我们可以把以太坊理解为“区块链＋智能合约”。

相对于区块链 1.0，区块链 2.0 有如下优势。一是支持智能合约，可以实现各种行业应用。二是交易速度更快，区块链 2.0 的交易峰值速度已经超过 3 000 TPS[①]，远远高于比特币的 7 TPS，已经能够满足大部分金融应用场景。三是无资源消耗，区块链 2.0 采用 PBFT、DPoS、PoS 等新的共识算法，不再需要通过消耗大量算力达成共识，从而实现对资源的低消耗，更适用于企业信息中心。

（三）区块链 3.0：可编程社会

区块链 2.0 由于技术约束仍然局限于金融和经济领域应用，区块链 3.0 通过 EOS、Hyperledger Fabric 等新共识协议完成技术升级，可以实现自动化采购、智能化物联网应用、虚拟资产的兑换和转移、信息存证等应用，可以在艺术、法律、研发、房地产、医院、人力资源等各行各业发挥它的作用。这一阶段，区块链会突破金融领域，进入社会公正、智能化领域，可用于实现全球范围内物力资源和人力资源的自动化分配，促进科学、健康、教育等领域的大规模协作。区块链技术理论上可以消除所有造成中间成本的私有信用机构，让价值交换双方直接挂钩，并将改变整个社会业态。区块链将来可能用来记录任何有价值的能以代码形式表达的事物：共享汽车的使用权、信号灯的状态、出生和死亡证明、结婚证、教育程度、财务账目、医疗过程、保险理赔、投票、能源等。所以，随着区块链技术的发展，其应用能够扩展到全社会任何有需求的领域。

特别提示

目前我国已经进入区块链 2.0 的初期，正处于数字货币向金融领域扩展应用的阶段。由于技术限制、隐私泄露、安全性不足、人才匮乏等问题未解决，区块链 3.0 仍然没有实现任何一处的大规模应用。目前，已有业内人士提出区块链 4.0 的概念，区块链的未来发展可能与超级计算、人工智能、大数据等领域深度结合，更具融合性。

任务小结

1. 区块链系统根据应用场景和设计体系的不同，一般分为公有链、联盟链与私有链。

2. 公有链是人人都可以参与的区块链网络，典型代表是比特币和以太坊，特点是完全的去中心化，缺点是隐私保护难度大。

3. 联盟链是通过授权才能进入的区块链网络。参与者往往是实体机构和组织，授权加入后组成利益相关的联盟。相对公有链，联盟链处理速度快，交易成本低，不是完全的去中心化，中心化程度较弱。

4. 私有链网络中的所有节点都掌握在一家机构手中。私有链的安全性更高，效率也更高，可控性更强，是强中心化的体系。

5. 区块链的发展阶段依次为区块链 1.0（可编程货币）、区块链 2.0（可编程金融）和

---

① TPS：Transactions Per Second（每秒传输的事务处理个数），即服务器每秒处理的事务数。

区块链 3.0（可编程社会）。区块链 1.0 仅有数字货币应用，区块链 2.0 引入了智能合约，将区块链技术应用扩展到整个金融领域，区块链 3.0 将会扩展到全社会任何有信息存储和传递需求的领域。

技能实训

1. 区块链有哪几种类型，它们各有什么特点？

2. 根据区块链不同阶段的应用领域，判断下面的区块链技术应用分别属于区块链的哪个阶段的应用。

（1）广东省佛山市禅城区政府的电子政务服务平台通过联动 IMI 身份认证平台进行用户身份认证，打造全新的个人信用身份认证体系。IMI 身份认证平台以区块链作为底层技术之一，以政府现场实名认证作背书，为用户提供个人身份认证。当市民进行业务办理时，系统会自动匹配相关信息，确定是否满足办理条件。如果满足，系统将自动提交给相应部门进行业务办理。

（2）比特币的成功也引起一波基于去中心化网络构建的加密数字货币浪潮。目前除了比特币之外，还有一些非法定数字货币，它们的货币网络大多是基于区块链技术构建的，比如瑞波币、泰达币、莱特币等。

（3）2017 年 8 月，浙商银行推出业内首款基于区块链技术的企业应收款链平台。区别于传统区块链金融方向的应用场景，其将目光放在了“应收账款”这个传统的企业痛点上。在应收款链平台上，付款人签发、承兑、支付应收款，收款人可以随时使用应收款进行采购支付或转让融资，实现了点对点交易。这个平台利用通证经济和区块链技术，将账面的应收账款盘活，解决了中小企业资金回流困难的问题。

任务三　区块链的金融应用分析

任务导入

保险公司需要可信的投保人信息，避免保险诈骗；贷款机构需要可信的贷款人信息，控制贷款风险；跨境支付行业需要可信的信息，提高跨境支付的效率。金融行业十分需要更可靠的信息传递机制，所以有人说区块链与金融行业有着价值方面的天然契合，因为区块链技术的应用可以让信息共享、透明、可信，突破信息不对称的困境。目前，区块链技术已经在金融各个细分领域开枝散叶、落地应用了。我们将在本任务中了解区块链技术在金融行业的典型应用。

知识准备

区块链技术应用和产业生态在全世界范围内加速演进，应用领域不断扩展，应用深度不断提升，已经成为新兴数字产业之一。目前区块链的应用场景主要分为实体经济和公共服务两个大类，在多个细分领域落地应用，如表 3－2 所示。

表 3-2　区块链的应用场景

类型	实体经济				公共服务		
	金融	农业	工业	医疗	政府	司法	公共资源交易
链上价值转移	数字票据、跨境支付	农业信贷、农业保险	能源交易、碳交易	医疗保险	—	—	—
链上协作	证券开户信息管理	农业供应链管理	能源分布式生产、智能制造	医疗数据共享	政务数据共享	电子证据流转	工程建设管理
链上存证	供应链金融	农产品溯源、土地登记	工业品防伪溯源、碳核查、绿电溯源	电子病历、药品追溯	电子发票、电子证照、精准扶贫	公证、电子存证、版权确权	招投标

资料来源：中国信息通信研究院.

区块链技术在金融领域的应用十分广泛。区块链技术在数字货币领域有着最成熟的应用，甚至可以说区块链发源于金融。不仅如此，区块链的特征使得区块链技术与金融天然价值契合，因为区块链很有可能可以解决金融业长久以来难以解决的“痼疾”——信息不对称导致的信任问题。除此之外，具有去中心化特征的区块链网络，还可以简化、自动化金融交易流程，避免中心化的网络瘫痪。

目前，区块链在金融领域的应用已经有数字货币、贸易融资、供应链金融、支付结算、保险服务、金融监管、投资交易等多个方向。另外，需要说明的是，区块链在银行业的应用研究与实践也非常丰富，但基本都融合在上述领域。例如：贸易融资、支付结算、供应链金融等业务中最主要的金融机构实际上就是银行。

一、区块链贸易融资

贸易融资是指外汇银行在为进出口企业办理汇款、托收和信用证的结算业务时，为进口商和出口企业提供的与结算相关的短期和长期的融资便利。它的显著特征是以一笔真实的国际贸易为背景，且与国际结算关系密切。

传统的贸易融资业务模式，贸易双方高度依赖人工的交叉核查，以判定纸质贸易单据的真实性和准确性。银行在为客户办理贸易融资业务时，也是通过人工进行资料收集、信息对比验证、现场实地考察和监督，了解客户情况和贸易背景，开展业务风险控制以及贷后管理。即使在贸易各方付出大量成本的前提下，仍然存在重复融资、虚假融资等问题。核验成本高、贸易各方信息传递不畅、监管难度大已经成为传统贸易融资普遍面临的困境，进而推高了贸易融资的成本。另外，由于参与国际贸易的中小企业占比较高，财务制度不完善，企业征信难，这些问题综合导致它们贸易融资难度大，融资率低。

跨境商业保理业务是一种典型的贸易融资方式。所谓跨境商业保理，是保理商买进出口商的应收账款，并向其提供资金融通、进口商资信评估、销售账户管理、信用风险担保、账款催收等一系列服务的综合金融服务方式。保理融资是指卖方申请由保理银行购买其与买方因商品赊销产生的应收账款，卖方对买方到期付款承担连带保证责任，在保理银行要求下还应承担回购该应收账款的责任。跨境商业保理业务一般包括四个主体，分别是境外电商平台、境内供应商、境内保理公司、跨境支付机构，业务流程如图 3-5 所示。

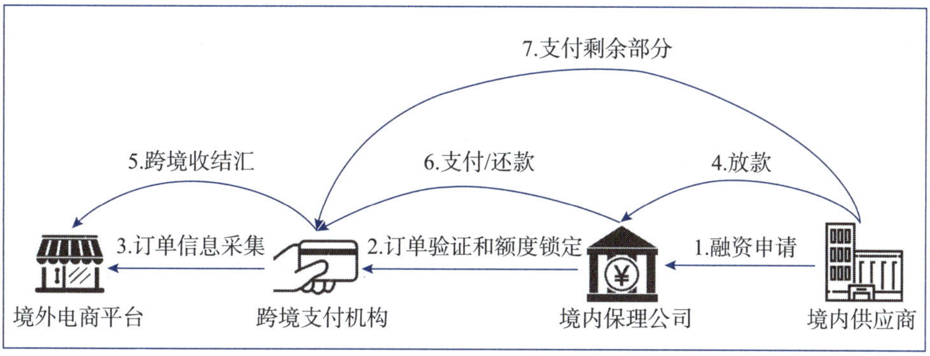

图 3－5　跨境商业保理业务流程

作为一种典型的贸易融资方式，跨境商业保理也面临前文所述贸易融资的困境。目前，区块链技术在跨境商业保理方面已经有实际且广泛的应用，下文将概括跨境商业保理存在的问题和区块链技术在跨境商业保理业务中的创新。

（一）跨境商业保理存在的问题

1. 融资审核效率低、风险高

有信息化系统的保理公司需要与境外电商平台对接，获取供应商的订单信息，没有信息化系统的保理公司需要采用人工方式获取供应商订单信息。获取订单之后，保理公司需要花费资源核实订单的真实性，不仅成本高，而且业务开展效率低。

2. 融资方式不够灵活

传统跨境商业保理融资的授信额度不支持拆分，只能进行单次融资，部分授信额度会被浪费，融资方式不够灵活。

3. 贷后风险较大，资金流向难以控制

供应商可以使用同一笔订单向多家保理公司申请融资，各家保理公司由于各自记录融资信息，数据相互隔离，无法全面评估供应商信用，因此难以控制供应商超额融资和多头借贷带来的资金风险。

（二）区块链技术在跨境商业保理业务中的创新

区块链技术在跨境商业保理业务应用中的创新主要表现在技术、业务模式、服务模式等方面。第一，引入区块链技术将常规保理业务和跨境支付业务有机地结合起来，确保数据的真实准确、可信可靠。第二，采用 UTXO 模型对授信额度进行精确而灵活的控制和调整。第三，重构跨境商业保理业务模式和供应商还款模式。对保理公司而言，通过跨境支付机构，可以确保订单回款将优先还款给保理公司，有效降低贷后风险，从而可以为更多的供应商提供融资服务，扩大其放贷业务范围。对供应商而言，通过跨境支付机构，可以简化订单回款和融资还款等操作，提高业务效率；通过保理公司，可以及时地获得融资服务，提高资金使用效率。

二、区块链跨境支付

随着全球一体化的迅速发展，国际资本流动逐渐活跃，跨境支付日益频繁，跨境支付的重要性愈发凸显，推动跨境支付发展已经成为二十国集团（G20）的优先事项，在我国的“十四五”规划中也有所提及。但现有的跨境支付仍存在环节多、中心化、普惠性差的问题，阻碍了国际贸易的进一步发展。区块链具有去中心化、公开透明、可追溯等特点，能够更好地解决跨境支付存在的问题。

传统的跨境支付可以通过银行、国际信用卡公司、专业汇款公司、第三方跨境支付平台来实现。其中，银行汇款是最普遍和最安全的跨境支付方式，通过银行汇款实现跨境支付的主要模式为代理行模式。境内外银行通过环球银行金融电信协会（SWIFT）国际结算系统传递跨境支付所需信息，汇款方和接收方还须连接不同的支付清算系统进行资金清算。

（一）代理行模式存在的问题

1. 环节多

以代理行模式为主的支付业务，参与的银行较多，其复杂性导致交易过程较长，由此产生了许多弊端。

（1）费用高。每个银行都不得不在代理银行建立账户，因此需要大量的准备金用于跨境支付，从而造成较大的流动性损失。根据麦肯锡的预测，流动性的锁定占到跨境支付成本的34%。同时，整个业务流程的信息不共享，透明度低，定价标准不清晰，客户体验不佳，如果出现退款情况，追踪就较为困难。

（2）安全性差。信息经过较多的节点进行传递，容易丢失；黑客等不法分子入侵银行系统，篡改、损害交易数据，具有一定的欺诈风险。银行每年因身份欺诈造成的损失为150亿～200亿美元。2016年，黑客入侵SWIFT的Alliance Access软件，造成孟加拉国中央银行账户上8 100万美元被盗走并流入赌场。

（3）速度慢。银行拥有各自独立的记账系统，因此除了在本银行的记账系统进行记录外，还需要与其他交易方进行清算和对账，导致费时较长、运行风险较高，平均每多一家代理行，交易时间就会延长半天至一天。同时，重复的反洗钱调查，导致支付时间不必要地变长，而信息流和资金流不一致，不同支付清算系统工作时间不同，也给跨境支付带来了诸多不便。

2. 中心化

在中心化的系统中，一旦中央权威系统停止工作，整个网络就无法访问；一旦黑客获得了对中央系统的访问权，网络中的所有数据都将暴露于危险之中。曾经，某银行由于主机系统出现故障，导致200余万笔交易失败，造成了极大的经济损失。此外，中心化系统造成的垄断问题也需要警惕，一旦被限制接入SWIFT系统，就断开了与国外其他银行的联系，部分经济贸易活动只能局限于本国范围内，发展严重受阻。

3. 普惠性差

在金融机构不发达的地区，SWIFT的会员银行较少，跨境支付需要经过更多的代理行，延长了整个支付链条，导致时间拉长和成本上升，抑制了地区的对外经济与贸易活动，加剧了全球的不平等。例如：2016 年，虽然越南互联网的普及率已达 47%，但只有大约 1/3 的人拥有银行账户，金融服务的普遍性较差，贫困群体使用银行进行跨境支付仍存在较大困难。

（二）区块链技术在跨境支付中的创新

区块链技术点对点的特性，使得跨境支付体系得以绕开传统的 SWIFT 系统，实现去中心化，缩短了支付链条，打破了 SWIFT 系统对跨境支付的垄断。区块链系统通过分布式账本和智能合约驱动，逐个对节点进行审查、确认、传递，实现了从串联到并联的突破，当汇款发起人发起交易时，所有参与节点将同步收到信息。目前，区块链跨境支付的典型应用案例包括 Ripple 网络、国际清算银行（BIS）、中国人民银行数字货币研究所，以及中国人民银行与中国香港金融管理局、泰国及阿联酋央行联合开发的多边央行数字货币桥项目（mBridge）。

业界前沿

Ripple

三、区块链保险

在现代经济环境中，保险行业的地位已经举足轻重，保险已经成为预防风险的基本举措，保险行业的发展水平是衡量社会经济、文明发展水平以及管理能力的重要指标。但是，传统保险行业发展一直受到信息不对称等多个问题的制约，区块链去中心化、信息透明、可追溯的特点，很有可能成为突破保险行业发展困境的方案。

（一）保险行业存在的问题

1. 信息不对称

保险行业内的信息不对称问题很容易引发逆向选择和道德风险。从保险公司的角度来看，保险公司在承保时需要对受保人的相关信用状况和资金进行相关分析，但很多时候受保人拒绝提供真实有效的信息，导致保险公司难以对其进行合理评估，这就容易引发骗保和保险欺诈。根据国际保险监督官协会评估，目前全球涉及的保险赔款中有 20%～30%的金额涉嫌保险欺诈。而根据相关资料分析，就我国的车险市场而言，依靠保险欺诈获得的赔款超过 200 亿元，给保险公司带来严重损失。从受保人角度来看，由于其在投保前对保险机构和保险条款不熟悉，对代理人的信任程度偏低，容易造成投保意愿较低，进而引发争端。

2. 信息不透明

对受保人来说，保单参数、保费定价以及理赔流程仿佛黑匣子一般，无法参透。尽管受保人可以通过经验得出一些结论，但事实上，大多数受保人都不了解保险定价的背后逻辑以及影响定价的因素，甚至他们都不知道自己的理赔申请为什么被拒绝。受保人只能任由保险公司“发落”，保险公司对于保险相关的事务拥有最终裁决权。当然，受保人也可以选择提起法律诉讼，但这条路往往十分漫长且艰辛。

信息不透明造成保险的定价和价值失衡，并且出现骗保行为。虽然许多受保人都是诚实的，但保险公司仍不得不提高所有人的基础保费，以确保盈利。因此对于各方来说，承保和理赔流程都变得更加劳民伤财且烦琐不堪。这使得保险公司和受保人之间的信任关系不断恶化，而在这样一种互不信任的恶性循环中，受保人更容易出现骗保行为。

3. 运营成本过高

由于业务体系庞杂，因此保险公司需要消耗大量的时间和人力来维持各个岗位的运营。保险作为一种长期的金融服务，需要同客户进行大量沟通，同时也需依靠真实有效的数据作为业务审核的标准。但是，近年来，为了维持保险公司的正常运转，众多保险公司只能通过提高保险产品的价格才能从中获利，这种靠哄抬价格以便获得利润的方式并不利于保险行业的健康发展。近年我国的财险行业综合成本率高达100%，财险公司综合赔付率持续走高。

(二) 区块链技术在保险行业中的创新

1. 减少信息不对称，提升保险互信

通过构建区块链保险防欺诈平台，保险公司将信息储存在区块链中供监管机构监督和投保人查询，投保人的信息也将通过投保人本人或医疗、政府等第三方检测机构录入区块链之中，通过区块链构建投保人、受保人、保险公司、公估机构、资金管理方、第三方支付平台共享的信息平台，通过分布式共识让每一个环节都与区块链应用紧密结合，保证信息上链、组织上链，做到透明、安全、可追溯，进而识别欺诈风险。

2. 促使保险交易公开透明

保险经营的本质是风险管理，其基础为客户数据的分析和管理，因此信息安全是保险行业最重视的一点。区块链自身的不可篡改性决定了数据一旦经过验证并添加到区块链，将会被永久地存储起来，而且能够记录数据的创建时间。因此，在保险数据的管理上运用区块链技术，能够确保数据的安全可靠，有效提高保险公司的内部风险控制能力。同时，区块链技术还能为由信息不对称引发的逆向选择和道德风险问题提供解决方案，有助于保险公司防范保险欺诈，为日后客户异议提供有效依据。

另外，区块链的可追溯性能使数据有范围地开放，即只允许拥有特定权益的客户读取数据，在保证数据公开透明的同时保护了客户的隐私。而区块链公钥和私钥的设置使得在保护客户私密信息的情况下，其他用户可以通过公开的接口查询相关公开数据。在这种情况下，系统信息能够做到公开透明，客户个人隐私也能得到有效保护。

3. 降低保险公司运营成本，提高经营效率

智能合约的应用可以显著提升理赔效率，甚至实现“自我保险”，它将条款和条件编成代码，当获得特定指令时，就会自动触发并强制执行。而在保险领域，智能保险合约可以在一定情况下自动进行理赔。效率提升的同时是成本的下降。研究机构 IT Service Group 曾发布报告称，在汽车保险行业，保险公司通过使用智能合约，可以减少约13%的运营和理赔处理费用。

另外，区块链最本质的特点是去中心化，实现了分布式核算与存储，在此过程中，每个节点具有同等的权利和义务，有助于减少保险公司各个网点的运营成本，打破空间的制

约。基于区块链的大数据网络能够快速有效地处理各类保单，这有助于减少保险公司各类资料的传递时间。对于客户而言，能够享受到更低的保费和更迅速的理赔服务。对保险公司而言，也能够降低交易成本，提升经营效率。

（三）区块链技术在保险行业的典型应用——农业保险

目前，区块链技术在保险行业的应用集中在农业保险、相互保险、再保险领域。其中区块链在农业保险中的应用尤其显著。区块链分布式记账、非对称加密和可追溯等特征，可保证农业保险标的数据的透明化和真实性，便于实现对各个农业环节数据的追溯，有助于保险公司掌握真实的灾情数据，合理评估灾损。

1. 我国农业保险发展的困境

农业生产周期长、自然风险较高，加上我国灾害事件频发，农业产出的稳定性面临巨大威胁。保险可发挥分散风险、资金融通的作用，帮助农户规避风险、减少损失，为农民增收、农村发展和农业生产提供重要保障。因此，在农业生产过程中，农业保险是农户重要的风险管理手段。在全面建设社会主义现代化国家的新征程中，进一步提升农业保险服务水平，使其更好地服务于新时代乡村振兴战略，具有极为重要的意义。

学习二十大

健全农村金融服务体系

农业保险难，难在勘察定损。实践中，农业保险的勘察定损多数情况还是保险公司依靠现场人员完成。相对于家财险、企财险等险种，农业保险的勘察定损成本占比高出许多，这主要是因为农业保险标的所在位置偏远且价值偏低。去一个地块进行定损，有时勘察员要开车三四个小时才能从保险公司基层网点到达保险标的所在地。而我国农户规模较小，户均保险金额和美国等发达国家存在较大差距。如果我国仿照美国的模式，一次勘察的成本就会超过保费，对于一些地块特别小又特别偏远的标的，一次勘察的成本很可能超过赔偿金额，甚至超过保险金额。

业界前沿

区块链技术加持平安人寿重磅推出“免申请·省心赔”服务

农业保险难，还难在保险定价。许多农业保险标的位置偏远且价值较低，而出险频率又相对较高。若按照承保风险和预期费用市场定价，农户很有可能无法接受。因为农户能够出让的风险溢价不可能覆盖预期的定损费用。为此，2006 年颁布的《国务院关于保险业改革发展的若干意见》提出，对农业保险经营管理费用进行补偿。这样，理论上就能让农户用可以接受的价格买到农业保险了。但在实践中，因为经营管理费补贴操作较为复杂，不仅经营农业保险的保险公司需要对农业保险相关费用独立核算，而且财政部、农业农村部、银保监会（2023 年，我国在银保监会基础上组建国家金融监督管理总局，不再保留银保监会）等多个管理部门也需要协同配合，政策实施上也缺乏灵活性，所以现在保费补贴成为政府支持农业保险的主流方式，在助推农业保险发展的同时却也一定程度上影响了保险定价。

2. 区块链技术在农业保险中的应用与创新

第一，区块链技术去中心化的特质，能够在农业保险生态系统中大大降低甚至免除保险中介费用，点对点的联系可以突破时空界限，重构合作各方信用基础，使同质化的风险个体在更大的范围内获得尽可能多的增值服务。

第二，区块链技术的开放性能大大减少了信息不对称，解决了农业保险供求双方以及农业保险产业链合作各方的道德风险和逆向选择问题。与此同时，产业链各合作方可进行数据共享，并结合大数据分析和云计算的运用，使得农业保险产品的设计更加精准、更加贴合目标客户群体的需求，增加客户黏性，提升服务能力。

中国实践

区块链产销溯源平台——小枸杞插上“金翅膀”

第三，区块链技术的匿名性和隐私性极大地保护了投保人的隐私。在产业链发展模式下，农业保险生态环境得到急速扩张。面对急速扩张的客户群体和不断增加的农业保险产业链上的合作商，区块链技术有利于应对未来保单增长、服务客户和合作机构数量增加所带来的数据和隐私保护等安全问题。

学习二十大

健全资本市场功能，提高直接融资比重

第四，区块链技术内在的自动执行程序大大降低了人工成本，使得农业保险经营的智能程度得到提升，保险公司可以开发出更多的触发型赔付产品，在投保人满足特定条件时能够自动执行赔付。在闭环服务模式中，区块链技术的自治性大大减少了合同纠纷，维护了消费者的合法权益，这为日后农业保险密度和深度的提升奠定了基础。例如：利用物联网技术，在农田安装监测土壤温度、湿度、酸碱度甚至各种元素含量的传感器，保险公司就可以设计出更能反映作物实际产出的指数化保险，从而通过约定指数化给付条件，将农业保险从损失补偿型转变为条件给付型，彻底免去勘察定损的环节。

四、区块链证券

资本市场在金融运行中具有牵一发而动全身的作用，我国需要打造一个规范、透明、开放、有活力、有韧性的资本市场。然而，我国证券市场起步较晚，尚处于发展的初级阶段，较海外成熟的证券市场，存在投资者保护机制不完善、业务发展不平衡、监管体系功能发挥不充分等问题，这在一定程度上制约了我国资本市场创新驱动转型发展的广度和深度。

区块链作为“价值互联网”的重要基础设施，正在引领新一轮全球技术变革和产业变革，也正在成为金融领域技术创新和模式创新的策源地。资本市场作为资本聚集的重要平台，如果不与创新机制、创新技术的新应用紧密结合，并通过这些创新实现产业升级和跨越式变革，其自身的生命力、竞争力就得不到充分释放。中国证券市场应当充分挖掘以区块链技术为代表的新技术创新应用潜力，着力推动全市场形成共同的价值标准，让不同规模、不同类型、不同阶段、不同模式的企业各得其所，在更为公开透明的市场竞争中成长和优胜劣汰，切实保护投资者合法权益，努力打造一个规范、透明、开放、有活力、有韧性的资本市场，更好地促进经济高质量发展。

业界前沿

中国证券期货业区块链联盟正式成立

通过总结分析国内外证券业区块链应用研究及实践案例，我们可以看到区块链技术在如下证券业务场景中的应用相对而言较为典型和迫切。

（一）数字存证

1. 业务困境

总体而言，我国社会信用体系建设仍然相对滞后，特别是商业信用明显不足，而信用作为现代经济发展的基石，在资本归集、配置等方面起到了关键作用。同时，完善的信用体系也是推动资本市场健康良性发展的重要动力。

数字存证是构建现代化信用体系最为关键的一环。随着数字经济的高速发展，我国逐渐从“物证时代”步入“电子证据时代”，呈现数量多、增长快、占比高、种类广的特点。具体就证券业而言，在身份认证、适当性管理、反洗钱、注册、发行、交易等各个环节，存在大量涉及认证、授权、留痕、协议签署、底稿留存的场景，需要对签署的相关纸质或电子版材料进行存证。然而，在业务实践中往往会遇到存证公信力受质疑，数据追溯困难，单一节点存证导致数据易丢失或被篡改，存证的真实性、合法性和关联性难以认定等诸多问题。

2. 解决方案

区块链技术特有的不可篡改、多方参与、可溯源等特性，与数字存证的需求天然契合。区块链以无利害关系的技术和算法作为虚拟第三方身份，以数字签名或数据摘要为主要方式，将需要存证的电子数据记录下来，并打上时间戳，将其记录在区块中，从而完成存证。数据经各参与节点共识，独立存储，互为备份，保证电子数据的真实性。区块链技术还可以在电子数据的生成、收集、传输、存储的全生命周期中，对电子数据进行安全防护，防止电子数据被篡改，并进行数据操作的审计留痕，同时还可以将司法鉴定中心、法院、公证处等具有强公信力的机构作为联合节点加入区块链，构建包含存证、取证、示证的完整链路。

3. 方案优势

（1）有助于提升存证公信力。在传统的存证模式下，数据主要由金融机构单方进行保管和存储。一旦发生相关纠纷，金融机构很难“自证清白”。数字存证将数据保存在区块链上，由区块链技术和算法扮演可信第三方的角色，存证的变动情况全部记录在链上，并与各参与方同步进行，从而实现由“自证”到“他证”的转变；同时将司法、公安、税务等具有强公信力的机构，以联合节点的方式加入区块链，进一步提高存证的公信力。

（2）有助于提高存证安全性和完整性。区块链技术的安全算法能够有效保证数据的安全性和完整性，具体体现在：使用时间戳技术，对于数据的生成时间进行明确的认定；使用哈希嵌套的链式存储结构，每份数据的变更都需要更改所有前后区块；使用数字签名技术，对于数据的全部操作记录进行留痕并使之可追溯；使用共识机制，由多个参与方共同确认数据一致性。

（3）有助于降低存储成本。证券业务对于存证都具有很长的保存期限要求，证券经营机构采用档案管理的方式对纸质存证进行保存和管理，耗费了大量人力物力，同时电子数据的保存也依赖电子介质，为了存储安全，普遍使用多备份等方式，加之电子介质本身有其使用寿命，导致无论是哪种存储方式，存储成本都居高不下。区块链技术将原有的纸质存证电子化并保存到区块链上，采用分布式存储方式，即使单一节点遭遇物理或网络故障等情况，也不会造成存证丢失的损失，有效降低了因多备份而产生的存储成本，且存证保存在区块链上也有助于后续管理和查看。

（二）数据共享

1. 业务困境

在数据时代，数据早已成为最具价值的资产，而数据最为重要的价值在于关联。然而在现实中，个体是金融交易数据的生产者和所有者，金融机构是数据的保管者，由于数据对金融机构来说具有重要的商业价值，金融机构缺少对外开放数据的意愿和动力，因此同一个体在不同金融机构中的数据大部分是割裂的，存在明显的孤岛效应。通过数据共享消除“信息孤岛”已经成为各界的共识，但数据共享体系建设面临诸多问题和挑战。

一是金融机构从外部获取数据时，在数据源接入、隐私保护、数据安全等方面面临诸多困境，监管部门也难以有效监控行业数据安全状况。二是由于市场主体分散、业务复杂度高、信息披露有效性参差不齐，因此在很多场景中，数据存在口径不一致、准确度不高、时效性差等问题，严重阻碍了数据的共享和流通。三是数据往往分散在多个基础设施和行业经营机构中，各主体之间存在激励相容问题，在缺少有力的牵头机构的情况下，很难建立起有效的数据共享及协同机制。

2. 解决方案

区块链不可篡改、去中心化、可溯源等特性，为链接数据共享中的各参与方，构建起共识、可信、安全的数据共享新模式提供了一种新的可能。首先，在数据上链的初始就对数据进行确权，明确数据的生产者和使用者，对数据在区块链上产生、流转、交易、应用的全流程进行记录，实现链上数据的公开、透明且不可篡改。其次，利用非对称加密等技术对数据进行加密，使流转中的重要数据变为加密后的数据，非授权的第三方无法查看，从而实现对数据隐私安全的保护。最后，对于敏感性和安全性要求较高的数据，因合规、风险管理等要求无法对外提供的，还可以采用安全多方计算的方式，实现关键数据“可用不可见”。

3. 方案优势

区块链技术对于解决数据共享体系构建过程中的主导权纷争、数据确权和授权机制缺失、数据共享激励机制缺失、数据隐私保护困难等核心问题具有极强的针对性，有助于探索以区块链技术为支撑的多方数据权益保障机制。

（1）有助于行业各主体间数据整合。一方面，利用区块链分布式架构，在不依赖集中化数据平台的前提下，对证券市场中各数据主体进行整合，实现多方之间的数据共享和协作，有效解决主体间平权导致激励不相容的问题；另一方面，基于智能合约制定统一的数据类型和标准规则，以应对不同来源数据的类型、标准、规则不一致等现象。

（2）有助于隐私保护和数据应用安全。传统的数据共享主要基于传递型授权关系，数据提供者在数据提供后难以把控数据的应用过程，一旦产生数据泄露等风险，责任边界很难厘清。区块链的不可篡改、可溯源等优势，可将传统的传递型授权关系转变为共识型授权关系，同时利用非对称加密等技术对数据进行加密，使非授权第三方无法查看数据，从而加强对数据隐私的保护。

（3）有助于数据应用全流程的透明和可溯源。区块链技术将数据从产生开始到流转、应用全流程上链，同时将数据生产方、数据使用方等也作为节点上链，实现对数据共享各参与方行为的有效管理，以及共享环节的全流程透明。这也有助于监管机构及时了解证券市场数据应用的具体情况，加强对数据应用的监测和管理。

（三）登记业务

1. 业务困境

登记业务是指为实现资产权属变更和最终确权所必需的业务处理过程。一个健全、清晰、透明的证券登记体系不仅是衡量证券市场成熟程度的重要标志，而且是证券业务开展的必要基础，能够有效衔接证券发行、清算交收、转让质押等业务，实现证券业务的有序运行。我国场内证券市场已经建立起集中统一的证券登记体系，并取得了巨大的成果，但仅限于场内证券市场。场外证券市场因个性化强、灵活性高、交易分散、业务种类繁多等特性，在登记方面存在登记主体分散且缺少协同，登记信息披露不充分、不透明，登记路径涉及跨行业、跨部门导致流程冗长、效率低下等问题。

2. 解决方案

借助区块链，将原本纸质、非电子化的证券资产登记信息上链，实现登记信息的数字化，可以大幅减少证券登记业务中人工介入的工作。登记业务的各参与主体共同维护一个账本，使所有的登记变更信息能在全链实时进行更新和公示。同时，考虑到部分证券资产信息的敏感性，采用区块链的非对称加密、安全多方计算等技术，既可以使存储在链上的登记信息实现公开透明，也可以对敏感信息进行加密处理，保证在数据拥有者授权的情况下才可以访问。监管机构可作为监管审计节点加入区块链，实现对证券资产登记业务的实时监测和监控。

3. 方案优势

（1）有助于锚定资产。各参与方共同维护一份登记账本，登记变更信息由全链进行公证。同时，还可让市场监督管理、征信、税务、司法等权威机关以联合节点或跨链融合的方式加入区块链，由具有强公信力背景的第三方机构协助进行资产确权，并以大数据、物联网等为支撑，实现对资产的数字追踪。

（2）有助于提升风险管理能力。在传统模式下，中小微企业信息透明度和信用较低，导致金融机构在服务中小微企业时主要依赖抵押物。借助区块链技术，除了将企业股权设立、变更的信息上链外，还可以将企业创立之初的资产信息、财务信息、审计信息等经营信息全部上链。上述信息的公开能够有效帮助金融机构构建风险管理模型，提升风险管理能力，最终实现对中小微企业的反哺。

（3）有助于促进业务创新。清晰、透明的证券资产登记业务是转让、交易、质押等其他证券业务开展的基础，基于区块链技术的登记业务可以有效衔接其他业务，并促进其创新应用。例如：在撮合交易方面，通过智能合约技术可实现买卖双方的自动配对和撮合成交；在股权质押方面，可实现质押股权信息的公开与透明，避免出现二次质押等业务风险；在交易报告方面，可为监管机构和各交易参与方分配不同的数据查看权限。

（4）有助于保护投资者。信息披露最根本、最直接的目的是保护投资者。在证券市场上，投资者往往处于信息获取的弱势地位，难以获得做出投资决策所需要的充分信息，导致价格形成机制不合理、市场在资源配置中的作用难以有效发挥等问题，而解决这些问题的核心在于真实、准确、完整、及时地进行信息披露。而基于区块链技术，可以实现信息的公开与透明，提升信息的真实性、完整性和有效性，以便针对不同参与主体实现不同程度的信息披露。

特别提示

我国的场内市场已经建立起集中统计的证券登记体系，上市公司股票、债券和公募基金等金融资产都通过中国证券登记结算有限责任公司登记和结算。然而，场外市场因个性化强、灵活性高、交易分散、业务种类繁多等特性，缺乏统一的登记结算体系，更加迫切需要区块链技术。从产品角度来说，金融产品分为标准化金融产品和非标准化金融产品，相对来说，更加灵活的非标准化金融产品更需要区块链技术辅助其交易和流通。

（四）清结算

1. 业务困境

清结算是证券业务运作过程中最为重要，也是最为复杂的一环，对证券经营机构的运营能力提出了极高的要求。现有证券清结算体系多以文件对账为基础，采用链式传递的方式，需要在前序环节完成后才可以进入后续环节，同时由于整体清结算流程链条长、参与主体多、环节复杂，清结算效率整体偏低。

2. 解决方案

基于区块链技术防篡改、可追溯、共识机制等特性，可将清结算各参与方有效连接在一起。首先，各参与方无须在交易时间结束后再进行清分，借助区块链技术可以实现精准实时的多批次清分，甚至可以实现“交易即清分”；其次，各参与方无须按照串行流程进行对账，每一笔交易产生后，交易信息实时同步给各参与方，实现“交易即对账”；最后，借助数字货币，证券交收可同步完成，使“交易即结算”成为可能。

3. 方案优势

（1）有助于不同市场组织者之间的协同。在多层次资本市场体系中，既有集中的股票、期货交易场所，也有分散的券商柜台、区域市场，不同市场组织者参与的交易在清结算环节相对独立和割裂，存在显著的“信息孤岛”问题。因此在交易涉及跨市场、跨柜台的情况下，清结算环节难以实现有效协同，且处理流程复杂、差错率高、效率较低。

基于区块链的共识机制、安全多方计算、零知识证明等技术特点，可以有效解决不同市场组织者的博弈问题，平衡各方利益，在充分保障不同市场组织者数据隐私的前提下，实现清结算结果数据的实时同步和共享，大幅提升跨市场、跨柜台清结算效率，促进不同市场组织者间的有效协同。

（2）有助于提升清分对账效率。借助区块链的共识机制、分布式账本等技术，可以将低效的串行对账模式改为高效的并行对账模式。一方面，基于共识机制的交互方式，提升各参与节点间的信息共享效率；另一方面，利用分布式账本技术，由各参与方共同维护一份总账，避免各参与方针对同一笔交易还要进行重复性对账，极大地提升了清结算的效率。

(3) 有助于清结算全流程透明、可溯源。借助区块链不可篡改、可溯源、共识机制等技术特点，可以实现交易清结算全流程信息在联盟链各核心节点间的合理共享，且清结算的全部流程也被记录在链上，实现清结算全流程的透明和可溯源。

任务小结

1. 目前区块链在金融领域的应用已经有贸易融资、跨境支付、保险、证券等多个方面。

2. 跨境商业保理是典型的贸易融资形式，存在融资审核效率低、风险高，融资方式不够灵活，贷后风险较大，资金流向难以控制等问题。区块链技术的创新应用可以改善传统跨境保理业务中存在的问题。

3. 代理行模式存在环节多、中心化、普惠性差等问题。区块链技术的创新应用可以改善传统跨境支付中存在的问题。

4. 保险行业存在信息不对称、信息不透明、运营成本过高等问题。区块链技术可以减少信息不对称，提升保险互信；促使保险交易公开透明；降低保险公司运营成本，提高经营效率。农业保险是区块链保险的重要实践方向。

5. 证券业在数字存证、数据共享、登记业务和清结算方面存在诸多业务困境。区块链技术的应用可以突破上述行业难题。

技能实训

1. 有人说上市公司的股东大会投票制度只是走形式，许多大股东的表决权会受到格外的重视，小股东的意见往往被忽视，所以小股东实际上并没有公司的管理权。假如你现在持有一家上市公司 100 股股票，你会参与股东大会投票吗？如果你不参与股东大会投票，你会委托身为大股东的代理人帮你投票吗？思考这两个问题，分析股东大会投票制度存在的问题，想一想区块链技术可能会给股东大会投票带来哪些创新与改变。

2. 供应链金融是金融机构基于核心企业和上下游企业之间的真实业务背景开展的一种金融业务模式。传统的供应链金融业务模式存在诸多问题，主要表现为：金融机构、核心企业和上下游企业之间信息不对称；数据安全难以保障，数据信息可能被篡改。请查阅资料，总结传统供应链金融的不足，探讨如何应用区块链技术弥补供应链金融的不足。

在线测试

项目三
区块链金融

项目四 云计算与金融

学习目标

知识目标

1. 掌握云计算的概念和优势，了解云计算的关键技术
2. 了解云计算的部署模式和服务模式
3. 熟悉云计算的金融应用，熟悉金融云

能力目标

1. 能够准确描述云计算的优势
2. 能够根据应用场景选择云计算的部署模式
3. 能够分析云计算在金融领域的应用案例

素养目标

1. 培养科学精神与创新思维：云计算的发明与应用富有科学精神和创新思维，云计算的应用是互联网行业的一次飞跃式创新

2. 培养爱国精神和国际化视野：云计算是我国在 IT 行业弯道超车的机会，我国在云计算领域已处于国际领先地位

项目案例

商业银行全面上云探索

近年来，随着数字经济的快速发展，对于数字金融服务也提出了新的要求。我国颁布多项数字金融相关政策，驱动商业银行加快云计算技术应用和云平台建设，实现金融业务全面上云，商业银行全面上云进程呈加速态势。

目前国有银行进度领先，工行云平台规模最大。六大国有银行作为我国商业银行的“领头羊”，近年来不断加大金融科技资源投入，推进数字化转型，加快云计算、云平台等金融基础设施建设。2022 年，六大国有银行金融科技投入全部超过 100 亿元。目前，六大国有银行均在年报中提到云计算、云平台以及分布式技术建设，进行云部署，部分国有大行上云工作目前也已经基本完成，形成了“云平台＋多个中台”的金融科技基础设施体系，在我国商业银行的上云进程中处于领先位置。其中，中国建设银行和中国工商银行多项云技术得到了工信部信通院的认可。

股份制银行深度布局，招商银行率先全面上云。股份制银行在金融科技资金投入方面仅次于国有银行。在云平台建设方面，股份制银行积极进行深度布局，已启动分布式架构研发运维支持，并进行云部署，但各股份制银行上云进度有所分化。其中，招商银行在 2022 年底实现了各业务系统上云，并将所有客户数据迁移上云，正式全面迈入“云时代”，成为中国系统重要性银行中率先实现“全面上云”的银行；中信银行率先建成我国首个全行级分布式架构核心系统——凌云工程，之后依托全栈云架构不断加速应用上云。招商银行在 2020 年初正式启动了“全面上云”工程，2022 年底实现平稳且无感上云，打造数字化新底盘，其云开放、共享的模式，打破了传统主机架构下系统与系统之间的壁垒，以“微服务”全面重构业务系统，让新业务、新想法快速组装，快速验证，迭代改进。同时，招商银行进一步深化数据中台和技术中台建设，降低应用开发与数据使用的门槛，加快推动技术开放共享，搭建低代码开发体系，提升研发效能，从而快速响应业务需求。自此，招商银行初步构建了“一朵云＋两个中台”的金融科技新基建。根据 2023 年半年报，招商银行云平台整体可用性达 99.999%，技术中台累计发布组件超 5 100 个，低代码平台累计上线应用超 9 200 个。

城商行借助第三方合作加速追赶。受限于业务规模以及投入资源，与国有银行和股份制银行相比，城商行的云平台建设和布局有所落后，部分城商行仍处于试点阶段。但随着数字化进程的不断加深，城商行正在加速追赶头部银行的“上云”步伐。与规模较大的银行相比，城商行多数难以依靠自有资源自建云平台，往往选择与外部第三方进行合作，利用第三方云平台技术来构建自身云计算和云平台架构。

资料来源：商业银行全面上云探索［EB/OL］. 新华财经，2024-03-26.

任务一 认识云计算

任务导入

我们的生活已经离不开云计算，12306、QQ 音乐和百度网盘这些常见的平台软件应用的都是云计算服务。云计算是什么？它有什么魔力可以解决 12306 拥挤的难题？云计算为什么发展得如此迅速？我们将在本任务中回答这些问题。

知识准备

一、云计算的概念

如果一家小型企业想构建一个可以满足用户需求的应用，例如一家民宿想开发一款酒店预订的 App，一家家居设计公司想开发一套家居设计 3D 展示平台，那么它们就需要建立数据中心、机房和冷却系统，采购宽带、网络、服务器、存储空间和复杂的软件，以及支付维持一个运营团队的费用。出于成本的考虑，大部分中小型企业可能会放弃这个想法。大型企业虽然有足够的资金去支持 App 的建立，但后期会发现 App 的后续开销会随着应用数量的增加或规模的扩大而不断提高。云计算以一种类似租赁的方式解决了这一难题。云计算服务商提供基础设施（如计算、存储、网络等平台）供开发人员使用，让开发人员更专注于应用程序本身，或直接提供用户所需的软件，满足不同客户的不同需求。

云计算是一种信息处理方式，它通过网络统一组织和灵活调用各种信息、通信、技术资源，实现大规模计算，用这种方式可以将共享的软硬件资源和信息按需提供给计算机和其他设备。云计算还可以理解为一种按需索取、按需付费的模式，其核心是通过互联网把网络上的所有资源集中在一个叫作“云”的可配置的资源共享池里（资源包括网络、服务器、存储、应用软件、服务），对这个资源共享池进行统一管理和调度，向用户提供虚拟的、动态的、按需的、弹性的服务，如图 4－1 所示。简单而言，云计算是一种通过网络按需提供的、可动态调整的计算服务。云计算中的“云”是一种比喻，实际上是指一个庞大的网络系统，其可以包含成千上万台服务器，而存储与计算都是在这个“云”中完成之后再传输给终端使用者，所以叫云计算。用户无须了解“云”中基础设施构成细节，不必具有相应的专业知识，也无须直接进行控制，只要通过网络连接，就可以使用云计算服务。云计算是推动信息技术能力实现按需供给、促进信息技术和数据资源充分利用的全新业态，是信息化发展的重大变革和必然趋势。

特别提示

从模式来说，云计算中的信息与数据类似于自来水。传统模式是每户家庭都打一口自己的水井，开发费用和维护成本高；云计算的新模式是接入自来水，每户家庭不需要自己打井，按需用水，并按照实际用水量支付给自来水公司一定的费用，水的储存和净化由中央水塔完成。实际上，水、电力和天然气都经历了类似的变革，现在轮到了信息、数据与算力。

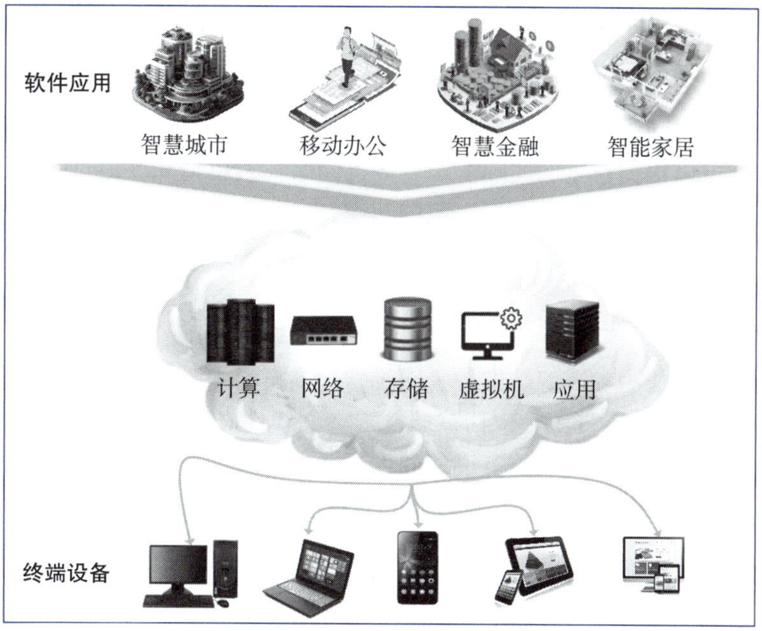

图 4-1　云计算结构图

二、云计算的优势

云计算的优势主要体现为企业采用云计算的部署方式（而不用传统的本地化部署）的好处。与云计算部署模式相对应的是本地化部署模式。在云计算出现之前，企业都是采用本地化部署，如几乎每一家银行都要建立并且维护一套独立的 IT 系统。本地化部署的优点是企业可以完全根据自身需求建造系统，同时因为数据保存在本地，数据的私密性和安全性更有保障。

但本地化部署也存在诸多缺陷。一是部署和维护困难，成本高。为了使系统布置在企业本地的服务器上，企业需要搭建使用系统所需的网络基础设施、购买硬件、配置机房及指派专人维护，投入硬件成本及维护成本较高。因为搭建环境需要一定的时间，所以部署周期也较长。二是硬件高配，资源浪费。一方面，企业在建造系统时往往要考虑未来 3～5 年甚至更长时间的业务发展，为满足应用系统的性能、容量承载需求，往往在选择计算、存储和网络等硬件设备配置时会留有一定比例的余量。但硬件设备上线后，应用系统在当前时间内负载并不会太高，使得较高配置的硬件设备利用率不高。另一方面，企业建造系统时不仅要考虑一般的业务需求，还要考虑高峰时段的需求和突发状况，如电商网站需要考虑购物节的业务量，12306 平台需要考虑过年期间的业务量，外卖平台需要考虑极端天气时的业务量……依照高峰时段业务需求量构建的系统在常规时间里处于资源浪费的状态。三是数据安全管理难度大。数据安全管理是数据时代一个棘手的问题，中小型企业往往缺乏数据安全管理的人才、意识和经验，大型企业采取的双机房模式可以保证系统不间断运行，但成本较高，且仍然无法应对区域内电力、自然灾害等问题。

相较于本地化部署，云计算部署具有以下优势。

（一）按需使用，按使用付费

在云计算模式下，用户不需要购买和配置大量的计算机、存储设备和应用软件等信息技术资源，只需连接网络，就可以通过云计算使用这些资源服务，并根据使用时间或使用量来付费。用户可以根据自身的实际需求，通过网络任意申请和获取计算能力、存储等网络服务，服务商根据用户的需求进行资源的调配。云服务系统可以根据服务类型提供相应的计费方式，如根据用户使用云计算的时间长短和资源多少进行服务收费。

（二）快速且具有弹性和可扩展性

云服务商的计算能力和资源能够快速而弹性地满足供应需求。云服务商可以根据访问用户的多少增减相应的IT资源，包括存储、带宽、软件应用等，IT资源可以动态满足用户规模变化的需要，尤其是当用户有突发的大量业务需求的时候，云服务商为该用户分配的IT资源可以快速扩容，因为云计算有强大的可扩展能力，而且扩展速度非常快。

（三）较低的本地硬件需求

用户不需要部署复杂的软硬件基础设施和应用程序，只需通过手机、平板电脑、笔记本电脑等终端设备就可访问和获取云计算的资源。云计算的核心理念就是通过不断提高云的处理能力，减少用户终端的处理负担，最终使用户终端简化成一个单纯的输入输出设备，并能按需享受云的强大计算处理能力。未来我们只需要一套鼠标键盘和一个显示器，把它们接上网，就可以玩3A游戏，进行视频处理。例如：阿里云的“无影云桌面”就是一款基于云计算和虚拟化技术的云上桌面服务设备，既满足了便携的需求，又能够满足图片、视频、平面设计等高主频的办公需求。

业界前沿

阿里云
“无影云桌面”

（四）经济高效，稳健专业

由于采用云计算不需要建设专门的信息系统，这有助于用户缩短业务建设周期，以专注于业务功能和创新，提升业务响应速度和服务质量，实现业务系统的快速部署。

另外，云计算备份和多副本机制可提高业务系统的稳健性，避免数据丢失和业务中断。云端资源一般会采用“两地三中心”① 模式进行部署，避免因地质灾害等因素可能导致的业务中断问题，全面提升业务的稳定性和可靠性。

中国实践

“东数西算”
工程正式启动

① “两地三中心”模式是指同城双中心加异地灾备中心的一种商用容灾备份解决方案，“两地”是指同城、异地，“三中心”是指生产中心、同城灾备中心和异地灾备中心。同城的两个中心日常情况下可同时分担业务及管理系统的运行，并可切换运行，灾难情况下可在基本不丢失数据的情况下进行灾备应急切换，保持业务连续运行。而当双中心出现自然灾害等原因而发生故障时，异地灾备中心可以用备份数据进行业务的恢复。

三、云计算的关键技术

表面上看起来，云计算似乎是一个有中央服务器、有网络连接就可以实现的技术，这些条件很多年前就具备了，那云计算为什么近年才得以快速发展呢？因为云计算要想真正实现上文提到的优势，需要融合多项信息通信技术，仅仅凭借传统的中央服务器，无法为用户提供较强的可扩展性，而且当用户总体对算力要求高到一定程度的时候，因为摩尔定律[①]的存在，提高中央服务器性能的边际成本将会非常高。云计算可以实现，依托的是一些关键技术，其中最重要的是虚拟化技术、分布式技术、大规模数据管理技术和并行编程技术。

（一）虚拟化技术

虚拟化技术是云计算最核心的关键技术。从技术层面上看，虚拟化技术是指计算元件在虚拟的软件上而不是真实的软件上运行，它可以扩大硬件的容量，简化软件的重新配置过程，减少软件虚拟机消耗，同时支持更广泛的操作系统。虚拟化技术可实现软件应用与底层硬件相隔离。虚拟化技术既包括将单个资源划分成多个虚拟资源的裂分模式，也包括将多个资源整合成一个虚拟资源的聚合模式。虚拟化技术根据对象可分成存储虚拟化、计算虚拟化、网络虚拟化等，其中计算虚拟化又分为系统虚拟化、应用虚拟化和桌面虚拟化。在云计算中，计算虚拟化是一切建立在“云”上的服务与应用的基础。虚拟化技术应用在 CPU、操作系统、服务器等多个方面，是提高服务效率的最佳解决方案。从表现形式来看，虚拟化技术在云计算中的应用主要分为两种模式：一是将一台性能强大的服务器虚拟成多个独立的小服务器来满足不同用户的需求，二是组合多个服务器以虚拟出一个更强大的服务器来满足用户特定的功能需求。两种模式的核心都是通过统一化管理和动态分配模式提高资源的有效利用率。

知识链接

如何理解虚拟化？

（二）分布式技术

1. 分布式存储技术

分布式存储技术通过将数据存储在不同的物理设备中以实现快速、高效的海量数据处理。云计算系统由大量服务器组成，能同时响应大量用户的需求。同时，云计算系统也采用冗余存储的方式（集群计算、数据冗余和分布式存储）保证了数据的可靠性。冗余存储的方式通过任务分解和集群，用低配主机替代超级计算机来保证低成本，这种方式提高了分布式数据的可用性、可靠性和经济性，能为同一组数据存储多个副本。分布式存储与传统网络存储存在较大差异：为了存放全部数据，传统网络存储系统采用集中的存储服务器，因此无法满足大规模存储应用的需求；而分布式存储系统将存储任务分配给多台存储服务器，将存储信息的定位交由位置服务器负责，合理运用了可扩展的系统结构，有效提

① 摩尔定律是英特尔创始人之一戈登·摩尔的经验之谈，说的是集成电路上可以容纳的晶体管数目大约每经过 18 个月到 24 个月便会增加一倍。换言之，处理器的性能大约每两年翻一倍，同时价格下降为之前的一半。

高了系统的扩展性、可靠性、存储效率。当前云计算领域中被用户广泛使用的分布式存储系统有由 Google 提供的 GFS 和由 Hadoop 团队开发的开源系统 HDFS。

2. 分布式资源管理技术

云计算采用分布式存储技术存储数据，因此自然也要引入分布式资源管理技术。在多节点的并发执行环境中，各个节点的状态都需要同步，并且在单个节点出现故障时，系统需要有效的机制保证其他节点不受影响。分布式资源管理系统就是这样的技术，它是保证系统状态的关键。云计算系统的资源往往非常多，少则几百台多则上万台服务器，它们可能分布在多个地域，而且云计算系统中运行的应用也数以千计。要想有效地管理这些资源，保证它们正常提供服务，需要强大的技术支撑。因此，分布式资源管理技术的重要性可想而知。全球各大云计算方案或服务提供商都在积极开展相关技术的研发工作。其中，Google 内部使用的 Borg 技术很受业内人士称赞。另外，微软、IBM、Oracle 等云计算巨头也提出了相应解决方案。

（三）大规模数据管理技术

云计算引用分布式存储技术对分散的、海量的数据进行存储，必然需要考虑如何对海量数据进行处理和分析。因此，大规模数据管理技术自然要引入其中，以便对大量数据进行高速、有效的管理。在当前云计算领域中，业界比较典型的大规模数据管理技术是 Google 的 BT（BigTable）数据管理技术和 Hadoop 团队开发的开源数据管理模块 HBase。但是由于云数据管理方式与传统数据管理方式有较大差别，因此云数据管理必须解决如何在大量的分布式数据中及时找到特定数据的问题。除此之外，对云数据管理而言，如何确保数据的安全性并提高数据的访问效率也是需要重点关注的问题。

（四）并行编程技术

由于云计算提供了分布式计算①模式，因此在客观上对分布式编程模式也有要求。云计算采用的是并行编程技术。云计算本质上是一个能承载多用户、多任务，及时有效处理并发状况的系统，旨在通过互联网有效地连接用户与资源，将计算资源快速高效地发送给终端用户，提供优质的用户体验和经济实惠的服务价格。因此，选择编程模式极为重要。当前较为流行的并行编程模式之一是 MapReduce②，它能进行编程和任务调度，将任务分为多个子任务，并能进行数据集的并行运算及并行任务的调度处理。MapReduce 编程模式的核心思想是将要执行的问题分解成映射（Map）和化简（Reduce）的方式，先通过映射程序将数据切割成不相关的区块，分配（调度）给大量计算机处理，达到分布式计算的效果，再通过化简程序将结果汇整输出。通过这项技术，远程云服务供应商可以在数秒之内处理数以千万计甚至亿计的信息，提供和超级计算机性能同样强大的网络计算服务。对于用户来说，在并行编程模式中，后台复杂的任务处理是不可见的。通过合理使用并行编

---

① 分布式计算与集中式计算相对，简单而言就是将一个大的任务分成几个子任务，不同子任务占用不同的处理资源。与并行计算不同，分布式计算各子任务之间并没有联系，不同子任务独享一套单独的计算系统，一个子任务的运行结果不会影响其他的子任务。所以分布式计算对任务的实时性要求不高，且允许存在一定的计算错误。

② MapReduce 是 Google 开发的 Java、Python、C++编程模型，它是一种简化的分布式编程模型和高效的任务调度模型，用于大规模数据集（大于 1 TB）的并行运算。

程模式，云计算能够让企业更为高效地利用软硬件资源、使用应用和服务客户。严格的编程模型使云计算环境下的编程十分简单。

特别提示

云计算要解决的一个重大难题是如何把分散在多地的大量普通服务器的计算资源调配起来，让它们可以实现超级计算机才能具备的存储和计算能力，毕竟在商业应用中，开发和维护超级计算机的代价是巨大甚至不可承受的。

任务小结

1. 云计算可以理解为一种按需索取、按需付费的模式，其核心是通过互联网把网络上的所有资源集中在一个叫作“云”的可配置的资源共享池里（资源包括网络、服务器、存储、应用软件、服务），对这个资源共享池进行统一管理和调度，向用户提供虚拟的、动态的、按需的、弹性的服务。

2. 本地化部署模式的缺点有：部署和维护困难，成本高；硬件高配，浪费资源；数据安全管理难度大。

3. 云计算部署的优势有：按需使用，按使用付费；快速且具有弹性和可扩展性；较低的本地硬件需求；经济高效，稳健专业。

4. 云计算的关键技术有虚拟化技术、分布式技术、大规模数据管理技术和并行编程技术等。

技能实训

1. 什么是云计算？

2. 云计算实现优势的关键技术有哪些？

3. 相较于本地化部署模式，云计算部署的优势有哪些？结合项目案例《商业银行全面上云探索》，总结分析为什么我国的商业银行纷纷开启上云探索。

任务二　了解云计算的部署模式和服务模式

任务导入

如果你是金融机构的一名管理人员，想购买云计算服务，有哪些模式可以选择呢？你又应该如何选择适合自己所在机构的部署模式和服务模式呢？让我们一起来看一看。

知识准备

一、云计算的部署模式

云计算有公有云、私有云、混合云、行业云四种典型的部署模式，每种部署模式都具备独特的功能，能满足不同用户的不同需求。

扩展视频

解密云计算

（一）公有云

公有云是指多个用户可以共享一个服务提供商的系统资源，这些资源在服务提供商的场所内部署，用户通过互联网即可获取这些资源，不需要自己架设任何设备。相较于本地化部署模式，公有云可更快部署且附有一个几乎可无限扩展的平台。公有云是放在互联网上的云服务，大部分互联网公司提供的云服务都属于公有云，其核心特征是共享资源，服务的对象是所有用户，面向的主要为中小型企业、开发者以及个人消费者。其主要服务提供商为互联网企业、IT 企业和电信运营商。公有云的优势在于其具有强大的可扩展性，以及能通过云平台积累用户、实现规模共享经济。对于用户来说，公有云部署简单、易于扩展且成本较低。但公有云在用户数据安全性、访问性能以及集成已有系统等方面仍有缺陷。

根据中国信息通信研究院调查统计，我国公有云市场的增速非常快，近 5 年公有云市场规模增速平均为 67%，阿里云、天翼云、腾讯云、华为云、移动云占据中国公有云 IaaS 市场份额前五。公有云 PaaS 方面，阿里云、华为云、腾讯云、百度云处于领先地位。而在世界范围内，阿里云、Amazon Web Services（AWS）、Google Cloud、IBM Cloud 及微软 Azure 是规模最大的几家公有云服务商。

（二）私有云

私有云一般是为某个用户单独使用而构建的，云服务提供商根据用户需求为其进行专属定制，因此能够在数据的安全性和服务质量方面提供最有效的管控。私有云的核心特征是专有资源。私有云既可部署在企业数据中心的防火墙内，也可部署在一个安全的主机托管场所。其服务对象通常为某一企业的内部用户，面向的主要是政府和大中型企业。私有云的服务提供商大部分是 IT 企业和电信运营商，如 VMware、华为等。私有云的优点是能确保数据的安全性，但其可扩展性和规模经济效应不如公有云。

特别提示

私有云不一定建立在企业的内部，也不一定根据企业内部 IT 基础架构来构建，现在许多企业已开始在云服务提供商的外部数据中心构建私有云，所以云的位置不是界定公有云和私有云的标准。

（三）混合云

混合云是两种或两种以上云计算部署模式的混合体，其中最典型的模式是以私有云为基础，结合公有云的服务策略。很多企业出于数据安全和系统定制化的需求，选择将数据存放在私有云中，但是同时又希望可以获得公有云的计算资源，因此越来越多的上云企业从单一的采用公有云转变为采用公有云加私有云的混合云架构。中国的混合云采用率在 2021 年达到了 42%，预计到 2024 年，该数据将达到 70%，远高于 50%的全球平均水平。在中国，混合云的采用已成为主流趋势。[1]

① Gartner Research. 中国混合云运营的三个重要经验［R］. 2022.

混合云兼具公有云和私有云之长——私有云能够支撑核心金融业务的稳定及持续运营，公有云满足了灵活的扩展性和敏捷性。企业可以将大量的非关键应用和数据在公有云上处理，将少量的关键应用和敏感数据保留在私有云上，从而更好地保护敏感数据。以金融行业为例，传统金融机构优先选择将敏感性较低的辅助性业务系统部署在公有云上，如渠道类系统、客户营销系统和机构经营管理系统等。辅助性业务系统安全要求较低，系统短暂出现问题不会导致巨大的业务风险。传统金融机构将辅助性业务系统迁移至云端，可提升整体系统的管理灵活性，减轻自建数据中心的运行负担，同时提升辅助性业务的运行效率，提升相关业务的用户体验。例如：金融机构将营销业务部署于公有云上，可利用公有云服务商提供的大数据分析、智能营销等应用模块，实现对潜在客群的追踪、分析与判定，提高获客能力，实现智能高效营销。但是，金融机构会将核心业务和重要敏感数据仍然保留在私有云上，通过私有云部署方式提高核心业务系统的运行效率，同时保留对 IT 资源、设备、业务数据的绝对控制权，避免第三方的干扰。混合云架构存在的问题是安全性工作更为复杂。

特别提示

如果把云计算服务比作汽车，私有云就像燃油车，单次行驶里程更长但是行驶费用更高；公有云就像电动车，经济划算但是单次行驶里程较短，不宜长途行驶；混合云就像混合动力汽车，平时使用电力发动机，在偶尔的长途行车时可能会使用燃油发动机，确保汽车可以完成更长的行驶里程。混合动力汽车兼具燃油车和电动车的优点，当然，它的制造工艺更为复杂，成本更高，维护难度也更大。

另外一个形象的例子也可以说明它们各自的优缺点：如果一个家庭的需求是住宿，企业进行本地化部署是买下一套房子来住，应用私有云是租下一套房子并按照自己的想法装修，应用公有云是住酒店，应用混合云就是家庭中的大部分人去住酒店，少部分在意隐私和定制化需求的人去租房子住。

随着企业上云程度持续加深，用户在服务形态、平台性能、数据安全、建设成本等方面的需求层出不穷。由此，在原有公有云、私有云、混合云的基础上，市场又催生出分布式云、专有云、托管云等新型部署模式。

（四）行业云

业界前沿

云计算的新型部署模式：分布式云、专有云、托管云

行业云是由某个行业内起主导作用或掌握关键资源的企业或组织建立和维护，向行业内部组织和成员提供的云计算平台，其在功能和监管层面更适应本行业的发展特性，可以看作一种特殊的公有云。按照行业划分，行业云主要有金融云、政府云、教育云、电信云、医疗云、工业云等。行业云能为行业的业务做专门的优化，与其他的云计算部署模式相比，这不仅能进一步方便用户，而且能进一步降低成本。但行业云只支持某个行业，支持的范围较小，同时建设成本较高。需要注意的是，行业云不是只将公有云的技术简单地移植到行业中去使用，还需要考虑来自行业的内生需求，由行业侧参与建设运营。目前，我国互联网和信息服务业已经实现了行业云的深化应用，金融、政务和交通等行业云化改造能力持续加强。

具体到金融云而言，目前我国金融行业云服务商可分为以阿里巴巴、腾讯、百度为代表的互联网系，以中国建设银行、平安银行、兴业银行等金融机构为代表的金融系，以及以华为为代表的传统 IT 企业系。相对来说，互联网系具有深厚的底层虚拟化技术能力，能为用户提供标准化、迭代更快、成本更低的云基础设施解决方案，可将通用的公有云技术快速移植至金融行业部署方案中，减少用户部署时间，降低用户部署成本。但通用的公有云方案较少具备金融行业系统运作的符合特定监管要求的条件，不容易吸引保守谨慎的传统金融机构用户，且通用的公有云方案相对缺乏定制化能力，处理金融行业特有的复杂问题时略显力不从心。金融系云服务商具有深厚的金融行业从业经验，对金融业务和场景理解深刻，能针对各种金融业务细分场景设计产品，提供的云服务更具金融业特色。金融系云服务提供商熟悉金融行业的监管要求，对行业监管导向较为敏锐，制定的云部署方案更容易满足监管要求，能帮助用户简化合规认证流程。金融机构自建云服务平台，满足自身业务上云需求的同时可向同行机构用户输出业务流程和管理经验，更易受其他金融机构青睐。目前我国多家银行通过成立金融科技子公司（如中国建设银行的建信金融科技有限责任公司、招商银行的招银云创信息技术有限公司、兴业银行的兴业数字金融服务股份有限公司等）主动造“云”，将自身业务信息系统逐渐迁移至云服务器，同时向其他金融机构开放云平台。但金融系云服务提供商的技术积累不及互联网系云服务提供商深厚，在云平台技术迭代方面较慢，平台的完善仍需时间。

课堂讨论

根据 2018 年的数据，69.57%的金融机构采用自建私有云模式搭建云平台，19.25%的金融机构采购由专业金融行业云服务商提供的行业云服务，11.18%的金融机构使用公有云。[①] 你觉得金融机构很少使用公有云的原因是什么？

二、云计算的服务模式

云计算的服务模式一直在不断进化，但目前业界普遍接受的分类方式是美国国家标准与技术研究院（NIST）提出的云计算三大服务模式：IaaS、PaaS、SaaS。

（一）IaaS

基础设施即服务（Infrastructure as a Service，IaaS），即系统供应商向用户提供计算、存储、网络等基础硬件资源，用户可以按量付费，租用 IaaS 服务商部署好的硬件资源环境，并在这些基础硬件设施之上部署和运行包括操作系统和应用在内的任意软件。用户不对云计算基础设施进行管理或控制，但能控制操作系统的选择、存储的空间、部署的应用，也有可能获得网络组件的部分控制权。我国的云计算服务以 IaaS 为主，其占总体规模的比例接近 3/4。典型的 IaaS 服务有 AWS、阿里云提供的弹性主机服务，其中 AWS 是全球公有云 IaaS 市场的领先者，阿里云是中国公有云 IaaS 市场的领先者。

① 中国信息通信研究院. 金融行业云计算技术调查报告 [R]. 2018.

课堂讨论

AWS是全球知名的电商企业亚马逊推出的云服务，阿里云是中国知名的电商企业阿里巴巴推出的云服务。为什么领先的电商企业也成为领先的云计算企业？这仅仅是巧合吗？

延伸阅读

为什么领先的电商企业能成为领先的云计算企业？

（二）PaaS

平台即服务（Platform as a Service，PaaS），即提供一个创建、托管和部署应用程序的环境，使开发人员专注于应用程序本身。PaaS的服务对象包括两类：企业的IT部门（to Business）和软件开发商（to Developer）。PaaS不仅提供操作系统、运行环境、开发工具、数据库等服务，而且承载人工智能、大数据、物联网等多种应用。

截至2022年，我国的PaaS在公有云市场中的规模占比仅为9%，但是增速最快，2022年同比增长约53%。目前，全球主流的PaaS服务商分为闭源的PaaS产品，如微软Azure、Google Cloud、阿里云等，和开源的PaaS产品，如Cloud Foundry、OpenShift和Cloudify等。

（三）SaaS

软件即服务（Software as a Service，SaaS），即直接将应用以云服务的方式交付给用户。SaaS是云计算的交付形式之一，由服务商提供一揽子解决方案。服务商先把软件安装在自己的服务器或者IaaS上，其他用户通过互联网接入，无须耗费磁盘以及服务器空间等资源，只需要用账号登录使用并按月或年交服务费即可。简单地说，云服务商在配置好操作系统、环境后还要自己开发各种应用软件，然后把应用软件层作为服务租出去。我们平常使用的百度网盘、网易云音乐，都采用SaaS服务模式。

国内SaaS服务主要关注企业管理和运营的各个环节服务，涉及企业资源管理、财务管理、协同办公、客服管理以及客户管理和营销等诸多领域。同时，在企业上云的政策影响下，关注政务、金融、教育、工业等特定行业的SaaS服务显著增加。以用友、金蝶、畅捷通、Udesk、北森、销售易等为代表的SaaS服务商，在各细分领域已崭露头角。但总体上看，国内SaaS服务商在市场份额、技术成熟度等方面，仍与国外SaaS服务商存在较大差距。目前国内SaaS市场继续稳步发展，2022年规模达到786.1亿元，参与者众多，前几名的市场份额无明显差别，市场格局呈碎片化。

知识链接

DaaS

简单总结，IaaS是租硬件，PaaS是租硬件加平台，SaaS是租硬件、平台（操作系统）和软件。云服务商提供的不同的云计算的服务模式，也是用户不同的“上云”方式，如图4-2所示。

特别提示

如果用户的需求是吃一碗蛋炒饭，IaaS就是服务商提供燃气灶和锅碗瓢盆等硬件设施，用户自己准备米饭、鸡蛋、葱和盐等食材，自己去炒一碗蛋炒饭。PaaS就是服务商不仅准备好硬件设施，也帮用户准备好各种食材，用户自己在服务商搭建好的平台上炒饭。SaaS就是服务商直接做一碗蛋炒饭，送到用户的手上。

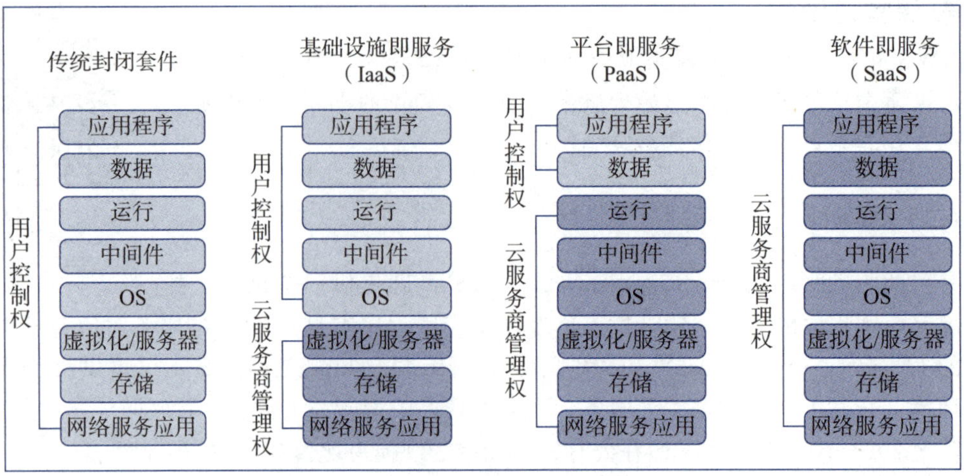

图 4-2　云计算的服务模式

任务小结

1. 云计算有公有云、私有云、混合云、行业云四种典型的部署模式，其中行业云可以看作一种特殊的公有云。公有云是指多个用户可以共享一个服务提供商的系统资源，这些资源在服务商的场所内部署，用户通过互联网即可获取这些资源，不需要自己架设任何设备。私有云一般是为某个用户单独使用而构建的，云服务提供商根据用户需求为其进行专属定制，因此能够在数据的安全性和服务质量方面提供最有效的管控。混合云是公有云和私有云的混合。行业云是向行业内部组织和成员提供的云计算平台。

2. 云计算的服务模式有 IaaS、PaaS、SaaS。IaaS 是租硬件，PaaS 是租硬件加平台（操作系统），SaaS 是租硬件、平台（操作系统）和软件。

技能实训

1. 公有云、私有云、混合云各有哪些优缺点？

2. 请判断以下产品是 IaaS、PaaS 还是 SaaS。

（1）阿里云服务器 ECS（Elastic Compute Service）是一种安全可靠、弹性可伸缩的云计算服务，可帮助用户降低 IT 成本，提升运维效率，使用户更专注于核心业务创新。阿里云的产品规格如图 4-3 所示。

（2）百望云报销，是百望云平台系列中专注于企业报销与费用管控的产品，从“申请—商旅—消费—报销—支付—记账—分析”全面打通报销流程，通过申请控制、预算管理、报销标准、流程管控等多维度围绕报销环节实现全周期闭环管控，为企业提供“管理规范化”“报销便捷化”“费用可控化”“数据可视化”的报销与费控智能解决方案。百望云报销的方案架构如图 4-4 所示。

（3）阿里云游戏是为游戏云化而量身打造的一站式服务平台，具备游戏快速适配、资源弹性伸缩、全局智能调度、可视化数据运营和完善的平台运维能力。该平台支持海量游戏稳定运行，量身打造的容器技术和协议确保游戏体验，多样化的 SDK 支持各类终端

App 开发。该平台满足用户联机互动、即点即用、微端试玩等创新需求。

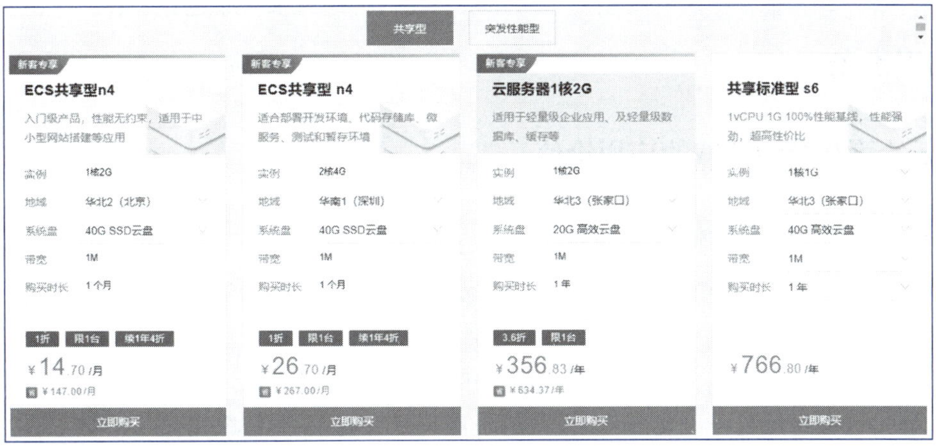

图 4-3　阿里云的产品规格

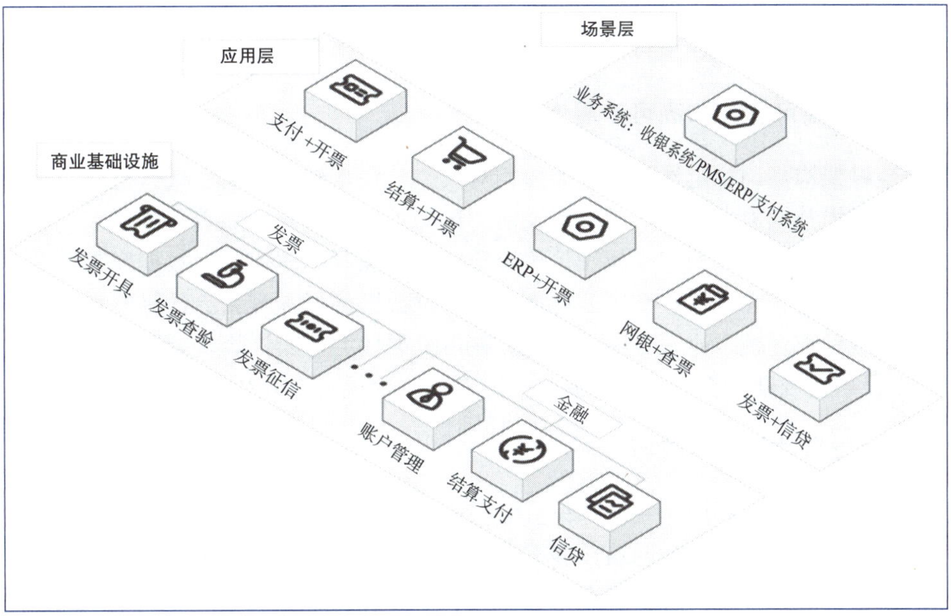

图 4-4　百望云报销的方案架构

任务三　云计算的金融应用分析

任务导入

从 2015 年出台的《国务院关于积极推进“互联网+”行动的指导意见》开始，我国已经发布了多项政策文件引导金融机构应用云计算技术。在政策的引导和行业的自主驱动下，金融行业对云计算的应用越来越深化。为什么金融行业要推进以云计算为核心的信息化转型？云计算在金融领域有哪些具体的应用？我们将通过本任务进行了解。

知识准备

一、云计算在金融领域的应用价值

（一）有效降低金融机构 IT 成本

在性能上，云计算通过虚拟化技术将物理 IT 设备虚拟成 IT 能力资源池，以整个资源池的能力来满足金融机构算力和存储的需求。在物理设备上，云计算一般采用 X86 服务器和磁盘阵列作为基础设施。此外，云计算通过云操作系统可以实现 IT 设备的负载均衡，提高单位 IT 设备的使用效率，降低单位信息化成本。因此，在 IT 性能相同的情况下，云计算架构的性价比远高于以大型机和小型机作为基础设施的传统金融架构。云计算大大降低了“独角兽”企业进入金融科技领域的门槛，而采用云计算的金融科技企业也较成功地降低了金融行业服务的价格。

中国实践

我国金融机构的分布式架构转型

（二）具有高可靠性和高可扩展性

传统金融架构强调稳定性，扩展能力相对较差。在基础资源上，大型机或小型机只能通过纵向扩展提升能力，不能实现更加灵活的横向扩展。因此，随着业务需求的增加，服务器越来越大，且交付时间越来越长。传统金融架构强调单体应用，数据库强调数据强一致性，可扩展性差。在可靠性上，云计算可以通过数据多副本容错、计算节点同构可互换等措施，有效保障金融企业服务的可靠性。在可扩展性上，云计算支持通过添加服务器和存储等 IT 设备实现性能提升，快速满足金融企业应用规模上升和用户高速增长的需求。

（三）运维自动化程度较高

目前，主流的云计算操作系统都设有监控模块。云计算操作系统通过统一的平台管理金融企业内部服务器、存储和网络设备。集中管控可以显著提升企业对 IT 设备的管理能力，有助于实现精益管理。此外，企业通过标签技术可以精准定位出现故障的物理设备，通过现场设备更换可以快速实现故障排除。传统金融架构下，若设备发生故障，企业基本上每次都需要联系厂家进行维修，缺乏自主维护能力。

（四）支撑大数据和人工智能技术

云计算技术可以帮助金融机构通过统一平台，承载或管理内部所有的信息系统，消除“信息孤岛”现象。此外，信息系统的联通可以将保存在各系统的数据集中到一起，形成“数据仓库”，从而实现内部数据的集中化管理。如果说大数据是金矿，金融云则可被看作矿井。矿井的安全性、可靠性直接决定了金矿的开采效率。此外，云计算还为大数据和人工智能技术提供便利且可扩展的算力和存储能力。

特别提示

大数据必须依托云计算的分布式处理、分布式数据库、云存储和虚拟化技术。以商业银行为例，其分布式架构如图 4-5 所示。

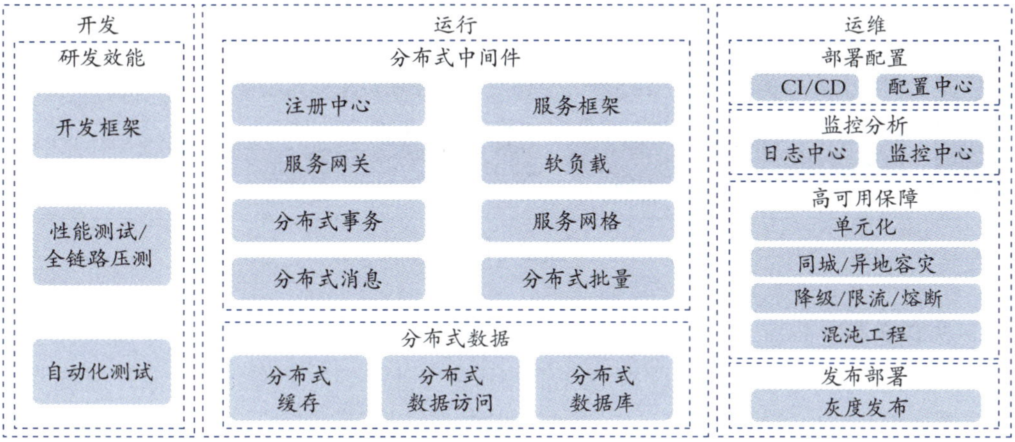

图 4-5 商业银行分布式架构

二、云计算在金融领域的应用实践

（一）云计算在银行业的应用实践案例——中国工商银行在云计算技术应用方面的探索

随着业务的迅速发展，中国工商银行传统金融架构难以支撑业务灵活创新，传统运维模式举步维艰，互联网“秒杀”大促、纪念币预约等业务亟须资源弹性伸缩能力支撑。因此，中国工商银行紧跟业界发展趋势，在云计算领域持续探索，建成同业领先的云平台，全面支撑包括核心业务在内的各类应用系统。

1. 建设历程

为了适应业务和技术发展趋势，2015 年，中国工商银行启动 IT 架构转型，基于开源 Docker 容器技术建设了应用平台云（PaaS 1.0）。2017 年，中国工商银行基于 OpenStack、Ceph、SDN 等业界主流开源技术，建设了基础设施云（IaaS），并推出了应用平台云升级版本（PaaS 2.0）。结合 ECOS 工程推进，中国工商银行持续加大应用上云的推广力度，并不断完善云计算平台建设。2018 年，中国工商银行基于已经搭建起的 IaaS 和 PaaS 基础平台，进一步构建了金融生态云（SaaS），推出多款 SaaS 产品，构建开放合作的金融生态，形成了包括 IaaS、PaaS、SaaS 等多层次的完备的云平台体系，如图 4-6 所示。2020 年，为全面提升云平台稳定性，构建更为稳定可靠、自主可控的异构混合云，中国工商银行适时启动了新一代云平台建设，率先提出并实践“集团云”模式，完成分行云部署及分行应用落地工作，为分行提供敏捷的资源供给、便捷的运维手段。

2022 年，中国工商银行 IaaS 入云节点规模超过 6 万，总体入云率近 75%；PaaS 容器规模超 3.4 万；实现近 95%的业务在云端运行，已正式上线教育云、物业云、财资管理云、金融监管服务云等多款 SaaS 产品。

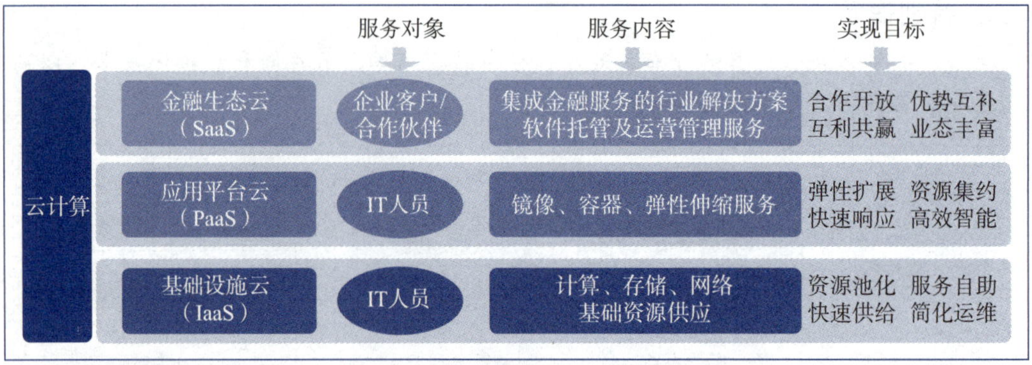

图 4-6　中国工商银行云计算平台

2. 实践概况

为了打造安全可靠的云平台，中国工商银行基于业界领先云产品和主流开源技术，结合中国工商银行特色实现金融级自主定制和加固。其以基础设施云（IaaS）和应用平台云（PaaS）两大核心云计算技术为支撑，分别建设研发云、测试云、生产私有云、分行云和金融生态云（SaaS），构建了完善的金融云服务体系。2022 年，中国工商银行生产入云应用节点数已接近 10 万套规模，其中业务容器近 6 万套，关键应用入云比例达到 100%，日均服务调用量超过 100 亿次。

中国工商银行利用云计算、分布式处理等新技术，基于开放平台集群系统与大型主机有机结合的基础架构，构建面向未来业务发展的一站式私有云，并通过 API 实现金融生态云对行业开放；同时依托“两地三中心”的资源池布局（见图 4-7），设计实现多层次的高可用机制，保障业务连续性。

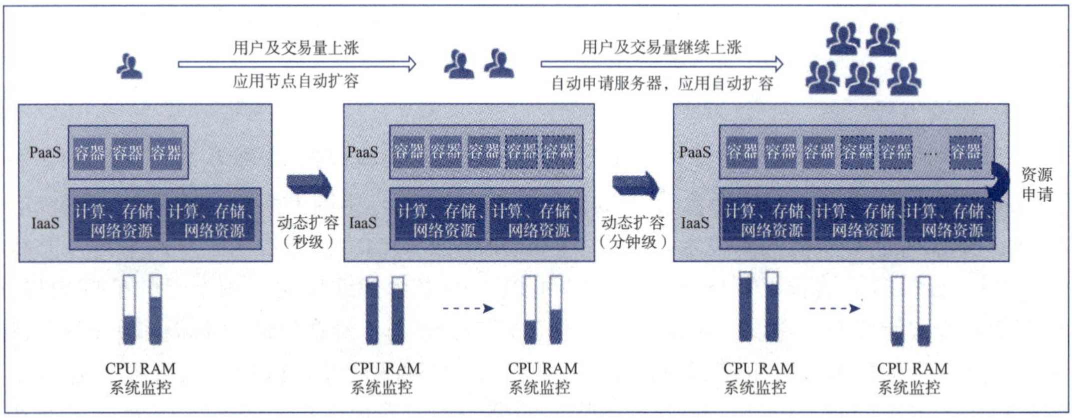

图 4-7　中国工商银行的“两地三中心”资源池布局

基础设施云统筹管理计算、存储、网络资源供应，实现不同应用间资源共享，提高云上资源利用率。中国工商银行通过引入成熟产品并结合生产运营运维需求进行客户化定制，对接各类 IT 服务管理系统，实现云主机供应操作系统内配置等全流程自动化，满足大规模私有云场景资源集中供应的需求。

在应用平台云方面，中国工商银行基于业界主流开源技术自主研发，实现容器调度及多集群机制，支持超万级容器集群规模调度运行，并在定时弹性伸缩及手工伸缩的基础上，针对典型应用实现业务监控的自动化弹性伸缩支持，实现秒级弹性伸缩，有效应对业务突发高峰场景。同时，中国工商银行在云原生监控、DevOps 等方面持续探索，构建自动化、可视化、智能化的云运维体系，实现跨平台、跨应用的调用链路分析和应用画像视图，提供云上应用秒级故障预警及实时诊断等功能。

（二）云计算在证券业的应用实践案例——上海证券交易所在云计算技术应用方面的探索

当前，数字化技术全面助力资本市场普惠发展，切实提高监管与服务效能，加快重构市场竞合格局，深刻改变了行业生态，也已成为资本市场高质量发展的核心引擎。上海证券交易所（以下简称上交所）在提高信息技术安全自主可控、加强数字赋能监管、促进科技与业务深度融合、推进行业技术共建共治共享等方面已经取得了积极成效。针对证券行业基础设施建设成本高、建设周期长的普遍诉求，上交所于 2018 年 11 月面向证券、基金等金融机构推出证通云服务。上交所通过证通云的建设运营，为证券行业机构提供技术领先、稳定可靠、安全合规、随需获取的云服务。行业机构基于证通云部署信息系统，可显著降低 IT 建设运维成本，提升生产效率。

近年来，随着证券行业的不断发展，券商各类业务规模不断扩展。证券公司信息系统作为券商核心业务运行基础，系统运行中断不仅会导致券商业务的瘫痪，也会对广大投资者和社会造成不可估量的影响。为了信息系统在发生故障、遇到灾难时能有效保障业务的连续性，证券公司应严格遵循《证券基金经营机构信息技术管理办法》《证券期货经营机构信息系统备份能力标准》等文件的要求，为自身的信息系统建立有效的备份能力，满足生产与灾备 1∶1 比例建设、RPO＜30 秒、RTO＜5 分钟的业务连续性要求。机房建设、设备采购、运维成本及建设周期等各个维度，对券商灾备能力建设工作都提出了严峻挑战。

上交所证通云在证券行业券商灾备系统建设应用场景的实践方案具有以下特点。

1. “小火种”模式降低基础设施投入成本

基于证通云快速获取、弹性扩展及按需付费能力，上交所联合券商及软件供应商，打造证通云“小火种”灾备云方案。基于该方案，券商日常仅需启动少量资源运行灾备系统核心应用及数据库，而部署中间件的资源可以镜像的方式免费存储于证通云。当需要灾备切换的时候，灾备系统可在 4 分钟内完成全量扩容，完全满足监管要求。

2. 云平台 SDN 架构下实现行情组播

针对证券系统的组播、广播的复制与转发需求，证通云通过在云平台 SDN 技术架构基础上，设立组播去部署行情源，优化应用系统进行适配，通过将组播改造为单播、将广播改为 TCP 直连等方法，实现了信息的高效传输，确保了系统的可靠运行。

3. “全云”模式探索

证通云通过将高性能的物理服务器改变为云服务器，增配高性能的 SSD 盘，扩展内存，并联合券商及软件供应商对中间件和数据库进行优化，优化后各项关键指标满足要求，压力测试 TPS 达到了生产中心历史峰值的 3 倍。证通云采用“全云”模式，为行业异地灾备系统建设探索了一条新的路径，也为核心交易系统由传统架构向分布式转化，进而实现多中心多活创造了基本条件。

（三）云计算在保险业的应用实践案例——众安保险的上云实践

众安保险是我国首家获得互联网牌照的保险公司，也是全国最大的互联网保险公司，累计销售保单超过百亿，具有 5 个整体生态和 200 多家合作伙伴。因为需要支持很多的互联网业务场景，众安保险在基础架构设计初期就提出了四个基本要求：在线业务数据存储百 T 级、“4 个 9”、毫秒级响应、符合金融监管要求。

在 2013 年时，众安保险的数据库架构还比较落后，每个产品都独立部署数据库，最终所有数据库汇总到财务数据库进行对账。当时大部分核心系统都源自外部采购，数据模型基本上都是行业通用的。众安保险在业务方面所面临的最为突出的三个挑战包括：第一，高频的业务开发，全年纯数据库开发发布超过 2 万次、日均发布超过 60 次，线上数据变更难度大。第二，众安保险有多个事业部以及孵化的子公司，那么如何让数据在各个子公司之间共享？第三是性能效率的保障。在业务发展的过程中，众安保险是如何实现快速满足业务需求，解决技术难题的呢？答案就是上云。

众安保险也是我国第一家将全部系统搬上公有云的金融企业。众安保险通过使用云计算技术，仅花了 5 个月的时间就实现了“两地三中心”的容灾部署，并通过了相关部门对于 IT 系统的开业检查和合规管理验收。众安保险目前使用 ECS、RDS、OSS、SLB、ODPS、云盾、云监控、专线接入等相关的产品来满足自身的业务需求。

通过全部核心系统上云，直接接入阿里巴巴网络，众安保险能够用低成本、高灵活性的计算能力支持互联网业务的拓展。众安保险突破了国内现有保险营销模式，不设分支机构，完全通过互联网进行销售和理赔，主攻责任险、保证险两大类险种，实现业务的全面创新。云计算技术帮助众安保险实现了“服务互联网”的创新型保险公司定位。其产品需求来自互联网，保险流程通过互联网的技术手段来解决，创造了互联网金融全新的发展形态，势必引领未来互联网保险和金融行业的发展潮流。

众安保险已经将全部核心系统上云，包括渠道接入平台、保单处理系统、电子保单系统、财务系统、B2C 系统、官方系统、OA 系统、IT 监控管理系统、IT 运维服务系统等各种系统，并且还在不断进行扩展。核心系统通过“两地三中心”的部署实现高可用性和容灾的管理，并通过生产环境、预生产性能测试环境、UAT 测试环境、开发和集成测试环境的部署实现全生命周期的开发和运行管理。

众安保险整个系统架构实现了全面的安全防护和管理，通过全面的日志可以进行行为审计和追溯，通过系统的备份和容灾功能简化了数据备份和恢复的工作，通过云监控及各服务对应的管理控制台实时对云平台资源进行监控和管理，通过云计算的弹性部署能力实现对业务快速增长的支持。众安保险的金融云简要架构如图 4－8 所示。

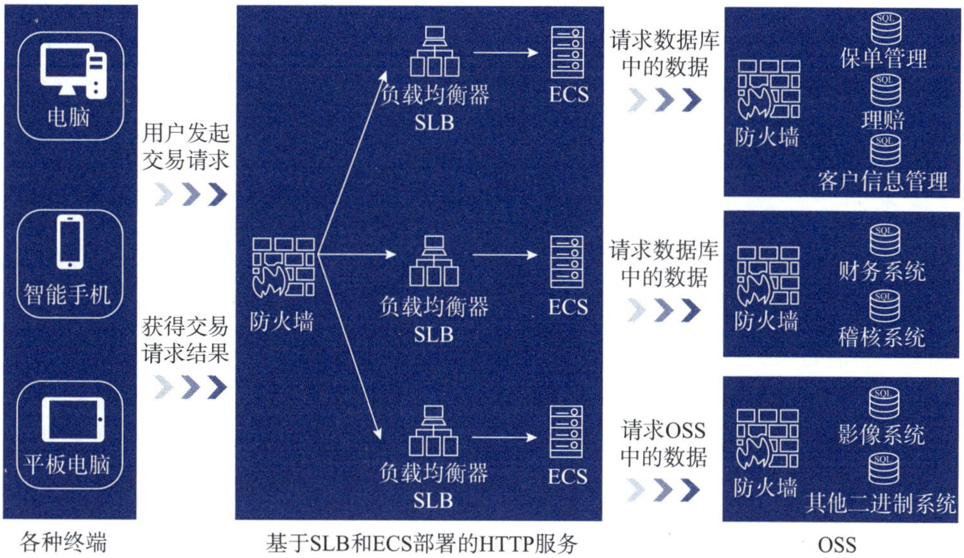

图 4-8 众安保险的金融云简要架构

三、金融云

金融云是金融行业构建的，仅供金融机构共享使用，承载金融业务系统的行业云。从技术上讲，金融云就是利用云计算系统模型，将金融机构的数据中心与客户端分散到云里，从而达到提高自身系统运算能力、数据处理能力，改善客户体验评价，降低运营成本的目的。2023 年，中国金融云市场规模达到 625 亿元。金融客户使用云计算产品范围不断扩大，系统分布式改造与自主云计算基础设施建设推动金融云市场继续保持高速增长。随着资本市场改革深化和数字化转型加速，金融机构日益重视 IT 支出，金融上云成为大趋势。

中小型金融机构是金融云的主要用户。以银行业为例，大型银行出于数据安全、隐私保护和自主可控的考虑，又具备技术实力和经济基础，往往采用私有云或者混合云的模式。与大型银行相比，中小型银行存在互联网金融产品弱导致竞争力弱、线上场景弱导致获客难、IT 投入不足导致风控软硬件技术落后等劣势。据统计，大型银行中，四大行的平均科技支出为 55 亿～165 亿元，股份制银行的平均科技支出为 15 亿～45 亿元，城商行的平均科技支出为 0.3 亿～1 亿元，而农商行则为 400 万～1 200 万元。可见，中小型银行在科技上的支出和大型银行完全不在一个量级上。但自建私有云却是一个资源消耗非常大的系统性工程，而使用云服务商的金融云平台，中小型银行的科技投入成本会大幅降低。若中小型银行以金融云方式开启互联网金融业务，建设系统的成本要比传统自建系统节约 70%以上。而且，中小型银行在借助金融科技升级转型时，也会重视内外部数据挖掘分析和运用，这对改善管理、提升服务有很大帮助。中小型银行科技化改造的难点是数据的获得，很多中小型银行存在信息孤岛的问题，它们掌握的数据不如大型银行多。此外，在没有数据分析与支持的情况下，进行科技化改造后，中小型银行的互联网金融服务也难以推进。证券业、保险业等其他金融行业也有类似的情形。因此，中小型金融机构从云计算模式中受益更多，通过使用更好的金融科技和服务，它们获得了更多的资源，并有效降低了运营成本，能够更灵活地进行产品创新和提供服务。

（一）金融云的特点

1. 安全合规

金融云需要按照中国人民银行、国家金融监督管理总局和证监会的合规标准建设，在安全性、服务可用性和数据可靠性等方面有更高的要求。金融业已经有多项与信息技术相关的明确标准，如《云计算技术金融应用规范安全技术要求》《云计算技术金融应用规范技术架构》《网上银行系统信息安全通用规范》《保险公司信息系统安全管理指引（试行）》《证券公司网上证券信息系统技术指引》《证券期货业网络安全等级保护测评要求》。所以，金融云不仅要考虑技术问题，还要考虑能否遵从监管机构的规定和标准。

2. 稳定可靠

金融行业对业务的稳定性和连续性有着非常严格的要求。金融云必须尽可能保证系统的稳定性、可用性、网络快速响应和数据安全，除此之外，还要保证在系统中断后，金融机构在预先确定的可接受的水平上连续交付产品或提供服务的能力。银行、券商等金融机构的关键业务系统即使停机一分钟，也可能造成巨大的经济损失，属于严重的系统事故。所以，金融云相对于其他的行业云需要有更严格的机房管理、更高的安全容灾能力、更严格的网络安全隔离要求和更严格的访问控制。

3. 自主可控

云计算是新基建的中枢，它承载大数据、人工智能、移动互联网、物联网等创新应用，从而拉动数字新消费。云平台是新基建投资转化消费的关键。更重要的是，金融业是国民经济的支柱产业，是现代经济的核心。在国际竞争的格局下，金融机构的云建设不能仅从技术和商业角度考虑，还要考虑国家对整套系统的自主可控。

（二）金融云的实践案例——阿里金融云

阿里金融云服务是为金融行业量身定制的云计算服务，具有低成本、高弹性、高可用、安全合规的特性，帮助金融客户实现从传统 IT 向云计算的转型，并且能够更为便捷地为用户实现与支付宝、淘宝、天猫的直接对接。在提供高性能、高可靠、高可用、高弹性的计算能力之外，其还能助力金融客户进行业务创新，提升业务竞争力。阿里金融云可以为金融客户提供优质网络带宽资源，提升互联网用户覆盖范围和用户体验，并为金融客户提供大规模离线数据处理服务，让客户深入挖掘数据价值。

当前金融行业面对互联网业务的迅速崛起，客户行为发生了巨大转变，业务增速难以预测。金融机构为了满足客户网上查询、交易等行为带来的与日俱增的访问，不得不在整体 IT 建设上投入更高的成本，而随着设备的增加，交付时间周期变长，运维难度不断增加。阿里金融云可以帮助金融机构系统整合入云，实现快速交付，降低业务启动门槛；通过标准化的异地灾备、专线接入等增值服务，满足金融业务在安全上的建设标准，进而帮助金融客户不再关注硬件设备的运维，真正回归到业务价值本身。阿里金融云为金融客户在杭州、深圳和青岛等多个地区提供了可以实现“两地三中心”的高等级绿色数据中心作为整个云计算平台的基础设施。

阿里金融云2022年度继续保持金融云整体市场第一，市场份额为17.83%。同时，阿里金融云在公有云基础设施和平台解决方案两个细分市场均位居第一。此外，阿里金融云在银行与互联网金融两个云解决方案细分市场也位居第一。经过几年的持续投入，阿里金融云已服务6家国有大型商业银行、12家股份制商业银行和90%的已上市商业银行，其中绝大多数是云计算、大数据、数据库等核心产品和服务。在证券领域，阿里金融云与登记结算机构、交易所、头部券商等60%以上的机构，在行业云、云原生分布式、数据库、大数据、AI智能等领域落地合作。在保险领域，阿里金融云服务了超过60%的企业，探索与实践了多种保险数字化转型路径，树立了云原生保险核心、保险数据中台、数字渠道、保险智能化服务、保险开放场景等多种转型标杆。此外，阿里金融云还支撑了60%的第三方和第四方支付企业构建混合云平台。

任务小结

1. 云计算在金融领域的应用价值包括有效降低金融机构IT成本、具有高可靠性和高可扩展性、运维自动化程度较高、支撑大数据和人工智能技术。

2. 金融云是金融行业构建的，仅供金融机构共享使用，承载金融业务系统的行业云。金融云的特点有安全合规、稳健可靠和自主可控。

技能实训

1. 虽然阿里云在金融行业的市场份额领先，但在私有云领域，华为云Stack连续四年位居中国金融机构自建云基础设施市场第一。为什么金融机构是除了政务机构之外最大的私有云应用机构？

2. 举例说明云计算如何实现有效降低金融机构IT成本、具有高可靠性和高可扩展性、运维自动化程度较高、支撑大数据和人工智能技术四个方面的应用价值。

3. 为什么说中小金融机构是金融云的主要客户？金融云的特点有哪些？

在线测试

项目四
云计算与金融

项目五 人工智能与金融

学习目标

知识目标

1. 掌握人工智能的概念，了解人工智能的类型、要素和发展历程
2. 熟悉机器学习的概念，掌握机器学习的模式
3. 熟悉人工智能的金融应用

能力目标

1. 能够区分人工智能的类型
2. 能够辨析机器学习的模式，能够理解机器学习、强化学习、深度学习的关系
3. 能够分析人工智能在金融领域的应用案例

素养目标

1. 培养科学精神与创新思维：人工智能的发明与应用富有科学精神和创新思维
2. 具备辩证思维方法：人工智能对人类社会的影响具有两面性
3. 树立以客户为中心的服务理念：人工智能的金融应用仍然以客户为中心

项目案例

解读 AlphaGo Zero：一种人类从未见过的智慧

大家可能都知道打败围棋世界冠军的 AlphaGo，那你们知道它的“弟弟”，只训练了三天就将“哥哥”AlphaGo 击败的 AlphaGo Zero 吗？AlphaGo Zero 发布于 2017 年 10 月，在三天内自学了三种不同的棋类游戏，包括国际象棋、围棋和日本将军棋，而且无须人工干预。这一成果震惊了国际象棋世界，几个小时内，AlphaGo Zero 就成为世界上最好的棋类玩家。

其实在国际象棋方面，IBM 的深蓝早在 20 多年前就打败了国际象棋大师，而后续的 Stockfish 和 Komodo 这些国际象棋程序也早已独霸国际象棋世界。但是深蓝、Stockfish 和 Komodo 虽然能赢人类，但不能真正理解棋局。在过去的 20 多年里，用机器算法下国际象棋已经取得了很大进步。1997 年，IBM 公司的国际象棋程序深蓝在一场六局的比赛中击败了当时的人类世界冠军卡斯帕罗夫。现在看来，这一成就并不神秘。深蓝每秒可以计算 2 亿个位置。它从不疲倦，从不在计算中出错，也从不会忘记片刻之前的想法。但是，尽管这些国际象棋程序要比任何人类棋手强大得多，但它们并没有真正理解棋局本身的意义。

经过几十年的发展，人类大师关于棋类游戏的经验都被作为复杂的评估工具编进程序中，表明在下棋中该寻求什么样的有利位置以及避免陷入什么样的不利境地。比如，王的安全性，棋子的活动、兵形、中心控制，以及如何平衡利弊。但以往很多国际象棋程序却天生无视这些原则，给人留下的印象是野蛮粗暴的，这些程序速度快得惊人，但却完全缺乏洞察力。

但 AlphaGo Zero 不仅打败了人类和所有程序，还拥有洞察力。所有这些都随着机器学习的兴起而改变。AlphaGo Zero 通过与自己对弈并根据经验更新神经网络，从而发现了国际象棋的原理，并迅速成为史上最好的棋手。最令人不可思议的是，它具备浪漫而富有攻击性的风格，以一种直观而优美的方式发挥着电脑所没有的能力。它会玩花招，会冒险。在其中几局中，它使 Stockfish 完全瘫痪并玩弄它。当在第 10 局进攻时，AlphaGo Zero 把自己的皇后佯装退到棋盘的角落里，远离 Stockfish 的国王。通常来说，这并不是皇后应该被放置的地方。然而，这种奇怪的撤退行为充满了技巧，不管 Stockfish 如何应对，它都注定要失败。这是人类第一次瞥见一种令人敬畏的新型智能。

很明显，AlphaGo Zero 获胜靠的是更聪明的思维，而不是更快的思维。它每秒只计算 6 万个位置，而 Stockfish 会计算 6 000 万个位置。但它更明智，知道该思考什么，该忽略什么。卡斯帕罗夫在《科学》杂志文章附带的一篇评论中写道，AlphaGo Zero 通过自主发现国际象棋的原理，开发出一种“反映游戏真相”的玩法，而不是“程序员式的优先级和偏见”。

资料来源：解读 AlphaGo Zero：一种人类从未见过的智慧 [EB/OL]. 网易智能，2018-12-28.

任务一 认识人工智能

任务导入

AlphaGo Zero 和十分热门的 ChatGPT、Sora 都是人工智能技术的典型应用。那么，它们是哪一类人工智能？人工智能有哪些要素呢？人工智能发展到今天又经历了哪些发展历程？让我们一起来了解人工智能的奥秘。

知识准备

一、人工智能的概念

人工智能（Artificial Intelligence，AI）是指研究理解和模拟人类智能、智能行为及其规律的一门学科，简单地说就是让机器像人一样思考与工作的技术。人工智能的概念是在 1956 年达特茅斯会议上首次提出的，所以 1956 年被称为人工智能元年。按照提出人麦卡锡的说法，人工智能的目标是“让机器能够使用语言，能够进行抽象思考和学习，能够像人类一样利用知识去解决问题”。对于机器是否具有人工智能的判断，最著名的方法是图灵测试。

知识链接

图灵测试

课堂讨论

小艺、Siri、小爱同学、天猫精灵、小度……我们身边已经有很多语音小助理，它们能够通过图灵测试吗？

二、人工智能的类型

人工智能按照能力强弱分为三种类型。一是弱人工智能，指专注于且只能解决特定领域问题的人工智能。二是强人工智能，指可以胜任人类所有工作的人工智能，它有着与人类一致的认知和感知级别，在各方面都能和人类比肩。三是超人工智能，它在几乎所有领域都比最聪明的人类聪明很多。目前已经深入生活的人工智能助手和受到高度关注的 ChatGPT，都只是弱人工智能，强人工智能与超人工智能只存在于影视作品中。

课堂讨论

项目案例《解读 AlphaGo Zero：一种人类从未见过的智慧》中的 AlphaGo Zero 是哪一类人工智能？你还知道生活中有哪些人工智能的应用？你觉得强人工智能和超人工智能会实现吗？

三、人工智能的要素

为什么人工智能的概念很早就被提了出来，商业应用却近几年才得以实现？这要从人工智能的要素，也就是被称为人工智能“三驾马车”的数据、算法与算力开始解释。

（一）数据

实现人工智能的首要因素是数据。数据是一切智慧体的学习资源，没有了数据，任何智慧体都很难学习到知识。20 世纪 70 年代初，康奈尔大学弗雷德里克·贾里尼克教授在做语音识别研究时另辟蹊径，换了个角度思考问题。他将大量的数据输入计算机，让计算机进行快速的匹配，通过大数据来提高语音识别率。于是复杂的智能问题转换成了简单的统计问题，而处理统计数据正是计算机的强项。从此，学术界开始意识到，让计算机获得智能的钥匙其实是大数据。当前时代，无时无刻不在产生数据（包括语音、文本、影像等），人工智能产业的高速发展催生了垂直领域的大量数据需求。这些数据需要进行大量的预处理（特征化、标量化、向量化），处理后的数据才能为人工智能算法所用。

（二）算法

人工智能算法是数据驱动型算法，是人工智能背后的推动力量。目前主流的算法是机器学习算法，它是一类从数据分析中获取规则，并利用规则预测未知数据的算法。机器学习算法主要分为传统的机器学习算法和神经网络算法。神经网络算法快速发展，其中最热门的分支当属深度学习，近年来深度学习的发展达到了高潮。

中国实践

华为 AI 框架 MindSpore

（三）算力

在人工智能技术当中，算力是算法和数据的基础设施，它支撑着算法和数据，进而影响人工智能的发展。算力的大小代表了数据处理能力的强弱。摩尔定律的实现让计算机的算力有了飞速的进步，微软公布的游戏用计算机 Xbox Series X 的 GPU 浮点运算能力已经高达 12 TFLOPS，而第一代 Xbox 发行的时候，当时造价 1.1 亿美元的超级计算机，也只能达到 12 TFLOPS 的算力。算力的进步大大增强了计算机处理数据的能力。

特别提示

人工智能可以类比为做饭，食材就是数据，锅碗瓢盆和炉灶等工具就是算力，做饭的技巧就是算法。“巧妇难为无米之炊”，如果想做出美味的饭菜，食材、工具和技巧缺一不可。在人工智能概念提出的早期，可以说没有足够的“食材”，也没有好用的“工具”，同样也没有高超的“技巧”。

四、人工智能的发展历程

人工智能的发展经历了三次浪潮，如图 5－1 所示。

（一）第一次浪潮（20 世纪 50—80 年代）

这一阶段是人工智能的起步阶段。其间，人们提出了人工智能的概念，取得了一些突破性的研究成果，如机器定理证明、跳棋程序、LISP 编程语言、首个聊天机器人等，但当时的算法理论和计算机的性能无法支持人工智能应用的推广。

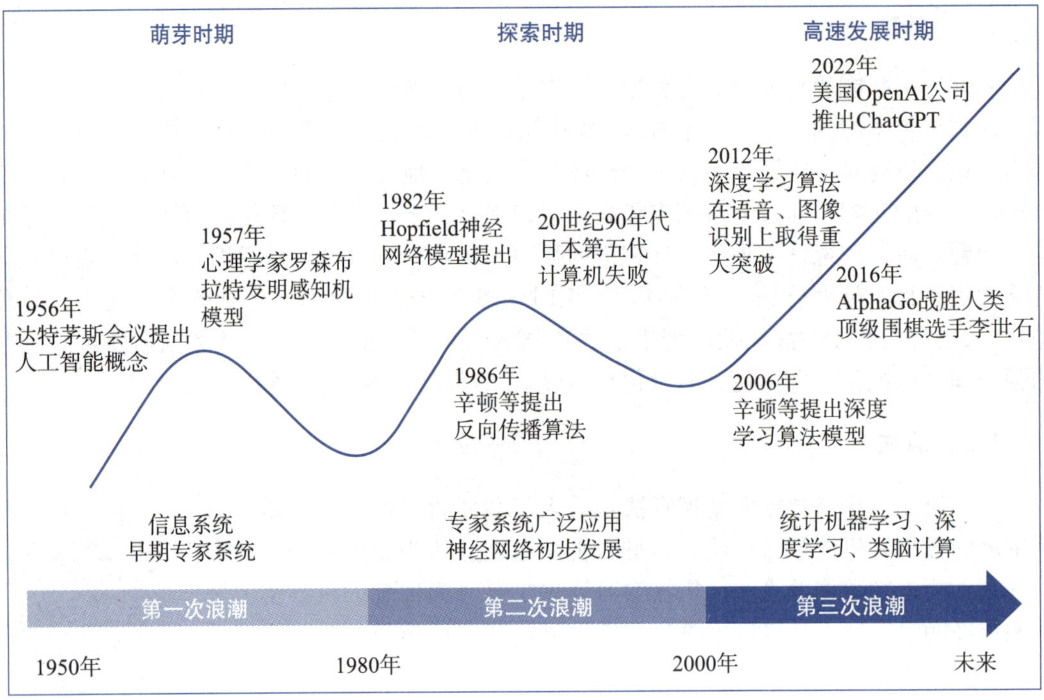

图 5-1　人工智能发展历程

（二）第二次浪潮（20 世纪 80 年代—21 世纪初）

这一阶段主要以专家系统和日本的第五代计算机为代表。专家系统促使人工智能从理论研究走向实际应用，并在医疗、气象、地质等领域取得成功。但随着人工智能应用范围的扩大，专家系统的缺点也逐渐显现：应用领域狭窄、推理方法单一、缺乏常识性知识等。人工智能的发展又进入停滞状态。在这一阶段还出现了神经网络算法，但是由于当时计算机的性能限制，最终也没有较好的落地效果。这一阶段的标志性事件是 1997 年 IBM 深蓝超级计算机在一场人机大战中战胜国际象棋冠军卡斯帕罗夫。

（三）第三次浪潮（21 世纪初至今）

业界前沿

ChatGPT 和 Sora

信息技术的蓬勃发展为人工智能的发展提供了基础条件。这一阶段人工智能的理论算法也在不断沉淀，以统计机器学习为代表的算法，在互联网、工业等诸多领域取得了较好的应用效果。2006 年，多伦多大学辛顿教授提出了深度学习的概念，对多层神经网络模型的一些问题给出了解决方案。标志性事件是在 2012 年，辛顿课题组参加 ImageNet 图像识别大赛，以大幅领先对手的成绩取得了冠军。2022 年美国 OpenAI 公司推出聊天机器人 ChatGPT，并在 2024 年初再次推出人工智能文生视频大模型 Sora，它可以根据用户的文本提示创建最长 60 秒的逼真视频。这两款产品引起了人工智能领域的巨大震动。

人工智能是我国“十四五”规划明确优先发展的前沿科技领域之一。一方面，我国在人工智能、5G、物联网、大数据等新一轮信息技术领域正在实现集群式突破：语音识别、图像识别等人工智能技术居于全球领先地位，在智能商务、智慧城市、智能交通、智能安防、智能医疗等领域取得了很好的应用。另一方面，我国中等收入群体已达4亿多人，是全球最大、最有潜力的消费市场，也拥有全球最完整、规模最大的工业体系和完善的配套能力，这些为智能经济的加速发展提供了丰富的应用场景。随着人工智能生成内容（AIGC，又称生成式人工智能）带动新一轮发展热潮，人工智能将具有更加广阔的应用空间，酝酿着大量的颠覆性创新和巨大的商业价值。

扩展视频

七部门发布
生成式人工智能
管理暂行办法

任务小结

1. 人工智能是指研究理解和模拟人类智能、智能行为及其规律的一门学科，其按照实力强弱分为弱人工智能、强人工智能和超人工智能。

2. 人工智能的要素有数据、算法和算力。

3. 现代社会大数据存储与处理能力的提升，算法的优化和算力的进步使人工智能进入新的发展阶段。人工智能的发展经历了三次浪潮。

技能实训

1. 人工智能的概念是什么？如何分类？

2. 人工智能的要素有哪些？

3. 人工智能的发展经历了哪几次浪潮？

4. 有机构预测，我国人工智能的产业规模在2022—2027年将以25%的年复合增长率高速增长。你认为人工智能近年来快速发展的原因有哪些？

任务二　了解机器学习方法

任务导入

想要让机器具备人工智能，机器就不能只停留在机械地执行人类的指令，机器需要自己学会思考和学习，所以让机器会学习似乎是人工智能的必要手段。那么，机器会像人一样学习吗？如果机器也会学习，它是如何学习的？学习的方法有哪些？每一类方法有什么区别呢？本任务中，我们将学会辨析每一类机器学习方法，能够分清人工智能应用是由哪一类机器学习方法完成的。

知识准备

一、机器学习的概念

机器学习（Machine Learning）的概念是由亚瑟·塞缪尔于1959年提出的，它是旨在研究和构建可以从数据或者环境中学习的算法，目的是从有限的观测数据中学习（或“猜测”）得到具有一般性的规律，并可以将总结出来的规律推广应用到未观测样本上。机器学习是人工智能的一个分支，是实现人工智能的必要手段。

特别提示

人工智能可以被看作我们人类的一个宏大的愿景，而机器学习是目前实现人工智能这一愿景最现实可行的方法。

现阶段，计算机已经能非常精准、快速地执行人类简单直观的指令。只要我们把数据和公式交给计算机，计算机就能运算出结果。例如：当金融机构把影响客户投资决策的各项数据（资产、年龄、风险容忍度、工作状况和投资经验等）和计算客户投资概率的模型一起输入计算机时，计算机就可以反馈客户愿意投资的概率，这就是传统算法系统，如图 5-2 所示。其中的模型就是人工编程事先设定好的规则。

图 5-2　传统算法系统

传统算法系统的问题之一是设定规则构建模型本身就是一件费时费力的事情，程序员往往要花费大量的精力去构建一个好的模型。不仅如此，在解决实际问题的时候所需的算法往往太复杂，如医学诊断、预测机器故障时间或者资产估值，往往涉及数千种数据集和大量变量之间的非线性关系。这时候我们就需要让程序会学习，会找寻数据和结果之间的规律，进而帮我们找到这个最优的模型，这就是机器学习系统。它是一类从数据中自动分析获得规则，并利用规则对未知数据进行预测的算法，如图 5-3 所示。

图 5-3　机器学习系统

如果我们交给计算机数千张汽车和摩托车的图片，并且告诉它规则——“四个轮子的是汽车，两个轮子的是摩托车”，计算机很快就可以帮我们分类好哪些是汽车，哪些是摩托车，这是传统算法系统。如果我们交给计算机数千张汽车和摩托车的图片，并且告诉它结果——“哪些是汽车，哪些是摩托车”，它自己通过输入数据与输出结果找寻分辨的规则——“四个轮子的是汽车，两个轮子的是摩托车”，并把这个规则应用到新加入进来的图片中，这就是机器学习系统。

二、机器学习的模式

机器学习按照训练方法，或者说机器学习的方法，可以分为监督学习、非监督学习、半监督学习和强化学习等。

（一）监督学习

监督学习使用带有标签的数据训练机器学习模型，得到一个最优假设，这样就能使用模型对未知数据进行处理和预测。监督学习的训练数据需要有标签（Label），即输入数据与预期输出数据组成数据对（Data Pairs）。上文“汽车与摩托车”的机器学习就是一个监督学习的案例，对于其中任意一张图片，这一张图片本身是输入数据，“汽车”或者“摩托车”这一结果就是标签，“轮子数量”是特征，“两个轮子”和“四个轮子”是属性值。监督学习的本质就是学习从输入数据到输出数据的映射规律。例如：给出某城市中大量房屋的描述及价格，可以尝试预测当地房屋的售价。

课堂讨论

请将上述预测房价的例子中涉及的“大量房屋的描述及价格”“房屋面积”“113m^2”“容积率”“3.0 以上”“自己家房子的售价”这些概念与输入数据、标签、特征还是属性值对应起来。

（二）非监督学习

区别于监督学习，非监督学习使用的数据都是无标签的、自然得到的数据。非监督学习算法在接受无标签数据的前提下，得到基于这些数据的假设，并使用该假设对未知数据进行处理和预测。非监督学习的本质是学习数据中的分布规律或潜在结构，对应的学习任务包括聚类算法、EM 算法、主成分分析等。

接续上文“汽车与摩托车”的机器学习案例，如果我们只交给计算机图片，不告诉计算机“哪些是汽车，哪些是摩托车”，也就是没有把每张图片贴上对应的“标签”，计算机通过学习自己找到了它们的特征和区别——一组有四个轮子，另一组有两个轮子，也许计算机不知道它们叫什么，但仍然能把它们根据学习到的规则区分开，这就是非监督学习。精准营销一般采用的就是非监督学习中的聚类算法。

（三）半监督学习

一般而言，监督学习通常需要大量的有标签的数据集，这些数据集一般需要由人工进行标注，成本很高。因此，出现了同时利用带有标签的数据和无标签的数据进行模型训练的方式，称作半监督学习。

接续上文“汽车与摩托车”的机器学习案例，如果我们只告诉计算机一半图片的结果，这就是半监督学习。计算机可以通过一半的输入数据和标签判断出汽车和摩托车的区别，并将它们分类到汽车和摩托车的组别当中，这显然省掉了一半人工标注标签的成本。

根据标签数据的占比来划分，机器学习还有弱监督学习、一次性学习和零次性学习。弱监督学习使用少量带标签的数据进行训练。一次性学习仅从一个或者几个带标签的数据中学习。例如：模型学习过一两次汽车的特征后，能识别不同类型的汽车。零次性学习要求模型在没有训练数据的情况下，仍能解决某个任务，一般采用近似数据进行训练，结合一些辅助信息解决任务。例如：使用消防车的数据训练模型，再通过辅助信息（如颜色是白色，车身有十字等）来识别救护车。

（四）强化学习

强化学习并不使用上述范式的数据形式，而是通过智能体与环境连续交互的过程，学习最优行为策略。强化学习的本质，是智能体基于马尔可夫决策过程，观测并得到与环境互动的数据序列，并学习最优的序贯决策。

通过一个不断探索和利用的过程，强化学习中的智能体可以根据当前状态和获得的奖励，采取下一步动作。相对应的环境也会根据智能体选择的动作，决定下一步状态与奖励。通过不断互动与迭代，智能体会不断试错，以追求长期累积奖励的最大化，以此学习最优的策略。例如：我们想让汽车完成无人驾驶，就是教计算机学会自动驾驶汽车从一个指定地点到另一个指定地点。我们可以设定奖励与惩罚规则（也叫收益函数），如成功到达地点加 100 分，撞墙上减 10 分，掉沟里减 10 分，开反了减 20 分等，接下来就让计算机自己去试错，不断地与环境互动，然后迭代，让计算机自己去寻找可以让收益函数最大化的行为模式。第一个战胜围棋世界冠军的人工智能机器人 AlphaGo 在几年后被 AlphaGo Zero 战胜，而 AlphaGo Zero 没有任何训练数据，仅知道围棋规则，并通过自我游戏和博弈来使收益函数最大化。

特别提示

与监督学习和非监督学习必须有训练数据不同，强化学习可以不需要任何数据就完成学习，或者可以说它学习的数据是在自己与环境不断互动中产生的。

知识链接

深度学习与神经网络

在实际运用中，强化学习与上述其他的学习模式并不是完全独立的。例如：早期版本的 AlphaGo 就是先输入大量的人类棋谱完成监督学习，再进行强化学习成长起来的。

任务小结

1. 机器学习是旨在研究和构建可以从数据或者环境中学习的算法，目的是从有限的观测数据中学习（或“猜测”）得到具有一般性的规律，并可以将总结出来的规律推广应用到未观测样本上。

2. 机器学习模式按照训练方法分为监督学习、半监督学习、非监督学习和强化学习。

3. 监督学习使用带有标签的数据训练机器学习模型，得到一个最优假设，这样就能使用模型对未知数据进行处理和预测。非监督学习算法在接受无标签数据的前提下，得到基于这些数据的假设，并使用该假设对未知数据进行处理和预测。半监督学习是同时利用带有标签的数据和无标签的数据进行模型训练的方式。强化学习并不使用上述范式的数据形式，而是通过智能体与环境连续交互的过程，学习最优行为策略。

技能实训

请阅读下述人工智能应用案例，判断它们属于监督学习、半监督学习、非监督学习还是强化学习。

（1）2019 年 4 月，OpenAI 举办了一场 5 对 5 的“DOTA 2”游戏的比赛，由 5 个经

过机器学习训练的人工智能机器人，对阵 2018 年的冠军队伍 OG 战队。最终人工智能机器人凭借强大的团队协作能力和规划能力一举击败了 OG 战队，展现了巨大潜力。这 5 个人工智能机器人的学习算法是近端策略优化（PPO），因为不同英雄间技能、出装各异，这 5 个英雄使用的是 5 个独立的 LSTM，无人类数据，通过自我博弈和训练完成了机器学习。

（2）我们把某一个国家过去 50 年 PPI、PMI、利率、宏观景气度、房地产投资增速和市场收益率等历史数据输入计算机，要求计算机通过机器学习的方法构建先进的回归模型来预测未来的市场收益率。

任务三　人工智能的金融应用分析

任务导入

以银行业、保险业和证券业为代表的传统金融行业，在业务、资金、客户、风控和营销方面，存在流程复杂、周期较长、流程单一、差异化服务较弱、审批方式依赖人工等典型问题。这些问题似乎都有个非常好的解决方法——让机器人来帮助我们。金融行业一直在主动拥抱人工智能，探索人工智能与行业的融合。在本任务中，我们要了解有哪些应用在金融行业的人工智能关键技术，更重要的是要了解人工智能在金融行业的应用。

知识准备

人工智能因其在文字、语音和图像等各类信息的自动挖掘、提取和处理方面表现出的强大能力，成为促进金融科技发展、加速金融数字化转型的关键力量。金融和人工智能的全面融合，正在逐步赋能金融业务链，提升金融机构的服务效率，拓展金融服务的广度和深度，使得人工智能在金融行业不断实现价值创造。

一、应用在金融行业的人工智能关键技术

人工智能应用在金融行业的关键技术包括生物特征识别、计算机视觉、知识图谱、自然语言处理、智能语言和机器人流程自动化（RPA）等。

（一）生物特征识别

生物特征识别技术是指计算机通过人体所固有的生理特征或行为特征进行个人身份鉴定。目前被用于生物特征识别的生理特征有手形、指纹、声纹、虹膜、视网膜、脉搏、耳郭等，行为特征有签字、按键力度等。

随着现代金融业务的在线化发展，越来越多的业务场景需要对客户进行远程的身份核实和认证，生物特征识别技术也因此在金融领域遍地开花。特别是在移动端，生物特征识别技术因为其便捷的人机交互体验和保密安全的特点已经成为移动智能终端的标准配置。目前，生物特征识别技术在金融领域的应用场景包括远程开户、账户管理、支付确认等。

（二）计算机视觉

计算机视觉技术是指通过计算机等设备，对目标产生的图像、视频进行分析处理，使得目标能够更好地被计算机所理解，从而取代以往由人的肉眼来识别目标的过程。计算机视觉技术包括图像分类、物体检测、语义分割、视频分析等核心技术，也包括衍生出的人体姿态识别、目标跟踪、SLAM（同时定位与地图构建）、OCR（光学字符识别）等其他细分技术。

计算机视觉部分类别已达商业化应用水平。在金融领域的标准化应用场景中，人脸识别、票据识别、场景识别等技术的应用取代了原有的重复人工作业，并升级出更高效、便捷的客户交互方式。中国工商银行通过搭建卫星遥感监测平台实现对境内外的风电、光伏等多个场景实时监控，识别准确率超过90%，解决了由于项目地处偏远地区等原因导致人工现场监控不便的痛点问题，每年仅现场查看人力成本可节省上百万元。同时，计算机视觉也在探索非标准化的应用场景，如保险定价等场景，又如建立个性化的视觉模型，通过识别无人机拍摄的图像来对企业资产状况进行评估。

（三）知识图谱

知识图谱是用可视化技术描述信息资源及其载体，同时挖掘、分析、构建、绘制和显示信息之间的相互联系。知识图谱的构建包含信息抽取、知识表示、知识融合、知识推理四个过程，每一次更新迭代均包含这四个过程。

在金融应用场景中，知识图谱技术与NLP和大数据分析存在高度关联，其在金融行业中的应用可分为金融监管、金融机构和金融服务三类：在金融监管领域的应用包括资本市场监管、新型金融监管、债券市场风险管理、个人信用反欺诈、反洗钱等；在金融机构的应用包含智能风险预测、智能营销、智能投顾与智能投研等；在金融服务领域的应用包括银行业信贷风险评估、银行客户全生命周期价值评估、失联客户管理等。

通过知识图谱技术构建的产业链图谱是赋能金融机构智能投研的重要工具。产业链图谱可以有效提升金融机构获取行业信息、企业信息的便捷度，提高研究分析的效率。例如：数库科技建立的SAM产业链囊括了与其他行业分类体系的映射逻辑，形成覆盖A股、港股、美股、债券、新三板等20 000多家上市公司业务明细的动态产业链生态网络体系。针对券商、银行等金融机构原有的使用习惯，数库科技可以有效整合金融机构内外部信息，一方面可以实现金融机构数据的有序积累与知识沉淀，另一方面可以通过全景图谱打破信息孤岛，串联孤立数据，提升数据分析价值，不断延展产业链数据的兼容性和关联性。目前，SAM产业链包含超过100万个细分产业节点，超过1万个可对接数据的标准化产品节点，和超过10万组上下游产业关系，帮助金融机构建立起智能化产业数据的跟踪能力，进一步助力金融机构实现了智能投研、智能风控、智慧营销等场景。

（四）自然语言处理

自然语言处理技术是通过计算机处理和分析自然语言，实现计算机与自然语言的有效交互。常见的自然语言处理技术应用方向包括句法语义分析、信息抽取、文本挖掘、机器翻译、信息检索、对话系统等，而机器学习是实现这些应用方向的重要技术手段。自然语言处理目前广泛应用于金融行业的各个细分领域，如文本合规检查、数据检索等，且越来越成为更多业务场景中不可或缺的一部分。自然语言处理往往与智能语音相结合，创造出更加智能的客户交互方式，一方面减少了人工座席数量，优化了运营成本；另一方面，基于对信息的挖掘较人工操作的强大优势，可以对资讯进行高效处理。

（五）智能语音

智能语音技术实现了人机语言通信，创造更加智能的客户交互方式，包括自动语音识别技术（ASR）和语音合成技术（TTS）。智能语音技术的研究以语音识别技术为开端。2016 年前后机器语音识别准确率超 95%，达到人类水平，智能语音助手、智能音箱相继落地。随着信息技术的发展，智能语音已经成为人们信息获取和沟通最便捷、最有效的手段之一。

智能语音目前已经成为大中型金融机构在人工智能技术应用的标配之一，在身份识别、智能营销、智能客服、智能理赔、智能运营等多个场景已实现技术落地。整体来看，智能语音最具价值的应用在于与客户交互、服务相关的环节中，可以起到降本增效的作用。

（六）机器人流程自动化（RPA）

机器人流程自动化（RAP）是一种通过软件机器人模拟人与计算机的交互过程，实现工作流程自动化执行的技术应用。RPA 的核心价值是实现业务流程的自动化和智能化，在具体应用时，只要符合大量重复、规则明确的特征场景，都可以应用 RPA 技术。

金融行业是目前 RPA 的主要应用领域之一，RPA 因为其在重复性工作处理上的高适用性而被应用在金融行业的多个领域。在银行业，国库退税自动核对、单位结算账户自动备案、清算资金自动对账、反洗钱明细信息补录、信用卡中心风险换卡等工作都可以由 RPA 包揽。在保险业，RPA 则可以完成合同文件报送、风控指标监控、系统清算等基础性工作。证券业也可以利用 RPA 实现无人工的自动开闭市、开市期间监控和定时巡检。例如：中泰证券在零售、信贷、托管等 16 个业务部门均有 RPA 落地解决方案，覆盖财务管理、交易清算、数据报送、估值核对等多个业务场景；南洋商业银行建立“RPA＋AI”解决方案，使得银行 KYC 流程能够得以更加全面的贯彻，银行数据处理更加准确，降低风险的同时，监管数据报送更为及时，通过 RPA 技术，南洋商业银行缩减人力成本 333 小时/月，人工操作时间减少 80%。

（七）其他技术

除了上述技术之外，近年来，预训练模型和虚拟数字人在金融领域也有落地的应用。

预训练模型是通过对大量训练数据进行预先学习，完成参数与算法结构定义的模型统称，通过微调的方式，将预训练成果嫁接到新问题的解决过程中，大大减少了新模型的学习时间，节约了开发成本。在金融行业的高频业务场景中，目前主要通过结合 NLP 技术对文本或音频的关键词进行提取并进行高精准度情感分析，从而获得对服务的有效反馈，进行有针对性的改进。2020 年，金融领域预训练语言模型 FinBERT 1.0 开源，这是国内首个在金融领域大规模语料上训练的开源中文 BERT 预训练模型，其涉及金融财经新闻、研报、上市公司和金融类百科词条等垂直领域。

虚拟数字人是指基于真人视频影像，利用计算机视觉和语音合成等技术，对真人形象、声音、动作等进行模型训练，生成可任意编辑内容的“真人”讲解视频。在金融领域，虚拟数字人可在虚拟接待、引导业务办理、解答业务问题等业务场景发挥作用，可独立闭环完成银行业务交易场景的自助应答、业务办理、主动服务、风控合规等全流程服务。在交互方式上，虚拟数字人采用拟人化的对话方式与亲和的形象，为用户提供了良好的沉浸式体验。2019 年，百度与浦发银行联手打造的国内首个虚拟数字员工“小浦”正式上岗。近年来，浦发银行已形成十多种数字员工岗位，这些岗位包括智能客服、智能外呼、财富规划师、AI 培训、AI 营销员、数字质检员、文档审核员、AI 大堂经理等角色，已创造了约 2 000 人年劳动力的价值。2021 年 1 月，中国农业银行与商汤科技打造的 AI 数字员工正式入职中国农业银行杭州中山支行营业厅，担任线下大堂经理，承担着辅助甚至替代人力完成客户服务、运营提效以及内部管理的职责。

除此之外，知识计算、脑机接口、多模态分析等很多人工智能新的研究领域，随着技术研发和应用能力的不断完善和突破，将在金融的智能化场景应用中不断释放新的价值。

二、人工智能在金融行业的应用

银行业、保险业、证券业存在众多共性场景，针对不同领域还有个性化需求，如图 5 - 4 所示。一方面，身份识别、智能风控、智能营销、智能客服、智能合规、智能运营六大场景已经实现银行、保险、证券三类领域全覆盖。另一方面，由于面向服务对象和业务的内容的不同，智能理赔和智能投顾分别成为保险业和银行业的单一使用场景，银行业与证券业均已落地智能投研。下文选取 7 种场景作详细叙述。

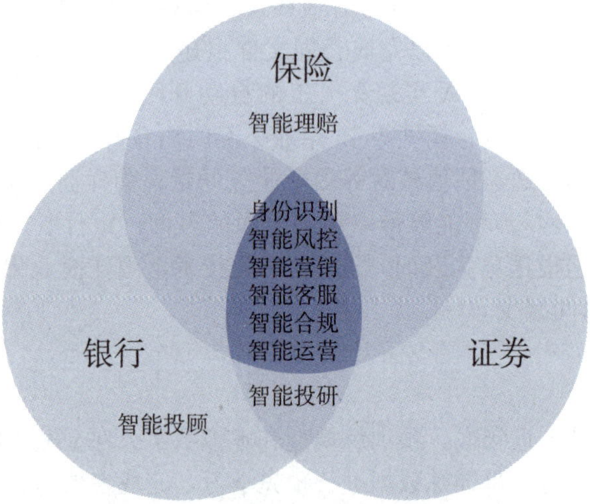

图 5 - 4　人工智能在金融行业的应用

（一）智能营销

智能营销是指利用人工智能、物联网、计算机和互联网通信等现代科学技术，通过建立客户画像和进行图谱构建，从智能化获客到精准施策达成交易的智能营销新模式。

通过知识图谱和 NLP 等人工智能技术，金融机构利用自身存储的大量客户信息，不仅可以通过深度数据分析将其转化为营销资源，还可以根据客户画像实现精准的营销定位，并且在此基础上深挖客户潜在需求，极大地提高营销的转化率。同时，RPA 助力金融机构完成营销自动化，解放金融机构人力资源，助力营销降本增效。例如：中国工商银行将某医院作为营销切入点开展资金流分析。经分析，与该医院资金往来密切的下游两家公司资金流入量大，且资金往来对象大部分为中国工商银行账户，具有较大的潜在营销价值。通过这种直观的资金流关系分析方式，客户经理可以精准发现潜在客户，并为拓户提供抓手和依据。除银行业外，证券业也有智能营销，其流程如图 5－5 所示。

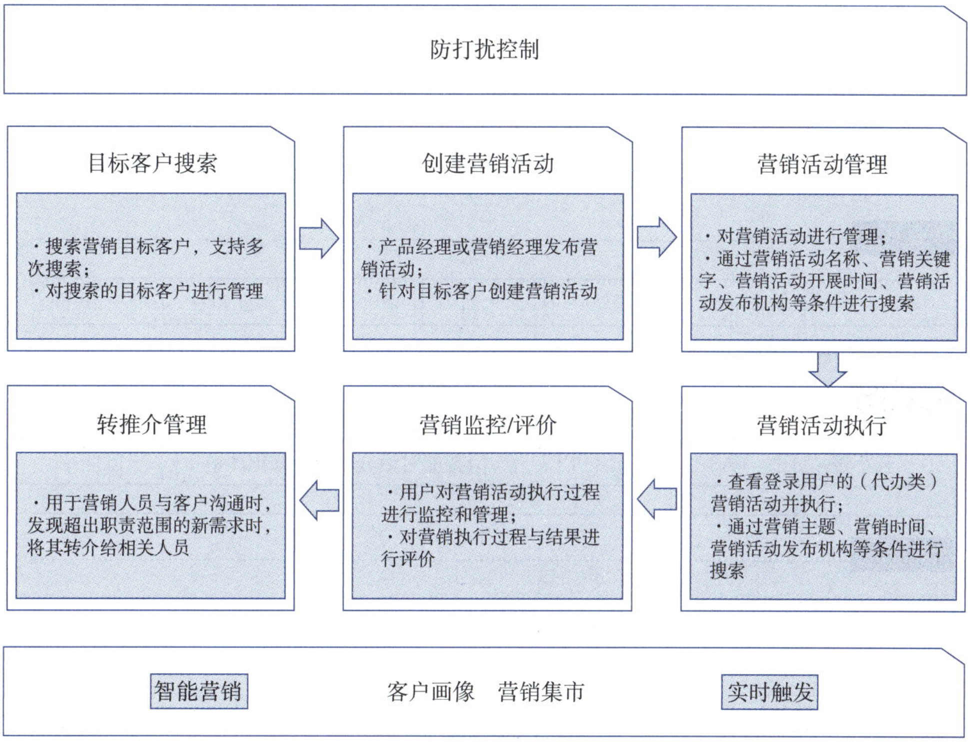

图 5－5　证券业智能营销流程

（二）智能客服

智能客服是利用 RPA、NLP、知识图谱、智能语音、机器学习等技术在大规模知识处理基础上发展起来的一种技术引擎，可以提供基于语义的智能应答服务，帮助企业完成面向客户的知识管理。智能客服已经成为现代金融机构与客户间沟通交流最高效的模式。

1. 智能客服系统——全天候处理专业问答

智能客服系统利用知识自动化抽取结构化和半结构化文本，然后通过 NLP 技术解析语义逻辑，并通过构建可视化知识图谱实现对候选答案的向量表达和问题表达的得分进行筛选，获取精准答案，极大地缩短了反应时长，提高了处理效率。智能客服系统有效地解决了传统客服人力占用较大、成本较高、业务高峰期难以有效覆盖、多渠道端口难以有效进行资源整合等痛点。例如：平安人寿自研问答算法及智能座席机器人，能够对客户咨询的开放性、针对性、关联性问题，以及信息告知、简单寒暄、无意义信息等进行有效的分析、识别、过滤、整理和输出。该机器人还具有自我学习能力，对知识库进行训练，对未知问题进行收集。2022 年，该机器人已实现月均调用量近 30 亿次。

在知识图谱技术的加持下，智能客服系统不仅可以使用知识库进行专业问答，而且可以通过知识关联形成推理问答。智能客服系统还可以通过机器学习模型在日常工作中完成训练，使用高维向量建模训练数据使得问题和正确答案的向量表达的得分尽量高，实现自我发展、自我优化。例如：中国工商银行重点布局移动端智能客服，运用机器学习、语音识别、OCR 识别等技术，结合不同客群特点和操作习惯，建立集引导、辅助、交易于一体的智能服务新模式，为客户提供极致服务体验，助力手机银行实现客户规模与活跃用户同业领先。该行引入文字客服实现智能应答，日均服务量达几十万次，超过整体服务量的 92%，显著降低了人工客服压力。又如：针对传统客服模式下人力压力大、客户体验不足的问题，阳光保险运用语音识别、语音合成以及自然语言处理技术，构建了涵盖智能识别引擎、智能对话系统和数据分析系统的云客服语音导航机器人系统，如图 5－6 所示。

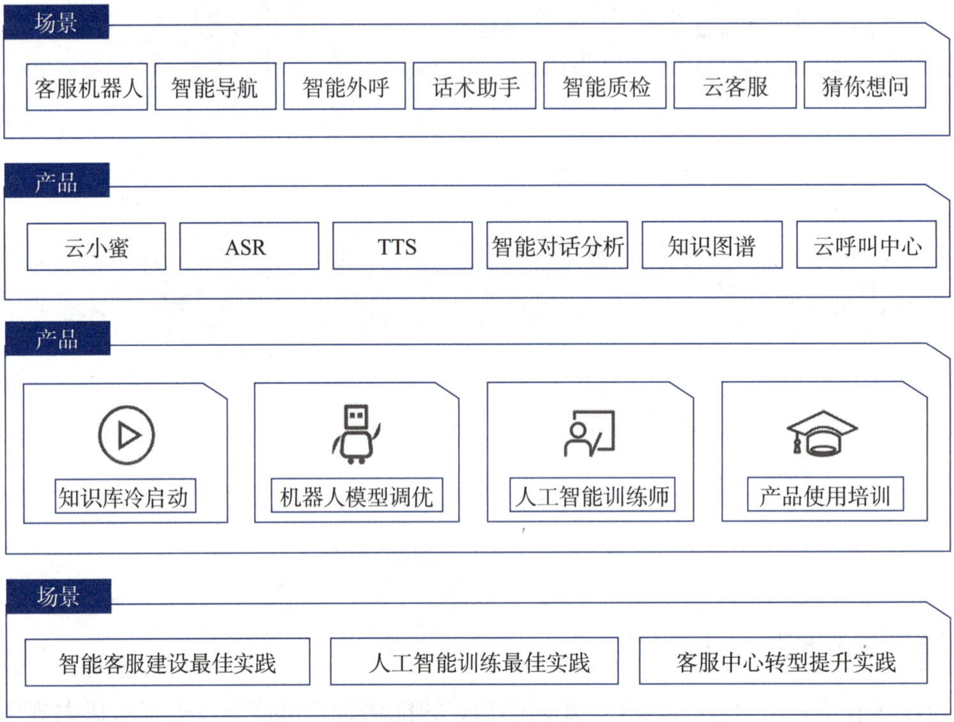

图 5－6　云客服语音导航机器人系统

2. 智能电话外呼系统——打造智能化远程服务体系

智能电话外呼系统集成了智能语音、NLP、ASR、TTS 和智能网关等技术，可以代替人工完成多轮对话，系统地利用基于 NLP 技术的语义分析引擎拆解客户需求，并通过匹配知识库内的相应话术做出回复。该系统在产品营销、逾期催收、风险预警、信息通知、问卷调查等多个外呼场景中可以快速有效触达客户需求，大幅降低人力成本。例如：中国人寿财险通过智能回访一年触达近 170 万名客户，接通近 100 万通电话，其中超过 70

万人次回访成功，接通率接近 57.1%，接通后完成率超过 75.5%。按普通人工座席每天拨打成功 150 通回访电话计算，整体节省人力超过 220 人/月。

3. 智能数字理财专员——构建最智能的财富管理银行

智能数字理财专员以纯线上财富管理业务为切入点，实现客户线上理财业务的全程智能化服务，包括售前产品投教、解读，售中产品比较、筛选、推荐，以及售后持仓分析等。例如：浦发银行已实现数字员工在 App 及小程序渠道上的流量经营，重点打造针对长尾客户及基客（Geek）的线上场景化智能财富服务。

（三）智能投顾

智能投顾是指通过云计算、大数据和人工智能等技术，以资产组合理论等金融投资理论为框架搭建数据模型和算法，然后将投资者的风险偏好、财务状况和收益目标作为变量输入模型，从而为客户自动生成个性化的投资建议，并持续跟踪和动态调整投资组合。

智能投顾起源于美国。美国的智能投顾模式有以下特点：一是以现代资产组合理论为理论基石；二是以代客理财为主要业务定位，以收取管理费和交易获利分成为主要盈利方式，行业平均费率水平约为 0.3%，比传统理财产品要低很多；三是以 ETF 等指数化产品为主要投资产品；四是服务对象多元化，不仅为个人投资者服务，也为机构投资者和海外投资人服务。

鉴于智能投顾的技术和市场特性，智能投顾服务往往呈现门槛低、费用低、操作简捷的特征。我国目前智能投顾仍处于起步阶段，还存在行业与平台不规范、法规制度缺失、投资标的不足、客户画像失效、算法有待完善和数据开放程度低等诸多问题需要完善。2021 年我国多家银行先后暂停了智能投顾服务，原因是顺应监管要求——银行系智能投顾产品往往没有基金投资顾问许可证，所以只能进行普通的基金销售，而不能推荐基金组合产品。传统投资顾问与智能投资顾问的对比如表 5-1 所示。

表 5-1　传统投资顾问与智能投资顾问的对比

比较项目	传统投顾	智能投顾	智能投顾的优势
服务渠道	线下	线上/线下+线下	碎片化理财需求
投资门槛	较高	较低	普惠性服务
管理费率	1%～3%	0.25%～0.5%	费用低
时效性	低	高	效率高
客观性	容易受投顾主观影响	基于投资策略算法	更客观
用户体验	流程比较烦琐	自动化程度高	服务质量标准化
资产配置	分散程度有限	分散化程度高	规模化服务
透明度	低	高	公开透明

（四）智能投研

智能投研是在人工智能技术的加持下搜集、整理和解读宏观经济、资本市场中的海量信息，通过算法找出隐藏在数据中的规律，并根据实时经济数据变化优化自身模型算法，从而对投资标的未来发展趋势和风险做出预测，达到优化投资决策并实时监控风险的目的。

智能投研的运作模式可以分为三步。第一步是数据的获取，通过爬虫获取实时、动态、多维度的数据。第二步是数据的整理，利用 NLP 和知识图谱等人工智能技术对原始数据进行清洗、筛选、提取和计算，然后据此构建相应的模型。第三步是数据的分析，利用对投资业务逻辑和分析逻辑深度学习训练过的模型分析整理后的数据，找出核心因子之间的联系，进而做出预测以支持投资决策。

以数库科技为例，其通过自主研发的资讯采集平台灵活抓取互联网上海量新闻信息，并通过强大的处理能力，准确挖掘数据、提取新闻信息，并判别整篇新闻情绪类型。例如：某篇新闻中提及股票 A，算法给出股票 A 的情绪概率为 30%中性、10%负面及 60%正面，那么在该新闻中，股票 A 的情绪即为正面。在实际使用中，客户能够结合舆情因子与标签化呈现的行业洞察、主体关系，形成对市场与企业投资风险的综合判断。海量及时的新闻情绪数据给用户提供了一个快速了解和量化整个市场及每个上市公司的当前情绪的机会。用户通过这些数据可以及时控制风险，对公司、行业进行实时追踪，并与产业链体系、企业图谱深度结合，呈现上下游或关联方之间的事件传导反应，也可借助传统的投资理论建立量化投资模型。

（五）智能理赔

智能理赔是指保险公司基于机器学习、计算机视觉、知识图谱和智能语音等人工智能技术构建智能保险理赔系统代替传统的劳动密集型作业方式，实现身份核验、理赔单据识别、欺诈检测、图像定损等服务的 RPA 自动化管理，建立起事前风险预警、索赔预防，事中欺诈检测、精准定损，以及事后数字化赔付的机制。

传统保险业在理赔环节的最大痛点在于理赔效率低和理赔成本高。人工效率的限制致使理赔的认定和赔付速度都无法达到客户的满意度。同时，冗长的赔付环节消耗了大量低效率的人工劳动，也增加了保险业的运营成本。智能理赔系统在损失发生后通过移动端获取现场图像等数据，然后通过智能算法模型在给出定价的同时完成欺诈检测，最后通过数字化赔付完成全自动化的业务处理。在这一过程中，智能理赔系统中的机器学习通过理赔、风控等自我学习脚本代替了人工操作，在降低企业人力成本的同时极大地减少了理赔的结案时间，提高了客户体验。

例如：中国平安针对车险理赔，上线了全球首个图像识别车险闪赔系统，集图片识别定损技术、底层基础数据、定损逻辑规则为一体，实现拍照上传秒级定损，定损速度提升 4 000 倍，每年减损超过 80 亿元。在引入人工智能技术前，车险理赔需要人工勘察、定损等，传统人工工作模式需要现场拍照上传，至少需要半天时间。在使用智能定损系统后，客户出险后可以使用 App 拍照上传，系统通过 OCR 技术识别、评估车辆发生的碰损程度和理赔金额。若金额在 2 000 元内，系统将自动核保通过，不需要等待理赔员达到现场。因此，中国平安在使用智能定损系统后提高了效率，节省了大量人力成本。

（六）智能风控

智能风控是通过机器学习、知识图谱、计算机视觉等多项人工智能技术，结合大数据与云计算，构建全面的智能金融风险防控体系，是对操作风险、信用风险、合规风险、交叉风险、声誉风险的数字化、自动化、智能化转型。

智能风控的本质是数据驱动的风险管理和运营优化的精益风险管理模式。因此智能风控的核心在于大数据。风控模型利用 NLP 技术对金融机构自身积累的数据、第三方合作数据库和爬虫获取的网上公开数据进行语义理解，并通过关联模型打上标签，形成金融风控的知识图谱。智能风控的出现标志着金融行业风控的动力从传统的以合规风控为代表的监管驱动模式转向降低风控管理成本、提高客户体验、对冲未知风险的效益驱动模式。

1. 信贷风险防控——全流程提升经营能力

目前，在金融领域，智能风控通过应用 OCR 客户授权书识别功能，在深化智能识假防假、识别作废发票等场景预警准确率超过手工识别。例如：自 2020 年 7 月以来，中国人寿财险利用反欺诈风险识别模型，共识别出欺诈案件 4 400 余件，共挽回欺诈金额 2 亿余元，有效提高了理赔风险控制能力。

服务于国家精准金融决策和金融风险防控需求，中国平安针对企业信贷和投资风控，打造了基于企业知识图谱的投资信贷风控系统，覆盖全国近 1 亿企业和个体工商户，全面涵盖静态、动态及关系网络等信息，并构建债券违约、财务造假等模型，监控过万亿元债券等资产，投产后仅违约债券成功预警金额就达 2 700 亿元。

此外，针对小微企业“融资难、融资贵”、小企业及法人的相关信息混乱缺失、无法及时预测风险等问题，九章云极推出 DataCanvas DAT 自动机器学习工具，主要基于自动机器学习建模，预测现有小微企业存量客户中有较大风险的客户名单，实现风险提前预警和告警止损，全面实现小微企业信贷业务的信贷风险管理。

2. 反欺诈智能防控——全流程保障交易安全

（1）银行业反欺诈实践。银行通过利用知识图谱开展信贷资金流向自动化监测，防范信贷资金流向房地产等违禁领域，在网银个人转账场景部署交易反欺诈超高维智能模型，相比专家规则识别准确率提升 3 倍。

同时，声纹识别技术也在信用卡申请环节用于反欺诈管理。银行通过构建声纹黑名单，拦截信用卡申请，避免潜在损失。例如：面对信用卡欺诈的高频化、小额化及欺诈方式的新型化、多样化，声扬科技为中国工商银行提供了语音智能化解决方案，助力其打造语音反欺诈平台。该平台利用声纹识别技术，基于从声纹采集、声纹注册，到声纹对比、声纹识别的全流程覆盖，在信用卡申请、启卡、尽调环节，为客户经理提供身份识别和欺诈风险判断依据，从而全面提升智慧风控水平，优化客户服务体验。

（2）保险业反欺诈实践。例如：针对数字经济时代保险公司面临的保险理赔风险难以管控、核赔难度大、内部欺诈防不胜防、人员培训管理流动大等挑战，声扬科技为国内多家大型保险公司提供了以语音反欺诈和语音交互分析两大平台为核心的全流程智能语音服务。其中，语音反欺诈平台通过监控预警、风险管理、欺诈挖掘等系统功能，将“黑声纹”进行标记并存储入库，防控外部黑中介通过频繁更换号码持续伪装客户的恶意欺诈行为，实现风险防控和客户体验“双提升”；语音交互分析平台运用智能预防欺诈、智能质检与辅助、智能营销等系统提供综合解决方案。目前，声扬科技帮助保险公司在持续打击“保险黑产”，避免恶意退保、恶意讹保、恶意报案等行为方面已经初具成效，为保险业激活语音数据价值、推进险企反欺诈工作增加了一道保障。

3. 声誉风险防控——全流程消费者权益保护监控预警

2021 年以来，强化金融机构消费者权益保护的相关法律法规与监管措施陆续出台。但目前金融行业对消费者权益保护的审查工作普遍开展不平衡、不健全。这暴露出，投诉沟通反馈机制不畅、难以跟踪管理等痛点问题，影响了金融消费者合法权益保护工作的贯彻落实。因此，建立针对消费者权益保护的全流程监控预警系统尤为必要。

例如：针对金融机构在消费者权益保护（以下简称消保）系统建设的迫切需求，拓尔思推出“数据+技术+场景”的复合解决方案。基于自然语言处理、计算机视觉、知识图谱等人工智能技术，拓尔思能够帮助金融机构建立统一的智能消保中台，通过多渠道投诉数据整合，针对事前审查、事中管控、事后监督，实现反馈机制优化、全流程投诉处理追踪与风险预警。拓尔思帮助某大型股份制银行构建了智能消保中台（其架构见图 5-7），建立了全口径的投诉管理大数据平台。拓尔思通过打通投诉相关管理环节中消保审查、清分、预警和检查等智能化流程，建立了面向消保业务的 MLOps 分析体系；面向行内产品、投诉、客户等近 3 000 个标签，实现了投诉数据的分析管理和智能化预警，完成了从监控到预警的闭环管理，提升了消保审查的质量和效率。

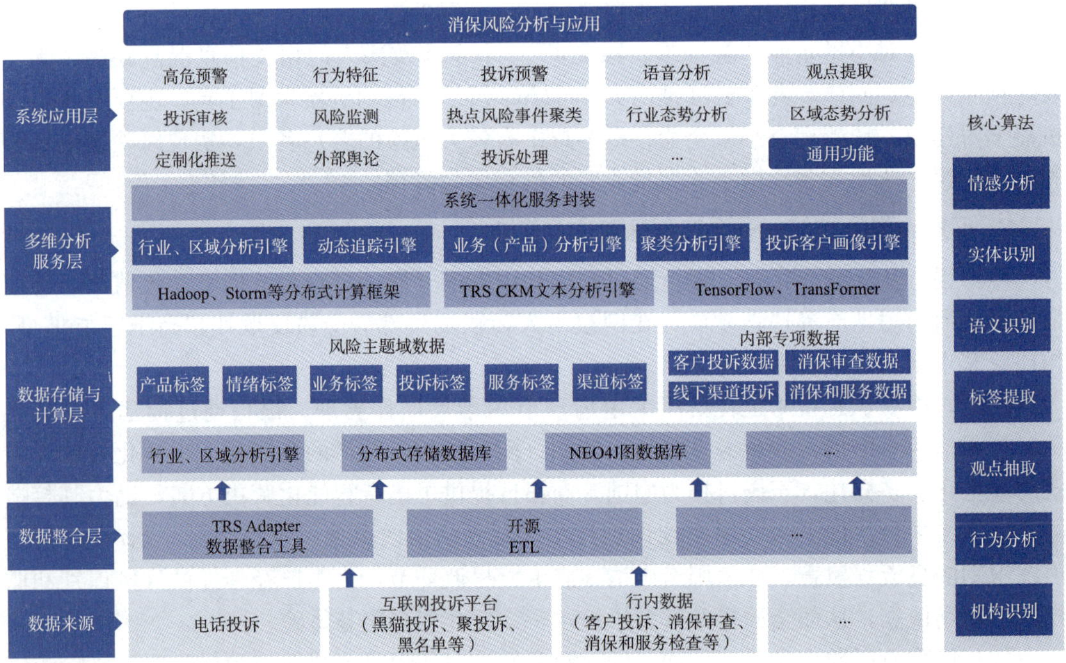

图 5-7　智能消保中台架构

（七）智能运营

智能运营是基于人工智能感知和认知技术，在 RPA 技术的加持下，通过集中管理相似业务流程，提高业务标准化程度，加强资源集约化利用程度，实现平台共享，获取集约效应，并由此降低业务处理的相关运营成本，释放数据资产的内在效能，助力金融机构核心业务场景的智能化升级。

1. RPA 数字员工——提升运营流程自动化处理能力

这是指利用机器人流程自动化等技术，构建 RPA 数字员工，替代人工完成信息录入、核验、提交等简单的重复性操作，促进降本增效，加强风险防控，助力业务拓展。据中国工商银行测算，预估此项技术可释放上百人年工作量。

例如：中原银行采用“AI+RPA”的智能流程组合，结合 OCR、NLP 等智能识别模型，实现了智能审批、报销、开户等多流程的优化设计。通过构建自动年检、客户信息自动比对等 67 个自动化模型，中原银行节省了人力成本 128 人/月，极大降低了人力成本及运营成本，提升了业务效率，实现了精细化运营。

2. 银行网点现金智能化配置——实现最小化资金库存

例如：某城商行通过智能化运营完成对其营业网点的现金配置。该行智能运营系统通过机器学习分析每个网点的现金收入和支出的历史数据，持续性滚动学习，对未来资金投放情况作出预测，从而实现最小化资金库存，降低运营成本。

任务小结

1. 人工智能应用于金融行业的关键技术包括生物特征识别、计算机视觉、知识图谱、自然语言处理、智能语音和机器人流程自动化（RPA）等。

2. 人工智能在金融领域的行业应用有智能营销、智能客服、智能投顾、智能投研、智能理赔、智能风控和智能运营等。

技能实训

1. 请说出应用在金融行业的人工智能关键技术。

2. 举例说明人工智能在金融行业有哪些应用。

3. 登录任一有智能客服的银行 App，如中国工商银行、中国建设银行、招商银行、平安银行等，与智能客服对话，向它咨询三个问题，谈一谈使用智能客服的体验和感受。

在线测试

项目五
人工智能与金融

项目六 网络支付

学习目标

知识目标

1. 熟悉现代支付清算体系，了解金融科技对现代支付的影响，熟悉第三方支付的概念，掌握第三方支付的分类，了解第三方支付的发展历程与现状，了解第三方跨境支付的概念、特征、发展历程与现状、流程

2. 了解移动支付的概念、特征、发展背景和发展现状，掌握移动支付的技术与分类，了解移动支付的运营方式和业务模式，熟悉二维码支付、条码支付业务的限额规定

能力目标

1. 能够描述现代支付清算体系
2. 能够深入对比分析第三方支付、移动支付的产品和市场
3. 能够判断移动支付几项关键技术的适用场景

素养目标

1. 道路自信与制度自信：我国移动支付发展迅速，已连续多年领跑全球

2. 了解人民币国际化发展策略：跨境人民币支付的发展推动了人民币国际化

3. 树立中华民族伟大复兴的梦想：从交子、移动支付到数字人民币，都源自中华民族的创造力，体现了中华民族的文明传承

项目案例

中国移动支付为何远超欧美?

中国移动支付无论从市场规模还是市场渗透率上都远超金融市场更发达的欧美发达国家。在通信和金融基础设施方面，核心原因是我国极高的互联网尤其是移动互联网普及率、借记卡的大量发行，以及安全高效统一的双支柱清算系统。除此之外，在社会背景方面，还有以下几个原因：

一、欧美用户习惯信用卡支付，消费者和商户转换动力不足

银行主导、基础设施建设、消费习惯等多重因素叠加，导致我国居民倾向于使用借记卡和现金，借记卡人均持卡量远高于欧美国家，而信用卡人均持卡量较低。中国人习惯使用储蓄卡而非信用卡，长期支付习惯使得借记卡在中国的使用频率更高。反观欧美，信用卡普及率高，基础设施相对成熟，在商户处使用信用卡方便快捷，消费者和商户均缺乏改变动力。

对于我国的商户来说，配置 POS 机成本高，且刷卡过程相对烦琐；二维码制作成本极低，扫码支付时间以秒计。商户 POS 机持有率较低，一般只有大型超市、商场配有 POS 机。而二维码支付不仅商户制作成本低，消费者也可以迅速实现付款，双方受益。

二、我国未形成信用卡利益集团，移动支付发展阻力小

欧美信用卡组织利益集团强势，因此移动支付发展阻力较大。目前，全球五大信用卡组织中英美占四个，且 VISA 和 MasterCard 覆盖范围极广。银行和信用卡组织不愿舍弃本身已大规模盈利、占据市场主要份额的信用卡业务，转而发展移动支付业务。

中国移动支付的市场阻力较小。一方面，中国信用卡组织只有银联，属于央行主导的清算系统，天然具备社会服务属性。另一方面，在长期支付习惯下，中国移动支付取代的是现金，而非银行卡。移动支付仍须绑定银行卡，本质上银行仍然是移动支付体系中不可或缺的一部分。综合而言，在我国，信用卡组织和银行对移动支付的阻力远低于欧美。

三、我国具有更有利于移动支付发展的政策背景，移动支付手续费更低

我国目前的借记卡、贷记卡刷卡费率分开管理，贷记卡刷卡手续费不封顶，因此消费者刷贷记卡的费率要高于刷借记卡，且消费者大额消费时如果使用贷记卡则收单机构需要支付的费用就会大大增加，这就导致收单机构更乐于接受借记卡。上文提到，我国借记卡人均持卡量世界领先，因此移动支付绑定借记卡成为主流方式。

中国移动支付平台向商户收取的手续费和转账手续费远低于美国。商户手续费和转账手续费低，有效促进了移动支付在中国的蓬勃发展。以商户销售为例，美国商户使用 PayPal 收款，每成交一笔业务，需要按交易额的 2.9%和固定费用 0.3 美元缴纳服务费，而中国的商户使用支付宝收款的费率较低，普遍不超过 0.5%甚至无手续费。

任务一 第三方支付

任务导入

同学们都有在淘宝网购物的经历，但你有没有思考过你的资金是如何支付给卖家的呢？当我们拍下某一个商品并付款之后，我们的钱并不是立即转给卖家，而是先转到支付宝平台，我们确认收货之后，支付宝平台才会将钱转给卖家。支付宝平台就是为我们和卖家提供安全交易服务的第三方，所以被称作第三方支付。当今的第三方支付有哪些类型？第三方支付在现代支付体系中扮演着什么样的角色？第三方支付对经济生活造成了什么样的影响？让我们一起完成本任务的学习。

知识准备

一、支付清算概述

（一）古代的支付清算

在实物货币和早期的金属货币时代，交易以同城交易为主，且即时清算。唐朝出现的飞钱标志着古代汇兑业务的快速发展，宋朝出现了交子、会子，明末清初出现了汇票等支付工具。彼时的同城结算多以此类支付工具为媒介，经由特定的钱铺、钱庄、账局、票号等进行结算。早期的异地汇款业务可以追溯到盛唐年间，以飞钱为工具的异地汇款业务开始出现，飞钱具有节省钱币流通费用、降低结算交易成本等优点。之后异地汇款业务快速发展。明朝中叶之后，随着工商业的发展和资本主义萌芽的出现，汇兑业务经营越来越多样化，具有现代票据雏形的汇票得到了快速发展。

随着支付体系的不断发展和各类支付工具的出现，中国古代的商品贸易快速发展，与国外之间的贸易逐渐频繁。交易的需求促进了票号的产生。清朝出现的山西票号标志着专业化中介机构的产生。到 20 世纪初期，山西及其他地区的票号已经可以承办票汇、信汇、电汇、分地付款等具有现代银行结算特征的基础业务。票号的快速发展，为我国民族银行业的产生奠定了基础，为形成以银行为核心的支付清算服务系统做出了重要的贡献。

知识链接

飞钱、交子和会子

（二）电报汇款

电报汇款（以下简称电汇）是指通过电报传输信息的汇兑业务，付款人将一定的款项交存汇款银行，由汇款银行通过电报通知目的地所在的分行或者代理行，指示汇入行向收款人支付一定金额的货币。近代电汇出现于 19 世纪中后期，电报的引入是电汇业务出现的重要原因。19 世纪四五十年代，西方人在中国从事的各类贸易和工商活动规模扩大，六七十年代中国民族资本主义工商业不断发展。在此背景下，各种经济活动都需要资金快速调拨和周转，传统的汇兑方式，如信汇、票汇等，难以适应交易时效性要求，利用电报办理汇兑的业务应运而生。最先采用电汇方式的机构是当时的票号。

学习二十大

建设现代中央银行制度

（三）现代支付清算体系

现代化的支付清算体系一般由清算机构、支付清算系统、支付清算制度组成。

知识链接

银联与网联

1. 清算机构

清算机构是为金融机构提供资金清算服务的中介组织。中国人民银行是我国支付体系的管理部门，负责制定全国支付体系发展规划，统筹协调全国支付体系建设，会同有关部门制定支付结算①规则，负责全国支付、清算系统的正常运行。目前，人民币支付清算组织为中国银联和中国网联，都受中国人民银行的监管。

2. 支付清算系统

支付清算系统是由提供支付清算服务的中介机构和实现支付指令传送及资金清算的专业技术手段共同组成的，其职能是实现债权债务清偿及资金转移。我国的支付清算系统有四个系统群，如图 6－1 所示。

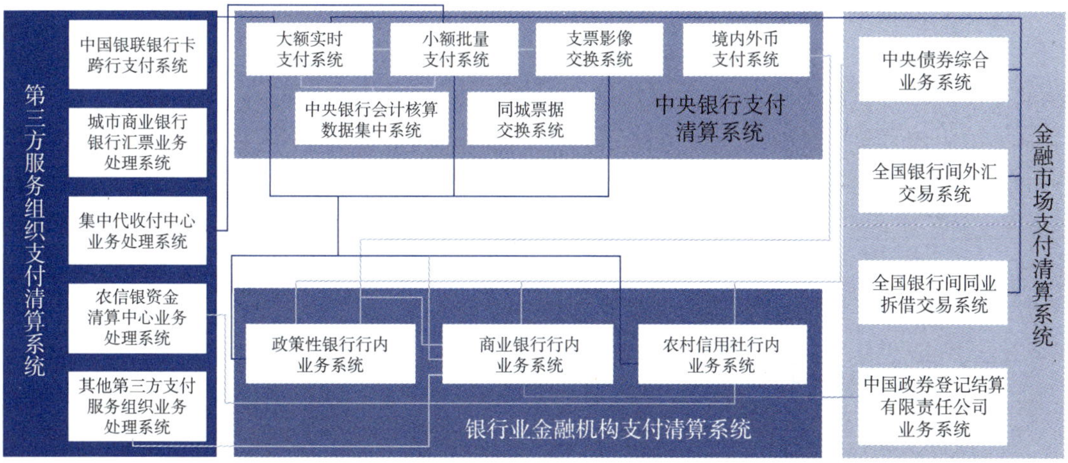

图 6－1　我国支付清算系统总体架构图

（1）中央银行支付清算系统。中国现代化支付系统（CNAPS）是中央银行支付清算体系的基础和核心，包括大额实时支付系统（HVPS）、小额批量支付系统（BEPS）、支票影像交换系统（CIS）、同城票据交换系统、中央银行会计核算数据集中系统（ACS）、境内外币支付系统（CFXPS）等。

① 结算与清算是两个不同的经济术语，结算是清偿商务活动中债权债务的最终结果，它只发生于金融机构系统内部，清算是结清金融机构间资金账户往来债权债务关系的一种过程。简单地说，在支付清算系统中，结算发生在同一金融机构系统内部，由金融机构组织，而清算发生在金融机构之间，由中央银行组织。

课堂讨论

结合知识链接《大额支付系统、小额支付系统和超级网银》的介绍与辨析，想一想，如果你在晚上10时，想跨行转账10万元，且要求实时到账，应该如何实现呢？

知识链接

大额支付系统、小额支付系统和超级网银

（2）银行业金融机构支付清算系统。银行业金融机构支付清算系统具有完成支付体系中资金结算的功能，依托CNAPS的清算功能，完成个人和组织之间的支付清算需求，是商业银行办理内部资金汇划的渠道，也是我国支付清算系统的重要组成部分。该系统按银行类别分为政策性银行行内业务处理系统、商业银行行内业务处理系统和农村信用社行内业务系统。

（3）金融市场支付清算系统。金融市场支付清算系统主要完成交易成员之间的资金划付和货币市场工具、债券、票据、股票等金融工具交割，包括中央债券综合业务系统（CBGS）、全国银行间外汇交易系统、全国银行间同业拆借交易系统、中国证券登记结算有限责任公司业务系统（CSDC）。

（4）第三方服务组织支付清算系统。第三方服务组织支付清算系统是第三方清算服务组织为特定行业、特定客户提供的清算支付功能，它包括中国银联银行卡跨行支付系统（CUPS）、城市商业银行银行汇票业务处理系统、集中代收付中心业务处理系统、农信银资金清算中心业务处理系统和其他第三方支付服务组织业务处理系统。

3. 支付清算制度

支付清算制度是关于结算活动的规章政策、操作程序、实施范围等的规定和安排。我国的支付清算监管及法律法规可以分为基础法律法规、支付清算系统法律法规和支付清算业务法律法规三类。基础法律法规有《中华人民共和国票据法》《人民币银行结算账户管理办法》《支付结算办法》等，支付清算系统法律法规有《大额支付系统业务处理办法》《小额支付系统业务处理办法》《中国现代化支付系统运行管理办法》等，支付清算业务法律法规有《客户交易结算资金管理办法》《非金融机构支付服务管理办法》《银行卡收单业务管理办法》《支付机构预付卡业务管理办法》等。

（四）现代支付工具[①]

1. 银行卡支付

银行卡是按照一定的技术标准制成的，由发卡机构向社会公开发行的，载有发卡单位和持卡人信息，具有消费信用、转账结算、存取现金等全部或部分功能的，作为结算支付工具的各类卡的统称。截至2022年末，我国共开立银行卡94.78亿张，同比增长2.50%；2022年，我国共发生银行卡交易74 519.45亿笔，金额1 011.94万亿元。

2. 票据支付

在我国，票据[②]一般仅指《中华人民共和国票据法》规定的三类票据，即出票人约定

---

① 此处列举的是现代支付体系中的非现金支付工具，当然，现金仍然是现代经济活动中重要的支付工具。

② 票据有广义和狭义之分，此处的定义为狭义上的票据。广义上的票据除了本票、支票和汇票外，还包括各类有价证券和商业凭证，如股票、国库券、发票、仓单等。

自己或委托付款人在见票时或指定的日期向收款人或持票人无条件支付一定金额并可以流通转让的有价证券，包括汇票、本票和支票。我国的票据业务量近几年总体呈下降趋势，以 2022 年为例，只有商业汇票业务保持增长，银行汇票、支票和本票业务均有所下降；2022 年，全国共发生票据业务 1.01 亿笔，金额 98.14 万亿元，同比分别下降 26.34% 和 12.88%。

3. 网络支付

网络支付，即互联网支付，是指收款人或付款人通过计算机、移动终端等电子设备，依托公共网络信息系统远程发起支付指令，且付款人电子设备不与收款人特定专属设备交互，由支付机构为收付款人提供货币资金转移服务的活动。

特别提示

网络支付不等于电子支付，电子支付的渠道除了通过网络方式支付以外，还包括电话、ATM、POS 机和其他电子渠道。

网络支付按支付服务商可分为银行支付和第三方支付机构支付。银行为天然的支付机构，其网络支付方式主要为网银支付、手机银行支付等；而第三方支付机构为获得央行支付牌照的支付机构，其支付方式主要为集合各家银行的超级网银支付。网络支付按支付终端不同可分为移动支付、电脑支付和电视支付。

课堂讨论

网购的时候，你常用的是哪一种支付方式？

4. 预付卡支付

预付卡，是指发卡机构以特定载体和形式发行的、可在发卡机构之外购买商品或服务的预付价值，包括采取磁条、芯片等技术，以卡片、密码等形式发行的预付卡。预付卡以预付和非金融主体发行为典型特征，即预付卡不能够透支，必须先存款后使用，只能由金融机构以外的机构发行。预付卡分为记名预付卡和不记名预付卡，其中记名预付卡是指预付卡业务处理系统中记载持卡人身份信息的预付卡，不记名预付卡是指预付卡业务处理系统中不记载持卡人身份信息的预付卡。

课堂讨论

现实生活中，有哪些预付卡支付的例子？

（五）金融科技对现代支付的影响

1. 金融科技促进支付技术升级

目前的支付手段在计算机端和移动端支付的基础上，逐步创新出二维码扫码支付、NFC 支付、扫脸支付和声波支付等新技术。“无接触支付”“线上交易”已成为商户不可或缺的经营手段；大型零售商超采用的商户主扫比例稳步上升；降低线下接触机会的无人零售、自助收银备受青睐；移动支付广受好评，需求倍增；远程视频银行凭借比传统线下物理网点运营成本低约 80% 的优势，获得迅猛发展；利用“AI+测温”技术破局刷脸支付的研究也日臻成熟。与此同时，在万物互联的智慧场景下，物联网支付更加符合未来的支付产业的发展趋势，“万物皆可支付”的支付形态有望得到进一步普及与应用。

2. 金融科技助力搭建普惠支付服务体系

随着农村地区移动信号覆盖度进一步提升，智能手机更加普及。移动支付较好地解决了偏远欠发达地区金融支付服务难以触达的问题，使农村地区居民也能够享受便捷的支付服务，满足了农村地区居民的消费和金融服务需求。依托远程音视频、生物识别、云计算等金融科技手段，“7×24 小时”“任意地点办理业务”的线上虚拟网点服务模式，有助于不同人群远程办理支付业务，享受无差别柜台服务，让便民支付深入人心。

3. 金融科技加快支付清单产业结构升级

近年来，基于区块链的支付清算/结算系统、智能反洗钱系统等金融科技创新应用，大幅提升了支付清算业务效率和市场服务能力。与此同时，借助人工智能、支付标记化、开放 API、云计算、大数据等技术应用，我国支付清算领域已初步形成以中国人民银行支付系统为核心，以网联、银联等清算机构为纽带，连接商业银行、支付机构，融入商户及新兴市场参与方的移动支付生态体系。同时，伴随着数字人民币加快试点应用，我国支付清算产业结构正在开启新一轮创新变革。

4. 金融科技支撑支付行业高效监管

利用监管科技，支付行业在职能、行为、过程等方面正在推动全面监管。清算机构通过大数据建模、人工智能等工具，对支付交易数据进行加工、处理和分析，对交易资金流向进行有效监控，实现支付清算的透明化管理，助力违规账户、商户识别，保障客户资金安全，并推动商业银行、支付机构等支付行业全链路资源共享，实现支付市场健康发展。

5. 金融科技发展为支付行业带来挑战

数字经济和金融科技的迅猛发展，在为支付行业带来发展机遇的同时，也蕴藏了新的风险与挑战。一是支付系统网络安全形势严峻，数以亿计的支付全链路联网设备，都可能成为攻击的切入点，网络安全管理的压力显著提升。二是支付业务数据利用与信息保护难度加大，电信网络欺诈的情况屡有发生；部分机构将客户信息作为牟利工具，支付数据与信息保护面临很大挑战。三是金融科技在支付行业应用的复杂性及风险进一步凸显，商业银行与金融科技公司开展合作，导致支付脱媒；同时大多数支付机构盈利能力不强，机构间发展不平衡，全行业面临能否可持续发展的问题。四是支付清算行业监管难度提升，网络黑产团伙利用新型支付工具开展网络犯罪活动，为跨境赌博、电信网络诈骗等犯罪活动提供资金结算通道，使资金安全和信息隐私安全受到严重威胁；支付、理财、信贷等业态跨国混业经营，形成了数据风险、信贷风险和支付风险交织的新型金融风险。这些问题和风险需要监管机构、清算机构、商业银行、支付机构等支付清算产业各个主体提高认识，加强协作统筹，创新机制，运用科技手段加以解决，以促进行业守正创新、安全发展。

二、第三方支付概述

（一）第三方支付的概念

第三方支付，又称非金融机构支付、非银行支付，是指具备一定实力和信誉保障的企业，采用与各大商业银行签约的方式，通过网联平台促成交易双方进行交易的支付模式。通俗地说，第三方支付平台就是买家和卖家在交易过程中的资金“中间平台”，并不涉及资金所有权，只起中转作用，为买卖双方提供资金代收代付服务，促进交易的完成。

特别提示

第三方支付与网络支付是两个不同的概念，网络支付是从支付工具的角度定义的，而第三方支付是从提供支付服务的企业角度定义的，例如支付宝与微信支付就是第三方支付。需要注意的是，不是所有的第三方支付都是网络支付，例如预付卡支付，它虽然由非银行机构提供支付服务，但并未通过网络实现支付。我们把由第三方支付平台提供的网络支付服务称为第三方网络支付或者互联网第三方支付。

（二）第三方支付与电子商务

20 世纪 90 年代，电子商务飞速发展，诞生了亚马逊、阿里巴巴、eBay 等一批电子商务平台。电子商务相对于传统的商务模式可以突破时间和空间限制，显著降低了商务活动和交易活动的成本，并提高了商务活动和交易活动的效率。电子商务在一定程度上已然改变了 21 世纪整个社会经济运行的方式。然而，电子商务发展伊始，支付问题一直是一个制约其发展的重要因素。传统的交易活动，若未涉及信用支付，一般都是“一手交钱，一手交货”，即交付标的和支付货币两个步骤是同时进行的，等价和同步是交易活动的基本原则，交货与付款互为条件，也是等价交换的重要保证。对于传统的交易模式来说，在实际操作中同步交换很容易实现，但是电子商务中交易商品或服务的流转和验收需要过程，物流和资金流难以同步，同步交换难以实现，这时候就涉及买卖双方的授信问题。也就是说，买方与卖方必然有一方需要向对方授信，要么是先付款后收货，由买方对卖方授信并承担卖方不发货或者货物价值不对等的风险，要么就是先收货后付款，由卖方对买方授信并承担买方不付款或者少付款的风险，否则交易无法完成。电子商务的买卖双方因为素未谋面甚至互不相识，很难建立起稳定的信用关系，所以很可能会陷入卖方不愿先发货、买方不愿先付款的困境。因此，电子商务的异步交换只有附加信用保障或法律支持才能顺利完成，而这并不适合于电子商务活动的高便捷性、低交易成本的需求。

为了确保电子商务活动中的等价交换，解决买卖双方互相不信任的问题，一个有效的解决办法就是由双方都信任的第三方平台作为中介托管来实现过程化分布支付。以支付宝为例，买家将款项交付给支付宝，支付宝通知卖家发货，买家收货后向支付宝发出确认指令，支付宝再将款项支付给卖家。

特别提示

由于电子商务根植于网络，所以云闪付、支付宝、微信支付等第三方网络支付与电子商务有天然的契合性，而传统的银联刷卡等方式并不适合电子商务支付。

事实上，电子商务中还有一个实际需求催生了第三方支付的诞生与发展。买卖双方的资金可能存在不同的银行，实际支付时涉及跨行转账的问题，这时候需要一个第三方支付平台来汇集各家银行的支付端口，向商家提供多家银行卡在线支付的统一端口，使异地跨行网上支付成为可能。第三方支付平台作为中介方，分别连接银行和卖家，从而帮助买方在网络交易支付过程中跳转到各家银行的网银界面进行支付操作。中国银联①就是由此需求而诞生的第三方支付平台。

三、第三方支付的特点

（一）高效性

第三方支付具有先天的技术优势，它可以利用互联网信息技术、人工智能等先进技术手段，让客户仅通过电脑、手机等移动终端就可以在线上办理多种业务，突破了以往银行等传统金融机构在业务办理方面所受到的时间和空间的限制，提高了业务办理效率，节省了客户及平台自身的时间成本。

特别提示

2015 年开始，多家商业银行宣布网上银行转账全部免收手续费。目前大多数的银行已经不再收取转账费用，而支付宝与微信支付等第三方机构转账至银行卡需要收取手续费，所以仅就客户的转账成本而言，目前我国的第三方支付并没有优势。

（二）普惠性

第三方支付服务的客户较多，其产业范围较广，对此，第三方支付开发了多种业务模式，为各行各业提供有针对性的服务，尤其是加大了对中小微企业的支持，极大地激发了其市场活力。同时，这部分客户群体数量多，需求的个性化较强，但由于其资质较低，而银行又是以营利为目的，往往不将它们作为主要的客户群体，因此其市场空间是巨大的。此外，第三方支付还为个体农业、零售业等行业客户提供门槛较低、成本较低的信贷产品，解决其资金问题。

（三）去金融中介化

一直以来，我国直接金融占比较低，间接金融占比较高。银行作为主要的金融中介，在资金融通方面存在效率低、成本高等问题，使得金融市场中的资金不能快速流通，发挥更大的作用。而第三方支付中的电商小贷、消费贷等拓宽了投融资渠道，使得资金需求方和供给方可以迅速、高效匹配，减少了金融中介参与的环节，实现了资金的直接融通，极大地提高了资金流通以及使用的效率。

---

① 中国银联，全称中国银行卡联合组织，成立于 2002 年 3 月。中国银联处于我国银行卡产业的核心和枢纽地位，对我国银行卡产业发展发挥着基础性作用。各银行通过银联跨行交易清算系统，实现了系统间的互联互通，进而使银行卡得以跨银行、跨地区和跨境使用。

（四）具备信用增强功能

在使用传统的网上银行进行交易时，买卖双方容易出现信息不对称的问题，同时缺乏监督，这就会导致买家无法收到货物或者卖家无法收到货款等现象的出现，从而引发交易纠纷。而第三方支付可以较好地解决这一问题。其交易平台上详细地记录着双方的交易信息，一旦遇到纠纷问题，平台可以快速地根据交易记录进行处理和解决，为客户规避无法收到货款或商品等风险，保障客户权益，增强客户信心，促进交易的达成。

四、第三方支付的分类

按照中国人民银行 2010 年发布的《非金融机构支付服务管理办法》，第三方支付分为网络支付、预付卡支付和银行卡收单，如图 6－2 所示。

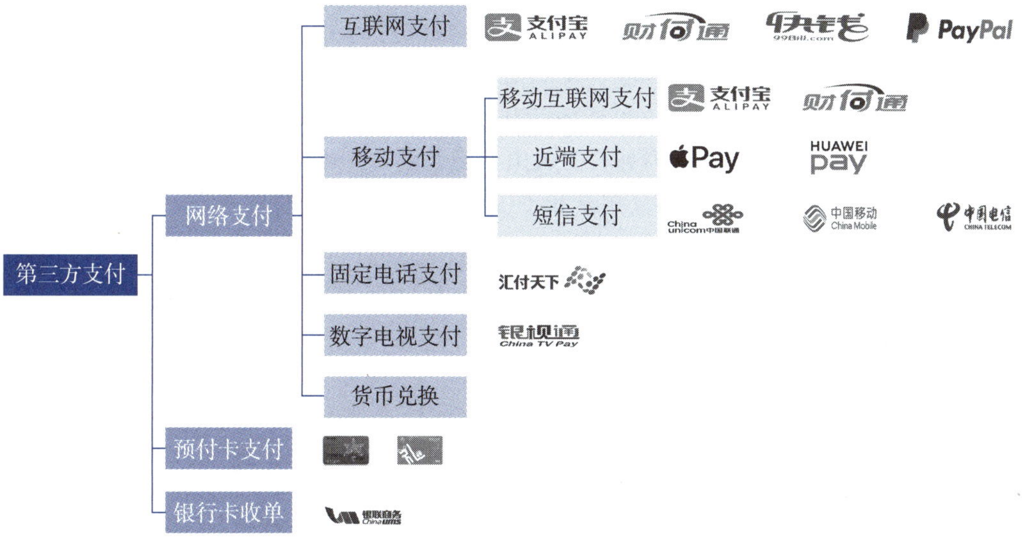

图 6－2　第三方支付的分类

（一）网络支付

如前文所述，网络支付主要指的是通过互联网连接完成支付的服务方式，此处特指由第三方支付机构提供的网络支付服务，不包括银行的网络支付。狭义上的网络支付指的是互联网支付和移动支付，而广义上的网络支付通常还覆盖移动/固定电话支付、数字电视支付等，其中还是以互联网支付应用最为普遍。

互联网支付和移动支付按照具体业务流程不同，还分为支付网关模式和虚拟账户模式。支付网关模式又称为网关支付，是电子商务中使用最多的一种互联网支付服务模式。虚拟账户模式是指第三方支付机构在自身的系统中为客户提供一个虚拟账户，该虚拟账户可与客户的银行账户进行绑定或者对接，客户可以从银行账户等资金源向虚拟账户注入资金，或从虚拟账户向银行账户注入资金。支付宝余额账户、微信零钱账户就是典型的虚拟账户。

特别提示

根据《关于支付机构客户备付金全部集中交存有关事宜的通知》，2019年1月我国开始实施支付机构客户的备付金全额集中交存，所以我们存在支付宝和微信余额账户中的资金不会被挪用。

知识链接

第三方网络支付的个人账户分类

（二）预付卡支付

因为预付卡发行与受理都是由非金融机构提供的服务，所以此处可以参考前文“（四）现代支付工具”部分中“4. 预付卡支付”的内容。

（三）银行卡收单

银行卡收单业务是指收单机构通过银行卡受理终端为银行卡特约商户代收货币资金的行为。其中，受理终端是指通过银行卡信息读入装置生成银行卡交易指令要素的各类支付终端，例如POS[①]机。收单机构是指与特约商户签订银行卡受理协议并向该商户承诺付款以及承担核心业务主体责任的银行业金融机构和非银行机构。第三方支付中所指的银行卡收单业务特指非银行金融机构的收单业务，其流程如图6－3所示。我国知名的收单机构有业务规模排名第一的中国银联商务，三大电信运营商——中国移动（中移电子商务有限公司）、中国联通（联通支付有限公司）和中国电信（天翼电子商务有限公司）。

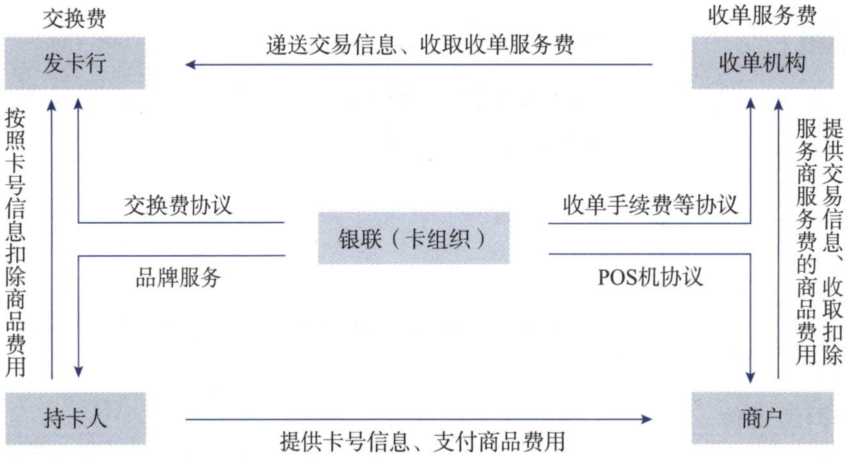

图6－3　银行卡收单的流程

五、第三方支付的发展

（一）第三方支付的发展历程

20世纪90年代末，电子商务的诞生促进了网络支付的发展，从而为第三方支付机构

① POS：Point of Sale，即销售点。

创造了发展机遇。1998 年，世界上首家第三方支付公司——PayPal 成立。1999 年，我国第一家第三方支付平台——首信宝诞生。2002 年，中国人民银行联合各商业银行成立中国银联，通过银行共同分担成本的方式，由银联向商家提供多银行卡在线支付统一接口，使异地跨行网上支付成为可能。但在这一时期，互联网普及程度尚不高，大部分个人用户对网络支付的安全性还不够信任，第三方支付的交易规模整体比较小，影响力也较弱。2005 年，中国人民银行颁布《电子支付指引（第一号）》后，资本大量涌入支付领域，支付宝成为独立的第三方支付平台。与此同时，一些线下金融服务的涌现，也推动第三方支付平台呈现强力发展态势。这期间，第三方支付行业标准和相关制度规范仍然处于摸索状态，法律法规缺位，监管长期缺失，导致挪用备用金、非法套现、诈骗等行为接连被曝出，无论从行业体量还是发展状况来看，第三方支付行业都急需整治与监管。

由于我国电子商务环境的不断优化，线上支付场景的不断丰富与发展，以及金融创新的活跃，第三方支付业务持续快速增长。2011 年，支付业务许可证即支付牌照的发放标志着第三方支付的合法地位的确立。2012 年后，随着电商市场的成熟，以及智能手机和 4G、5G 网络的普及，移动支付成为支付行业创新和爆发性增长的重要领域。智能手机的高度普及进一步推动了移动支付的发展，交易主体只需要一部智能手机就可以满足日常的各种支付需求。以智能手机和移动网络为依托的移动支付已经成为普通居民必不可少的生活方式，深度融入人们衣食住行的方方面面。

当前，线下扫码支付、NFC 等支付方式不断普及。随着用户移动支付习惯的建立以及移动支付场景覆盖率的不断提高，我国移动支付市场交易规模进入稳步增长阶段，市场格局趋于稳定和成熟。2016 年，移动支付取代银行卡收单成为第三方支付行业规模最大的业务类型。至 2019 年，移动支付交易规模占比已达 62.8%，成为最为主流的支付方式。

业界前沿

第三方支付牌照

目前第三方支付使用频率与发展速度已超过以商业银行为主体的网络支付，虽然交易规模和频率的增速近年来有所放缓，但仍然不低。参考中国人民银行公布的非银行支付机构网络支付业务增长数据，2017—2021 年的 5 年间，非银行支付机构网络支付的支付笔数与支付金额年平均增长率分别为 47%和 26%。其中，2021 年非银行支付机构网络支付 10 283.22 亿笔，金额 355.46 万亿元（见图 6－4），而银行共处理网上支付业务 1 022.78 亿笔，金额 2 353.96 万亿元。

特别提示

从银行与第三方支付机构的网络支付数据来看，虽然第三方支付机构的网络支付业务增速要快于银行，处理的业务数量也显著地高于银行，但是支付的总金额却显著地低于银行，这说明相对银行网络支付来说，目前第三方支付机构的网络支付仍然以小额支付为主。

（二）第三方支付的发展现状

1. 第三方支付市场由双寡头垄断

目前，我国第三方支付市场竞争格局已基本形成（见图 6－5），支付宝以电商平台交易付款、网络理财等场景为主，财付通则以微信红包、网约车出行、乘车码等场景为依托，

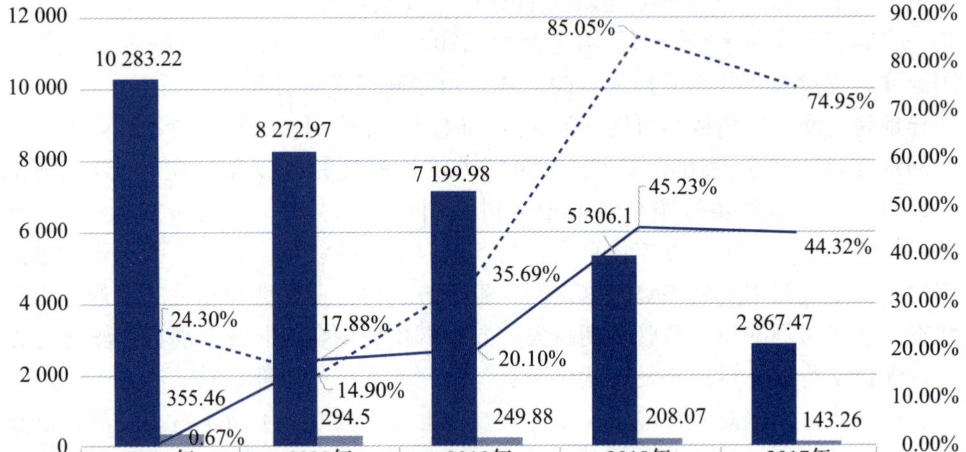

	2021年	2020年	2019年	2018年	2017年
笔数（亿笔）	10 283.22	8 272.97	7 199.98	5 306.1	2 867.47
金额（万亿元）	355.46	294.5	249.88	208.07	143.26
规模增长	24.30%	14.90%	35.69%	85.05%	74.95%
金额增长	0.67%	17.88%	20.10%	45.23%	44.32%

图 6-4　2017—2021 年非银行机构网络支付业务的发展

资料来源：中国人民银行 2017—2021 年支付体系运行总体情况报告.

二者皆以各自强有力的流量入口满足了移动支付的刚需。从市场份额看，支付宝和财付通已然是第三方移动支付市场里的双寡头。同时，由于自身 App 性质的先天优势，二者又自成用户信息和交易数据的归集口，用户黏性大，各自拥有固定的市场份额。虽然其他支付机构的集中度也在不断提升，但难以与两家巨头竞争，双寡头垄断格局或将继续。值得一提的是，目前银联商务的云闪付业务也具有较强的竞争力，可能会逐步改变双寡头垄断的格局。

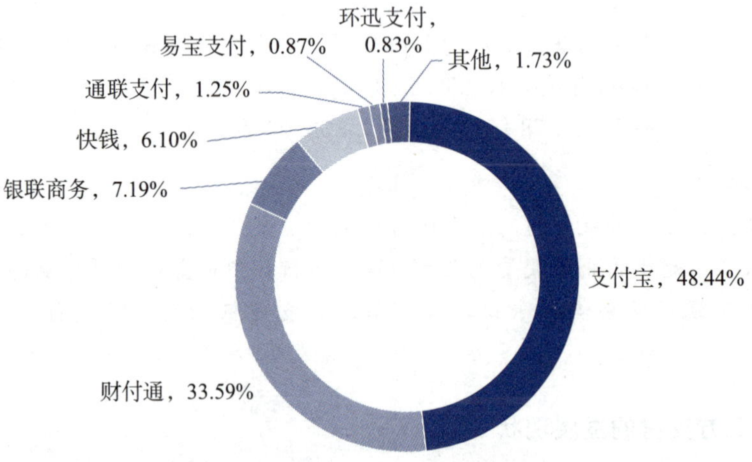

图 6-5　我国第三方支付市场占有率

资料来源：Analysys 前瞻产业研究院.

2. 第三方支付向金融领域和生活服务领域渗透

随着第三方支付平台介入金融业务市场的广度和深度不断增加，其除提供支付中转服务外，还逐渐涉足客户资金配置、风险管理等金融领域，试图打造支付叠加金融的“普惠金融模式”。余额宝产品就是一个非常典型的例子。余额宝是支付宝打造的一项余额增值服务，于 2013 年 6 月正式面世，并且与天弘增利宝货币市场基金连接。通过余额宝账户与支付宝账户的实时关联，用户不仅能够得到理财收益，还能随时进行消费支付和转出。本质上，余额宝是在原支付宝第三方支付平台功能的基础上，内嵌了与之合作的基金公司的货币型基金。探索基于支付交易的衍生投融资服务已成为第三方支付业务的发展趋势之一。

在生活服务领域，交通、购物等综合生活服务产品的使用频率相对更高、刚需属性相对更强，可以为第三方支付平台带来流量增长。第三方支付平台希望在支持自身支付交易的基础上，能够通过支付业务引导用户使用更多的生活服务产品，提高综合业务价值。

特别提示

第三方支付对生活服务领域具有超高的渗透率，这也让第三方支付平台积累了大量真实有效的生活消费数据，为大数据技术的应用奠定了数据资源基础。

3. 企业端支付成为新的增长点

在移动互联网时代，用户更注重体验，消费升级将继续成为第三方支付行业发展的推动力。此外，虽然当前消费端支付占据了第三方支付市场规模的绝大部分，但行业新增用户流量已经趋向饱和。而随着互联网赋能传统产业的改革，企业端支付则有望迎来新生，成为第三方支付的一大增长点。总体来看，未来我国第三方支付行业规模将持续稳定增长，2025 年预计突破 500 万亿元。与支付宝、微信支付、翼支付这些主要面向个人用户账户的第三方支付不同，易宝支付、拉卡拉、汇付天下等都是侧重企业类型客户的第三方支付，而 Pingpong、LianLian Global 等则着力于提供跨境商户收款及经营数字化等全链条服务，具体如图 6-6 所示。

图 6-6　第三方支付机构分类

资料来源：艾瑞研究院.

4. 移动支付成为主要的第三方支付方式

业界前沿

PingPong：以颠覆性产品与数字化技术，引领跨境新经济

近年来，智能移动终端的迅速发展与普及、各类电商消费类平台的移动化，为移动支付创造出更多的使用场景，促使该行业得到飞速发展，从而使得我国第三方支付行业整体交易规模持续增长。第三方支付App的活跃使得人们逐渐习惯于使用第三方移动支付进行支付，移动支付的交易规模在2015年首次反超互联网支付。近几年，移动支付规模增长迅猛，与互联网支付的差额越来越大，2020年移动支付的占比已经超过九成。2023年2月中国银联发布《2022年移动支付安全大调查报告》，调查数据显示，98%的受访者将移动支付视为最常用的支付方式，平均每人每天使用移动支付三次。其中，二维码支付最受欢迎，其渗透率高达92.7%，而刷脸支付、声纹支付等创新支付方式正在兴起。

六、第三方跨境支付

跨境支付是指借助一定的结算工具和支付系统，对两个或两个以上的国家和地区之间因国际贸易、国际投融资、跨境旅游以及其他活动所发生的国际债权债务进行清算，实现资金跨国或跨地区转移的行为。提供跨境支付服务的机构包括银行和非银行机构，传统的跨境支付一般由银行提供服务，而近年来随着跨境电子商务，尤其是面向消费者的小额跨境电子商务的快速发展，由非银行机构提供的第三方跨境支付服务也迎来了业务规模的迅速增长。

（一）第三方跨境支付的概念

第三方跨境支付是由非银行机构提供的跨境支付业务，可以分为第三方跨境外汇支付与第三方跨境人民币支付。

2019年4月29日国家外汇管理局颁布的《支付机构外汇业务管理办法》将“支付机构外汇业务”界定为“支付机构通过合作银行为市场交易主体跨境交易提供的小额、快捷、便民的经常项[①]下电子支付服务，包括代理结售汇及相关资金收付服务”。结合我国法规的定义，我们可以较为清晰地界定第三方跨境外汇支付的概念。第三方跨境外汇支付的服务对象是电子商务经营者和消费者，服务提供主体是支付机构和商业银行，服务方式是代理结售汇和资金转移，服务范围是外汇经常项目，不包括资本项目。

第三方跨境人民币支付指的是由第三方支付机构为境内外市场主体提供人民币转移服务，包括境内市场主体对海外的支付，以及海外市场主体对境内的支付。第三方跨境人民币支付一般是由支付机构依托商业银行，由商业银行向当地的外汇管理局提出申请，业务领域主要集中在“一带一路”沿线国家，这些国家对人民币的接受程度较高。2022年6月20日，中国人民银行印发《关于支持外贸新业态跨境人民币结算的通知》，明确境内银行可与依法取得互联网支付业务许可的非银行支付机构、具有合法资质的清算机构合作，为市场交易主体及个人提供经常项下跨境人民币结算服务。

① 目前我国的第三方跨境支付业务仍限定在外汇业务的“经常项”下，明确不包括“资本项”，不允许通过第三方跨境支付进行资本项业务，如个人不能通过第三方跨境支付购买境外的具有资本项目性质的分红险、房产和证券等。

特别提示

第三方跨境外汇支付和第三方跨境人民币支付的本质区别是完成支付的货币不同，虽然都涉及跨境资金转移，但第三方跨境外汇支付是用外汇完成支付，而第三方跨境人民币支付是用人民币直接完成支付，一般不涉及外汇兑换。

（二）第三方跨境支付的发展历程与现状

知识链接

SWIFT系统和Ripple系统

2007年，国家外汇管理局正式批复支付宝公司成为国内首家开展境外收单业务的支付企业，为境内个人购买境外合作商户网站以外币计价的商品提供购汇服务。2013年，《国务院办公厅转发商务部等部门关于实施支持跨境电子商务零售出口有关政策意见的通知》明确提出“鼓励银行机构与支付机构为跨境电子商务提供支付服务”，旨在解决与完善包括电子支付、清算、结算体系在内的支付服务配套环节比较薄弱的问题。2013年，国家外汇管理局首次在上海、北京、重庆、浙江、深圳5个地区开展支付机构跨境电子商务外汇支付业务试点，参与试点的支付机构包括支付宝、财付通、银联、汇付天下、通融通等17家第三方支付平台，集中为电子商务客户办理跨境收付汇和结售汇业务，国内第三方支付平台开始广泛介入跨境电子商务的交易活动。2015年，试点范围扩大到全国。到2017年底，全国共有30家支付机构获得了国家外汇管理局核准的跨境外汇支付资格。2019年4月，国家外汇管理局发布了《支付机构外汇业务管理办法》，自此跨境支付业务资质由试点迈入许可经营，业务资质合法和持牌经营成为行业重点，拥有正规认证持牌经营的支付企业成为跨境卖家的首要选择。国内的支付机构通过与国际知名电商平台、航空公司、酒店、软件服务商、留学服务机构等商户合作，积极拓展跨境外汇业务。

按照原支付政策，在跨境支付过程当中，第三方支付平台企业提供的外贸支付结算业务主要还是在香港地区使用美元进行结算，而后客户再通过其他渠道将资金转入内地。在国家外汇管理局的跨境电子支付业务开辟之后，第三方支付平台企业可以直接在境内为客户进行结汇活动。

相较于商业银行较高的费率和专业汇款公司有限的覆盖网点，第三方支付平台能同时满足客户对跨境汇款便捷性和低费率的需求，且安全性比较高，特别适合小额频繁的跨境支付需求，因此受到越来越多客户的青睐。第三方支付平台跨境支付业务是在近几年快速发展起来的。目前，第三方支付平台跨境支付业务范围逐渐扩大，流程逐渐优化。

第三方支付平台跨境支付的开放为留学教育、航空机票服务、酒店住宿等客户需求提供了更为便捷有效的解决方式，国内第三方支付平台企业因此可以提供更多的服务，为其业务开辟了更大的发展空间，同时也使人民币跨境结算活动的领域、范畴得到进一步扩大。

随着监管层在2013年对国内第三方支付放开，以支付宝为代表的支付机构开始发展跨境购物、汇款以及境外移动支付，国内支付机构的跨境互联网支付交易规模迅速增长。中国支付清算协会公布的数据显示，2013—2017年国内支付机构的跨境互联网支付复合增长率达到127.5%，2021年共有43家支付机构开展了跨境支付业务，共处理跨境支付业务71.91亿笔，同比增长62.55%。其中，支付机构跨境人民币收入同比增加1 200亿元。2022 年，支付机构跨境互联网支付业务是支付行业亮点数据，交易笔数达 72.15 亿笔，同比增长 0.34%，交易规模达 1.10 万亿元，同比增长 13.05%。

第三方支付的统计数据显示，目前我国跨境电商结算业务中，40%是用人民币结算，其跨境支付范围包括货物贸易、旅游服务、酒店住宿、航空机票、留学教育、国际展览、通信服务、国际运输以及软件服务等。根据市场调研机构的数据和预测，2021 年我国第三方跨境支付机构的市场规模就达到了上万亿元，未来仍将快速增长，如图 6 - 7 所示。

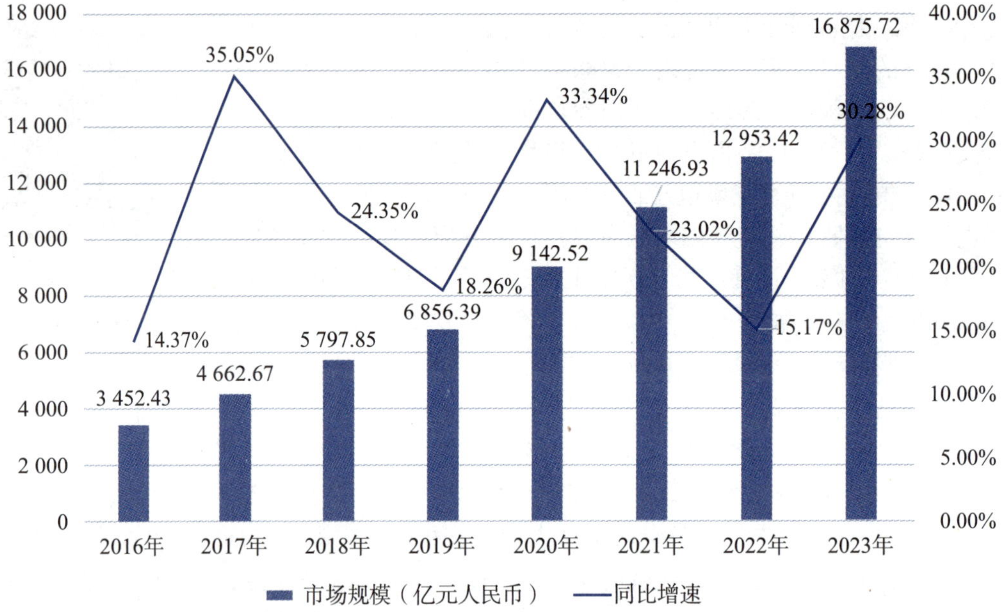

图 6 - 7　我国第三方跨境支付机构的市场规模变化

资料来源：易观分析.

（三）第三方跨境支付的特征

1. 支付结算效率更高

支付工具是所有互联网交易和服务的底层基础设施，也是所有互联网交易和服务最终得以变现的工具。第三方跨境支付机构是具备一定实力且由中国人民银行授权的非银行机构，通过与各大银行签约的方式，为电子商务企业及消费者提供网络支付结算服务。支付结算环节是市场主体的分散交易，用户对支付结算的效率体验要求较高。第三方跨境支付机构不直接从事电子商务经营活动，而是提供一系列的应用接口程序，将多种银行卡支付方式整合到一个界面。在支付环节，第三方跨境支付通过支付方式的多样化、支付场景的丰富化、支付到账时效的优化来提高支付效率。在结算环节，第三方跨境支付机构负责交易结算中与买方、卖方的开户银行对接，使卖方能体验到相比传统金融服务更高效的结算服务。国外学者通过对全球知名支付工具 PayPal 的研究发现，在线支付系统的效率是欧盟跨境在线贸易的重要驱动力。高效、灵活的跨境支付工具市场份额每增长 1%将使跨境电子商务交易额增长 7%。第三方跨境支付的便利交易支付结算对于促进跨境电子商务的发展具有重要作用。

2. 交易成本更低

相比于传统的银行外汇支付服务，第三方跨境支付依托线上服务平台，通过与商业银行合作，将小额的外汇支付交易汇总再进行购汇，大大降低了交易成本，而且不再受限于银行服务时间和空间的限制。一方面，第三方跨境支付机构服务于跨境电商企业及产业链相关企业，满足了服务企业多样化的需求。例如：第三方跨境支付机构会在合作的商业银行中开立对应的存款结算账户，并存有一定量的备付金，以备用户提现之用。当用户申请提现的时候，第三方跨境支付机构就从该用户的开户银行的结算账户中将资金转入用户存款账户，这个过程属于同行交易，可以做到实时且免手续费，直接降低了货币转移成本，促进了社会资金的高效率周转，并在一定程度上减少了企业在途资金占用，节约了社会资源。另一方面，第三方跨境支付机构促使银行、商家等参与各方各司其职，专注于自己的主业。这种支付领域的专业化分工可以使各参与方的业务创新不断涌现，客户体验不断改善，业务规模不断扩大，改变金融服务方式乃至社会公众的生活方式。这也对支付市场的资源配置、服务主体和产品服务等产生了深刻影响，促进了电子商务的快速发展，成为当前我国支付行业发展的一大亮点和热点。

3. 具备信用担保属性

纵观我国的第三方支付发展历程，第三方支付的出现就是为了解决电子商务中信用风险问题。在线上跨境交易中，交易双方的信用问题更加突出。各国的交易习惯、语言文字以及法律法规的差异带来了信息不对称的问题，可能会给买卖双方带来损失。而第三方跨境支付机构作为信用担保方，可以尽可能地降低买卖双方的信用风险，从而促成双方交易的达成。第三方跨境支付机构在交易中构建的公信力使得其延伸出了监督职能，这是传统的银行电汇不具备的职能。与传统的银行电汇或汇款公司汇款相比，第三方跨境支付机构因其可以实时掌握交易的动态信息，故在跨境交易中起到居中监督的作用，即在跨境电商买卖双方发生纠纷时，第三方跨境支付机构可以依据订单信息、物流信息和买卖双方的资金情况对纠纷进行裁决，从而就第三方跨境支付交易纠纷达成令买卖双方都满意的解决方案。

（四）第三方跨境外汇支付的流程——以跨境电商为例

第三方跨境外汇支付的流程大致可以按照跨境支付中支付方支付的货币是否为外币划分为购付汇业务和收结汇业务两种。

1. 购付汇业务流程

境内买家登录跨境电子商务平台对商品进行挑选和下单。跨境电子商务平台将交易信息发送给境外卖家，同时跨境电子商务平台将交易信息发送到境内第三方支付机构，第三方支付机构根据交易信息审核其交易的真实性和合法性等。境内买家下单后支付人民币，第三方支付机构把境内买家支付的人民币资金存入央行或合作银行开设的备付金集中存管账户，并通知卖家发送商品。境内买家确认收到商品后向第三方支付机构发送确认收到货物的信息，第三方支付机构以该真实交易信息向合作银行购汇。第三方支付机构向跨境电子商务平台付汇，最后由跨境电子商务平台向卖家进行结算。至此，整个第三方跨境购付汇业务流程即算完成（见图 6－8）。

图 6－8　第三方跨境支付购付汇业务流程

2. 收结汇业务流程

知识链接

第三方人民币
跨境支付的流程

境外买家可以在境外的跨境电子商务平台进行网上购物，境外买家挑选好商品后在跨境电子商务平台上下单。跨境电子商务平台将订单信息发送给境内卖家，同时将订单信息发送给境外第三方支付机构。境外买家在下单的同时向境外第三方支付机构支付外币。境外第三方支付机构收到境外买家货款后将付款信息发送给跨境电子商务平台，然后跨境电子商务平台通知境内卖家发货。境外第三方支付机构将外汇支付给境内第三方支付机构。待境外买家确认收到商品后，境内第三方支付机构向合作银行发送收结汇信息，合作银行向境内第三方支付机构支付人民币并扣减其外汇。最后境内第三方支付机构向境内卖家支付人民币进行结算。自此，整个第三方跨境收结汇业务流程完成（见图 6－9）。

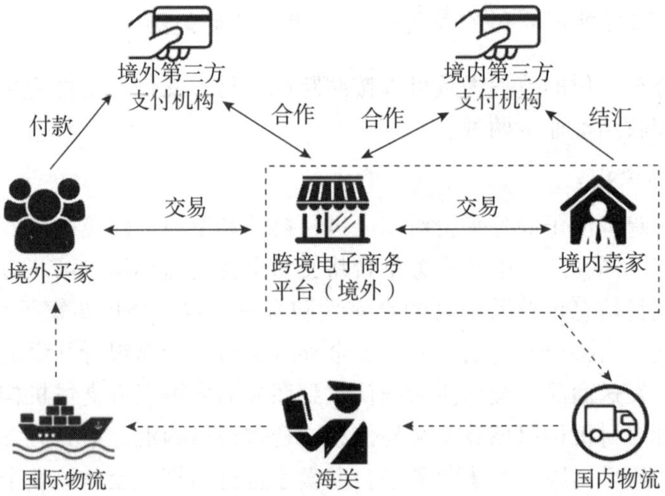

图 6－9　第三方跨境收结汇业务流程

任务小结

1. 我国的现代支付清算体系由清算机构、支付清算系统和支付清算制度组成。其中支付清算系统包括中央银行支付清算系统、银行业金融机构支付清算系统、金融市场支付清算系统和第三方服务组织支付清算系统四个系统群。

2. 我国现代支付体系中的非现金支付工具包括银行卡支付、票据支付、网络支付和预付卡支付。

3. 金融科技对现代支付的影响包括促进支付技术升级，助力搭建普惠支付服务体系，加快支付清算产业结构升级，支撑支付行业高效监管，同时也为支付行业带来挑战。

4. 第三方支付是指具备一定实力和信誉保障的企业，采用与各大商业银行签约的方式，通过网联平台促成交易双方进行交易的支付模式。第三方支付起源于电子商务领域。第三方支付的特点有高效性、普惠性、去金融中介化和具备信用增强功能。

5. 第三方支付分为网络支付、预付卡支付和银行卡收单。

6. 目前我国第三方支付的双寡头垄断局面已经确立，第三方支付向金融领域和生活服务领域渗透，企业端支付成为其新的发展增长点，移动支付成为主要的第三方支付方式。

7. 第三方跨境支付是由非银行机构提供的跨境支付业务，可以分为第三方跨境外汇支付与第三方跨境人民币支付。第三方跨境外汇支付的服务对象是电子商务经营者和消费者，服务提供主体是支付机构和商业银行，服务方式是代理结售汇和资金转移。第三方跨境人民币支付指的是由第三方支付机构为境内外市场主体提供人民币转移服务。我国的第三方跨境支付规模近年来增长迅速。

8. 第三方跨境支付的特征有支付结算效率更高、交易成本更低和具备信用担保属性。

技能实训

1. 叙述我国的现代支付清算体系由哪些部分组成，并画出我国现代支付清算体系的结构图。

2. 查找 PayPal 与支付宝（Alipay）的资料，登录 PayPal 和支付宝平台进行流程体验。从业务起源、经营理念、支付方式、安全性、费率、服务领域和跨境支付服务等方面对比分析 PayPal 和支付宝的异同点，撰写一篇 PayPal 与支付宝的对比报告。

任务二　移动支付

任务导入

你上一次使用现金是在什么场景？你能想象出一个不能用手机支付的场景吗？在我国，移动支付已经覆盖生活消费的每一个方面，即使在海拔超过 3 600 米的拉萨，全城几十条公交线路、几百辆公交车也全部实现扫码支付车票，一部手机，就能带你畅游日光之城。那么，移动支付为什么在我国发展得这么快？它应用了哪些新技术？让我们一起了解移动支付的现在与未来。

知识准备

一、移动支付概述

（一）移动支付的概念

移动支付（Mobile Payment）是指用户使用移动终端（包括智能手机、智能平板、可穿戴设备等）发出数字化支付指令，对购买的商品和服务进行支付和结算的一种方式。常见的移动支付方式有短信支付、扫码支付、刷脸支付等。移动支付属于电子支付方式的一种，因而其具备电子支付的特征。

特别提示

虽然以手机支付为代表的移动支付大多使用互联网发出指令完成支付，但是通过接下来的学习我们会了解到，并不是所有的移动支付都使用互联网。

（二）移动支付的特征

移动支付具备一般电子支付的特征，但又因其与移动通信技术、无线射频技术、互联网技术相互融合，而又具有自己的特征，所以下面罗列的是移动支付区别于其他电子支付方式的专属特征。

1. 移动性

移动性是移动支付区别于其他支付方式最显著的特征。随身携带的移动性，消除了距离和地域的限制。结合了先进的移动通信技术的移动性，使用户能够随时随地获取所需要的服务、应用、信息和娱乐。用户只要申请了移动支付功能，便可足不出户随时随地完成整个支付与结算过程。移动支付交易时间成本低，减少了往返银行的交通时间和支付处理的时间。

2. 集成性

集成性是移动支付的又一特征。移动支付以智能手机、智能手表等移动设备为载体。通过与终端读写器近距离识别进行的信息交互，运营商可以将移动通信卡、公交卡、地铁卡、银行卡等各类信息整合到以智能手机、智能手表等移动设备为平台的载体中进行集成管理，并搭建与之配套的网络体系，从而为用户提供十分方便的支付以及身份认证渠道。

3. 实时性

实时性是移动性衍生出来的特征。除了用户睡眠时间，移动设备一般伴随在用户身边，这就使得用户可以随时随地完成支付，不受时间、地点的限制，信息获取更为及时，可随时对账户进行查询、转账。

4. 安全性

相对于其他电子支付方式，移动支付在安全性方面也具备一定优势。移动支付使得随时随地的身份验证更为可行。移动支付可以结合手机的功能，通过指纹识别、短信验证、人脸认证等多种方式提高支付的安全性。实际应用中，移动支付的安全性也受到了市场的肯定。根据中国银联发布的《2022年移动支付安全大调查报告》，98%的受访者认为移动支付是安全的。

课堂讨论

你的移动支付安全吗？

中国银联发布的《2022年移动支付安全大调查报告》中列出了移动支付中的多项不安全行为，按照在受访人群中出现的频次进行排序，依次是：

1. 网站/App登录习惯设置“记住密码，自动登录”（20%）；
2. 在连接公共Wi-Fi状态下支付（19%）；
3. 所有支付密码都相同（19%）；
4. 有优惠促销的二维码都会尝试扫描（15%）；
5. 换新手机时，不解绑银行卡，不删除存留的敏感信息（15%）；
6. 未设置个人网络银行账户操作提示功能（6%）；
7. 填写支付信息时，不会确认网址真实性（5%）；
8. 没有设置手机屏保密码（5%）；
9. 曾经下载相似标志和产品介绍以假乱真，以“小额返利”等宣传诱导下载的App（4%）；
10. 有刷单等网络兼职行为（3%）；
11. 会下载/安装短信或弹窗链接不明的文件（3%）；
12. 投资虚拟货币（2%）；
13. 出借自己的收款码从而赚取佣金（2%）；
14. 玩过网络博彩（1%）。

受访者中每人平均做出的不安全行为是1.2个。你平时使用移动支付时有以上的不安全行为吗？

二、我国移动支付的发展背景

（一）网民规模庞大，移动网络覆盖率高

中国互联网普及率居全球第一，手机网民数量占比达98.3%。截至2018年6月底，中国网民数量就已达8.02亿，互联网普及率达57.7%，已排名全球第一；手机网民规模达7.88亿，手机网民占整体网民的比例高达98.3%。① 截至2018年9月，4G用户数合计11.4亿，覆盖99%的居民。网络覆盖广泛、移动互联网普及率高，成为中国移动支付快速发展的基础和强大助推力，如图6-10所示。

（二）立足普惠金融，基础设施完善

我国立足普惠金融，银行不计成本大量发行借记卡，银行卡渗透率高，为移动支付发

① 根据中国互联网络信息中心发布的第54次《中国互联网络发展状况统计报告》，截至2024年6月，我国网民规模已达10.9967亿，互联网普及率已达78.0%，网民中使用手机上网的比例达99.9%。

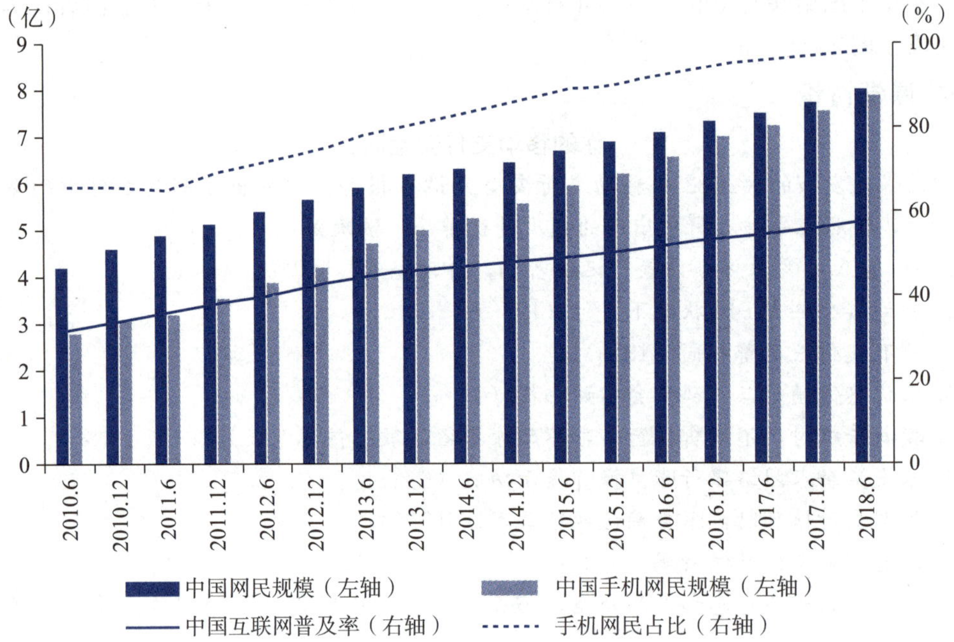

图 6-10　中国互联网普及率和手机网民渗透率

资料来源：Wind.

展奠定了基础。2013 年移动支付兴起初期，我国借记卡发行量已经达到 33.51 亿张，银行卡渗透率已经相对稳定，达到 47.2%。发行借记卡意味着大量的发卡成本、人力成本、系统运算、现金管理、配套网点建设及运营维护等支出。欧美商业银行基于成本考虑，大多不愿多发行借记卡，而我国商业银行在央行政策性文件的引导下，不计成本大量发行带银联标志的借记卡。借记卡的大量发行，为移动支付绑定银行卡奠定了基础。

银联、网联形成双支柱，央行主导的支付清算系统促进移动支付安全高效进行。2018 年，央行在银联的基础上成立网联，第三方支付涉及的网络支付业务需要通过网联进行清算。此前，银联通过跨行清算系统实现银行体系的互通互联，而第三方支付一直处于弱监管区域。在网联成立后，移动支付业务的清算通过网联进行，更加安全高效。

反观欧美，市场化的银行并没有足够的动力开展大规模的安全认证服务，这掣肘了移动支付的发展。欧美银行系统从成本、利益角度考虑，大多不会支持第三方支付平台，欧美国家银行或卡组织更不愿意承担大量低效益甚至负效益的安全认证服务和清算结算业务。而我国分布广泛、系统发达的银行体制与不计成本、政策导向的经营理念相结合，使得第三方支付能够迅速获取市场信任并发展壮大。

（三）O2O[①] 消费快速发展，拓宽小额支付场景

移动支付中网络购物用户占比近 70%。移动支付因其便捷性和安全性而逐渐普及。2008 年以来，网络购物逐渐成为我国居民购物的重要方式。2008 年，我国网络购物用户

① O2O：Online to Offline，即线上到线下的商业模式。例如：网约车就是 O2O 模式，我们用打车软件打车，就是利用互联网完成线下的消费活动。

数仅为 0.79 亿人，网络购物规模为 1 300 亿元，而到 2013 年，网络购物用户数和网络购物规模就分别达到 3.12 亿人和 1.89 万亿元。到 2017 年末，这两个数字分别为 5.33 亿人和 7.18 万亿元。考虑到 2017 年末 7.72 亿的网民数量，我国网络购物人群占整体网民数量的 69%，这为移动支付提供了极为丰富的场景。

外卖、打车等 O2O 消费快速发展，小额支付场景拓宽，移动支付逐渐取代现金支付。除网络购物外，外卖、打车也逐渐成为中国人生活、出行的重要方式。以美团外卖和滴滴打车为例，二者在 2018 年 9 月的月活用户数分别达到 1.34 亿和 1.08 亿。

三、我国移动支付的发展现状

（一）规模和渗透率领跑全球

早在 2017 年，我国移动支付规模就达 202.93 万亿元，全球排名第一，为美国移动支付规模的百倍。2022 年，我国移动支付规模已高达 499.62 亿元，5 年间又增长了约 150%。2013 年以来，伴随着支付宝、微信支付等第三方移动支付平台的崛起，我国移动支付蓬勃发展。2013—2017 年，我国移动支付规模平均增速高达 181%，在电子支付业务金额中的占比不断提升，从 2013 年的不足 1%飙升至 2017 年的 8.4%。根据 Forrester① 报告，2016 年美国移动支付仅 1 120 亿美元，甚至不足中国的 1%，且增速相对缓慢。

中国移动支付渗透率全球领先。腾讯信息可视化实验室数据显示，早在 2016 年中国手机支付比例就高达 77%，这充分显示了中国移动支付的超高渗透率。反观欧美发达国家，2016 年美国移动支付比例为 48%，英国为 47%，德国为 48%，法国为 38%，日本作为移动支付的起源国，手机支付比例也仅为 27%。

（二）规模不断扩大

根据中国人民银行发布的支付体系运行总体情况统计数据，我国移动支付的交易笔数和交易金额都在不断增长。如图 6 - 11 所示，2022 年我国移动支付的交易金额达到 499.62 万亿元，交易笔数高达 1 512.28 亿笔。此外，根据国内移动支付交易统计结果，我国移动支付用户数量逐年增长。截至 2023 年 12 月，我国移动支付用户数已达到 9 亿以上，连续 10 年保持增长态势。截至 2024 年 3 月，国内支付宝、财付通用户分别超过 8.9 亿和 9.2 亿。由以上数据可见，我国移动支付的交易规模和用户规模都在不断增加，移动支付业务发展迅速，在我国支付清算体系中，移动支付已经是极其重要的组成部分。

（三）行业集中度极高

从 2014 年开始，支付宝和财付通的市场竞争持续不断。但是任凭竞争如何激烈，市场格局仍高度稳定，支付宝和财付通之间也没能拉开差距，并且各自仍在不断地拓展着业务边界。

① Forrester：美国的一家有一定影响力的技术和市场研究公司。

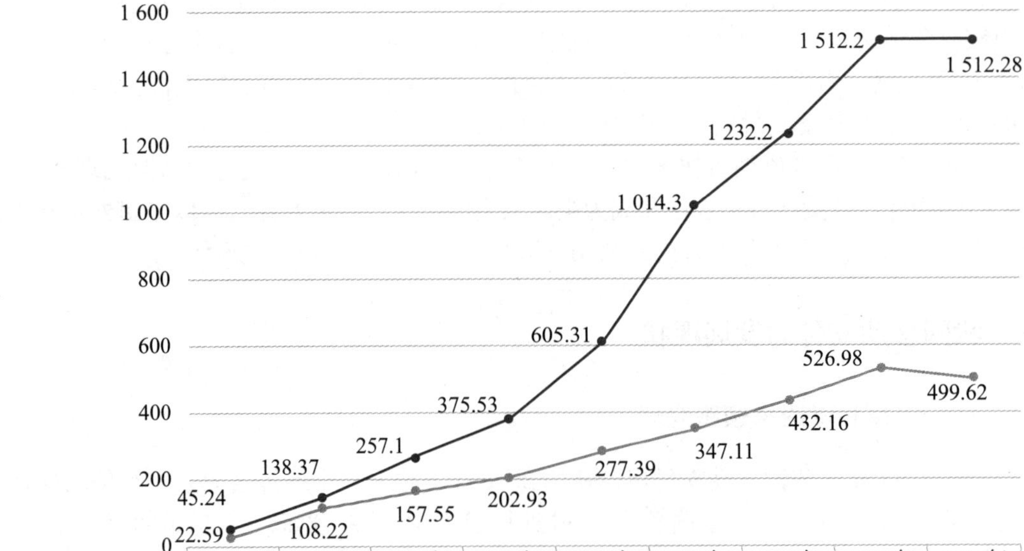

	2014年	2015年	2016年	2017年	2018年	2019年	2020年	2021年	2022年
笔数（亿笔）	45.24	138.37	257.1	375.53	605.31	1 014.3	1 232.2	1 512.2	1 512.28
金额（万亿元）	22.59	108.22	157.55	202.93	277.39	347.11	432.16	526.98	499.62

图 6－11　我国移动支付市场的交易规模

目前，支付宝和财付通作为中国移动支付的两大巨头，$CR_2$①已经连续多年稳定在90%以上。其中，财付通凭借微信高频、高黏性的优势，后发先至，在约 10 年的时间内取得了将近 50%的市场份额；而支付宝凭借着淘宝和天猫的高渗透率，以及丰富、多维度的用户数据，在交易额度和交易笔数方面，与财付通维持着不相上下的水平。

四、移动支付的分类

根据移动支付的距离远近，移动支付可以分为近场移动支付、远场移动支付以及O2O 移动支付三种支付模式。近场移动支付主要有交通支付、超市购物支付等；远场移动支付主要有网上购物支付、各种缴费等；O2O 移动支付则是介于近场移动支付与远场移动支付之间的一种移动支付模式，典型代表是各类扫码支付。

（一）近场移动支付

近场移动支付是指消费者在购买商品或服务时，即时通过手机向商家进行支付的一种支付方式。支付的处理在现场进行，使用 NFC、红外线、蓝牙等通道，实现与自动售货机以及 POS 机的本地通信，如用手机刷卡的方式乘车、购物等。

近场移动支付主要基于如下技术。一是 LBS 技术，指基于位置的服务，是由移动网络和卫星定位系统（GPS）结合在一起提供的一种增值业务。它利用移动网络与移动终端

① CR：Concentration Rate，即行业集中度。CR_n 指的是行业排名前 n 位企业的市场占有率，如 CR_2 是行业排名前 2 位企业的市场占有率。

的配合，来获取移动终端用户的位置信息。二是 NFC 技术，指近场通信，如云闪付和 Apple Pay 都应用的是 NFC 技术。三是 RFID 技术，指射频识别技术，如翼支付的 RFID-UIM 卡就是一种具有无线射频识别功能的手机卡。

知识链接

NFC 技术的特征与优势

特别提示

业界一般用“闪付”来表示利用近场通信技术完成的移动支付，如云闪付。

近场移动支付大部分情况可以离线交易，不需要联网。如果是基于 LBS 技术的近场支付，则需要网络来配合。例如：支付宝用户双方同时“摇一摇”手机，就能找到对方账号并进行快速支付，无须手动输入对方支付宝账号。

（二）远场移动支付

目前，大多数移动支付表现为远场移动支付。远场移动支付是指通过发送支付指令（如网银、电话银行、手机支付等）或借助支付工具（如邮寄、汇款）进行的支付方式。典型代表如微信支付、手机银行支付、短信支付、语音支付以及支付宝支付。

（三）O2O 移动支付

O2O 移动支付是连接线上与线下的移动支付，典型代表如二维码支付、基于 LBS 技术的移动支付。看见心仪的商品，扫一扫二维码，用手机完成支付后即可取走商品，这就是二维码支付，完全自主化。二维码支付可以实现近场移动支付（自动售货机购物等），也可以实现远场移动支付（团购等）。目前，二维码支付是连接线上与线下的主要纽带。O2O 移动支付也可以用手机刷卡器来完成。手机刷卡器是通过手机音频口与手机连接的移动配件（能够识别不同的 IC 卡），这种终端不仅可以实现远场移动支付，也可以完成近场移动支付。

五、移动支付的运营方式和业务模式

（一）移动支付的运营方式

目前，我国移动支付有三类运营方式，分别由移动通信运营商、银行和金融机构、第三方支付服务提供商来运营。

1. 以移动通信运营商为主体的运营方式

该模式的价值链以移动通信运营商为核心来管理手机支付价值链上游和下游企业的协调发展。用户用于支付自己消费的产品或服务的资金主要是从手机费用中扣取的，一般金额比较小。该模式的特点有：银行不参与支付活动，用户直接与移动通信运营商接触；技术成本比较低；移动通信运营商需要承担金融机构的责任和风险。用手机话费支付的移动支付方式具有较大的局限性，这种运营模式实际上是一种过渡形式，它是运营商在没有与银行合作的背景下推出的小额支付业务，在移动支付发展前期确实是一种较为简便快捷的方式。目前，我国的三大运营商均已经取得了银行的支持，可以借助银行或其他金融机构的资源进行移动支付的独立运营。

2. 以银行和金融机构为主体的运营方式

该模式以银行和金融机构推出的业务为核心来推动产业价值链的发展，移动通信运营商处于价值链的下游，以信息服务商的身份出现，不参与支付活动。在该模式下，手机用户可以直接登录银行账户进行交易。但用户必须支付三方面的费用：(1) 由移动通信运营商收取的数据流费用；(2) 由银行收取的数据费用；(3) 由银行、移动通信运营商、支付平台平分的服务费用。目前，我国大多数商业银行已开展了手机支付业务，用户可以利用手机登录办理查询、转账以及缴费业务。该模式的特点有：各银行只能为自己的用户办理业务，对跨行的用户不受理支付业务；移动通信运营商为服务提供商，只提供信息的传递，不参与资金的流动；用户一旦转换到其他银行或者改变手机终端，就需要支付较大的转换成本。

3. 以第三方支付服务提供商为主体的运营方式

在该模式中，第三方支付服务提供商作为单独的经济实体处于产业链的核心环节，移动通信运营商和银行只是作为合作伙伴存在。第三方支付服务提供商的收益主要来自两个部分：一是向移动通信运营商、银行和商户收取设备和技术的使用费；二是与移动通信运营商以及银行就用户业务使用费进行分成。该模式的特点有：产业价值链的结构比较灵活，第三方支付服务提供商可以与不同的银行成为战略伙伴，该模式下的用户可以从属于不同的银行，且银行之间是互联的；用户与银行之间的服务变得很简单，且价值链上的企业之间责、权、利明确。但该模式对第三方支付服务提供商的资金运转能力、市场管制能力、客户管理能力等要求比较高，否则整个价值链有可能处于瘫痪状态。

课堂讨论

你能就以上的三种运营方式各举出一个现实中的应用场景吗？

（二）移动支付的业务模式

从移动支付应用的角度看，移动支付可分为消费和金融两种业务模式。

1. 消费业务模式

在移动支付这一电子商务活动的关键环节，用户利用移动智能终端，通过二维码或支付接口实现支付结算，包括网上购物、生活缴费、交通出行、移动社交、餐饮外卖等多种应用场景，如图 6-12 所示。

2. 金融业务模式

2015 年 7 月，国务院印发《关于积极推进“互联网+”行动的指导意见》，其总体思路是推动互联网由消费领域向生产领域拓展，培育新型业态，打造新的经济增长点。因此，以移动支付为基础的移动金融应运而生，并且快速发展。移动金融本质上还是金融，以移动支付为基础的金融服务可以更好地优化用户体验、提高交易安全。

支付本身就是传统金融“存、贷、汇”功能中的重要组成部分。移动支付作为互联网金融创新模式的基础，优化了传统金融服务大多需要用户到网点柜台办理的烦琐，如转账汇款、投资理财、移动信贷、证券交易等通过移动支付即可在线办理，如图 6-13 所示。

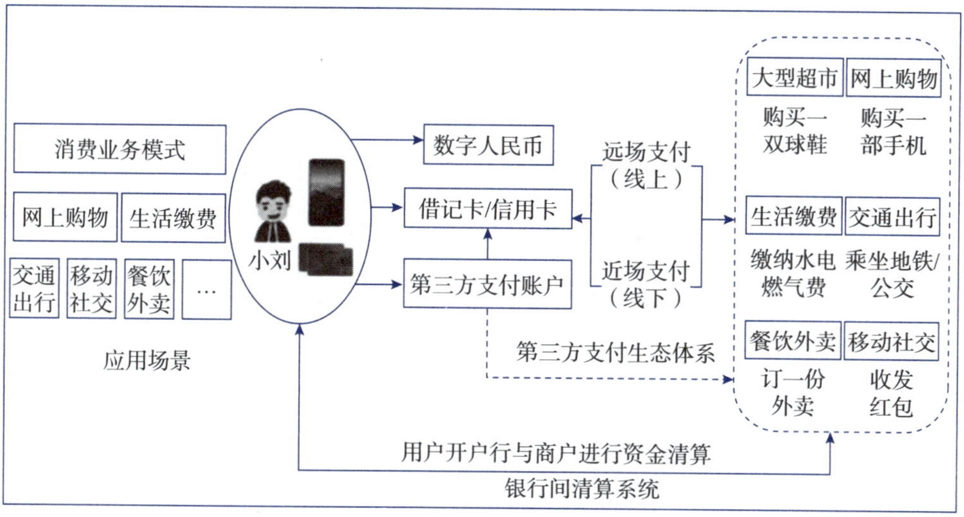

图 6－12　移动支付的消费业务模式

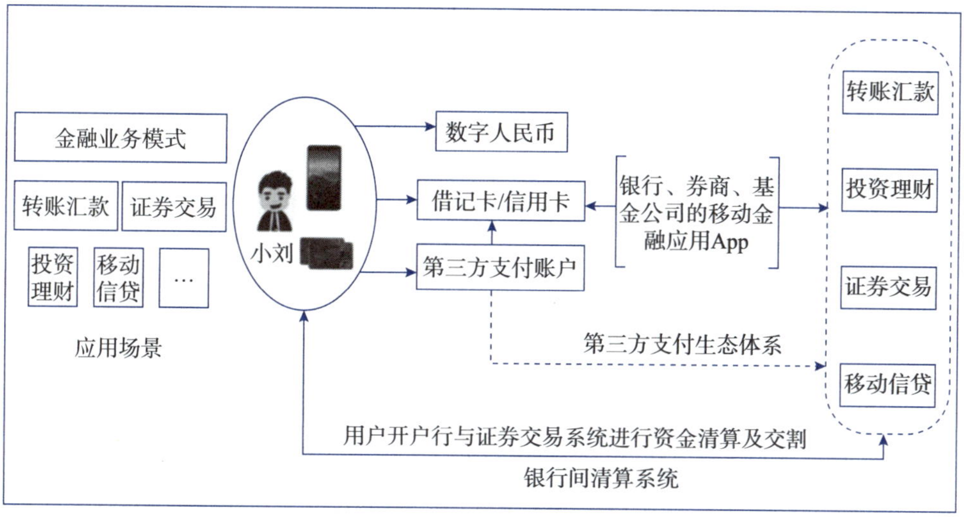

图 6－13　移动支付的金融业务模式

六、二维码支付

（一）二维码概述

1. 二维码的概念

二维码又称二维条码，是一种编码方式，它是相对于一维码来说的，比如条形码就是一维码。二维码是由日本 DW 公司在 1994 年发明的，当初主要是为了解决制造业和物流业的产品管理问题，因为二维码比条形码具有更大的信息容量和抗污损性能。具体来说，二维码是一种比一维码更高级的条码格式。一维码只能在一个方向（一般是水平方向）表达信息，而二维码在水平和垂直方向都可以存储信息。一维码只能由数字和字母组成，而二维码能存储汉字、数字和图片等信息，因此二维码的应用领域要广得多。

2. QR Code

在许多种类的二维码中，常用的码制有 Data Matrix、Maxi Code、Aztec、QR Code、Vericode、PDF417、Ultracode、Code 49、Code 16K 等。其中，QR（Quick Response）Code 是被广泛使用的一种码制，我们通常使用和提及的二维码就是 QR Code。

QR Code 具有可以存储大容量信息、可以在小空间内打印、能够有效表现各种字母、抗污损和破损的适应能力强、可以从任意方向读取、支持数据合并等优点。

课堂讨论

目前，除了移动支付领域，我们在其他各类商务活动和生活场景中都使用二维码来传递信息。似乎传递新的信息都需要生成一个新的二维码，有人粗略统计，全球一天会使用 100 亿个二维码。那么，二维码会在将来的某一天被用完吗？

3. 条码的分类

我们常说的条码包括二维码和条形码（一维码）。二维码和条形码都可以分为动态码和静态码。例如：商家贴在柜台上用于收款的二维码是静态的，消费者在手机上生成的时时变化的支付码是动态的。相对静态码，动态码更安全，被篡改的可能性比较小。条码支付包括付款扫码和收款扫码。付款扫码就是消费者扫商家的收款码，收款扫码就是商家扫消费者的付款码。这两种方式都可以实现支付的目的。

（二）二维码支付概述

二维码支付是一种基于账户体系搭建起来的新一代无线支付方案。在该支付方案下，商家将商品价格与账户等交易信息制作成二维码，顾客在移动设备上用相应的扫码软件扫描二维码，迅速识别其中的商品信息及支付信息，并在网络环境下完成移动支付。

二维码支付是目前线下移动支付最常用的支付方式。根据 2022 年中国支付清算协会的调查数据，95.8%的受访用户表示经常使用二维码进行移动支付。由于便捷和低成本，如今，二维码支付已成为移动支付的重要组成部分，并由第三方支付机构主导。二维码支付具有支付便捷、应用门槛低的优势，近年来在小额、便民支付领域市场份额持续增加，促进了移动支付的快速发展和普惠金融的广覆盖，在优化我国非现金支付环境建设方面发挥着积极作用。

但二维码支付在发展中也存在一些突出问题。例如：部分市场机构采取倾销、交叉补贴等不正当竞争手段，滥用市场优势地位，排除、限制支付服务竞争，扰乱市场秩序。二维码支付本身存在一定的技术风险：不法分子可通过截屏、偷拍等手段盗取支付凭证，在支付凭证有效期内盗用资金；不法分子可将木马病毒、钓鱼网站链接制成二维码，诱导客户扫描后窃取信息；扫码设备安全强度低，易被不法分子非法改装使用等。

（三）条码支付业务的限额规定

为促进移动支付业务健康可持续发展，规范条码支付业务，维护市场公平竞争环境，为人民群众提供安全便利的金融服务，2017 年 12 月 27 日，中国人民银行发布《条码支付业务规范（试行）》，自2018年4月1日起正式实施。根据规定，个人客户的条码支付需要满足下述关于限额的规定，如表6-1所示。

表6-1 扫码支付限额等级划分

风险防范能力	交易验证方式	交易限额（同一客户单日累计）	
		银行（单个银行账户）	支付机构（所有支付账户或快捷支付）
A级（动态条码）	采用包括数字证书或电子签名在内的两类（含）以上有效要素进行验证	自主约定	自主约定
B级（动态条码）	采用不包括数字证书、电子签名在内的两类（含）以上有效要素进行验证	5 000元	5 000元
C级（动态条码）	采用不足两类有效要素进行验证	1 000元	1 000元
D级（静态条码）	无论使用何种交易验证方式	500元	500元

业界前沿

移动支付与生物识别

如果使用动态条码，采用包括数字证书或电子签名在内的两类（含）以上有效要素进行验证，如消费付款的同时使用电子签名和指纹，消费者可以自主约定单日累计限额；如果付款的时候，有两类（含）以上要素进行验证，但是不包括数字证书、电子签名，如用密码和指纹，那么消费者单个银行账户或所有支付账户或快捷支付单日累计交易金额不能超过5 000元；但是如果采用不足两类要素进行验证，如只用密码或者只用指纹，甚至不验证，那就不能超过1 000元。如果扫的是静态条码，消费付款时，消费者单个银行账户或所有支付账户或快捷支付单日累计交易金额不能超过500元。之所以对静态条码设置较低的支付限额，是因为商家贴出来的静态条码很容易被不法分子更换、篡改、变造，或者可能带有木马病毒，从而损害消费者和商家的利益。

任务小结

1. 移动支付是指用户使用移动终端（包括智能手机、智能平板、可穿戴设备等）发出数字化支付指令，对购买的商品和服务进行支付和结算的一种方式。移动支付是电子支付方式的一种。移动性、集成性、实时性和安全性是移动支付区别于其他电子支付方式的特征。

2. 我国移动支付发展迅速的背景有：网民规模庞大，移动网络覆盖率高；立足普惠金融，基础设施完善；O2O消费快速发展，拓宽小额支付场景。目前，我国的移动支付规模和渗透率领跑全球，规模不断扩大，行业集中度极高。

3. 根据移动支付的距离远近，移动支付可以分为近场移动支付、远场移动支付以及O2O移动支付三种支付模式。近场移动支付主要应用的技术是NFC技术，O2O移动支付的代表是二维码支付。

4. 目前我国移动支付有三类运营方式，分别由移动通信运营商、银行和金融机构、第三方支付服务提供商来运营。移动支付的业务模式分为消费业务模式和金融业务模式。

5. 二维码支付是一种基于账户体系搭建起来的新一代无线支付方案。二维码支付是目前线下移动支付最常用的支付方式。我们通常使用和提及的二维码是 QR Code。

6. 2017 年 12 月 27 日，中国人民银行发布《条码支付业务规范（试行）》，自 2018 年 4 月 1 日起正式实施。它对个人客户的条码支付设定了阶梯限额规定。

技能实训

1. 下载云闪付 App，用云闪付完成一次线上或者线下购物。

2. 在本项目任务一的“技能实训”完成的 PayPal 和支付宝的对比报告的基础上，从市场规模、亮点功能、客户群体、优劣势等方面对比分析云闪付的发展现状与前景。

在线测试

项目六
网络支付

项目七 智慧银行

学习目标

知识目标

1. 了解银行业的科技创新历史与智慧银行、虚拟银行和开放银行等银行模式，熟悉金融科技在银行业的应用以及对银行业的影响

2. 掌握互联网银行的概念和特征，了解互联网银行的发展现状和面临的挑战

能力目标

1. 能够说出金融科技在银行业的具体应用，能够辨析民营银行、互联网银行、智慧银行、虚拟银行、开放银行等概念

2. 能够通过网络资料查询并分析互联网银行的运营特征，能够通过官方网站等渠道，查询互联网银行年度报告，分析总结互联网银行的代表性金融产品

素养目标

1. 树立文化自信：银行业的科技应用变迁体现了银行业的现代化进程

2. 了解普惠金融政策：银行业的金融科技应用可以显著促进金融服务普惠

3. 培养科学精神与创新思维：金融科技在银行业的应用富有科学精神和创新思维

4. 培养辩证思维：互联网银行与传统银行具有各自的优势与局限性

项目案例

互联网银行成小微金融新力量

都说小微企业融资难、融资贵是世界性难题，还有什么比这更难解决的吗？如果有，那就是借到第一笔钱。据统计，中国小企业平均寿命只有3年左右，但平均成立4年多才能获得首次贷款。也就是说，有大量小企业还没有等来第一笔贷款，就已经消失。

随着金融科技投入的不断增加，多家银行推出了小微创新产品。其中，互联网银行在扶持小微企业和个体经营者中发挥了不可替代的重要作用。数据显示，截至2020年5月，互联网银行累计服务超过4 600万小微企业和个体经营者，累计放贷超过4.6万亿元。这其中的代表性产品，是2017年微众银行以“银税互动”为突破口，打通银税之间数据链路，推出的面向小微企业的“微业贷”。这是我国第一个“全线上、无抵押的企业流动资金贷款”，以“1分钟，1部手机，服务200家企业”的互联网效率，为小微企业提供高效便捷的金融服务。“首贷户”占比高，是微业贷的突出特征，小微企业客户超过60%没有任何银行企业贷款记录。截至2020年，微业贷已辐射27个省和直辖市，服务超过150万企业法人，累计发放贷款金额超过3 200亿元。微业贷的普惠性还体现在户均余额上。微众银行的小微用户群，具有“50，30，20”的小额特征，即户均授信约50万元、户均余额约30万元、笔均借款约20万元，远远低于平均水平。在传统金融机构相对更难获得贷款的小微企业，借助微业贷重新焕发了生机。

在具体的服务中，互联网银行是如何触达广泛的小微群体的？答案是借助数字化。以微众银行的实践为例，这家银行首创的基于企业互联网生态的数字化、智能化营销体系，在迅速扩大小微企业覆盖面的基础上，大大降低了获客成本。成立多年来，以微众银行为代表的互联网银行依靠科技、场景优势践行差异化竞争策略，专注于普惠小微和零售客户，在化解小微企业融资难、融资贵问题的同时，也迅速成长壮大。微众银行充分发挥自身金融科技优势，在人工智能、区块链、云计算和大数据等金融科技四大领域大力开展技术攻关，在数字普惠金融领域取得突出的进步。对于微众银行来说，不仅小微客户服务效率更高，而且成效非常突出。凭借领先的区块链与云计算实力，目前微众银行的户均IT运维成本已经降低至约3.5元/年，不到行业平均的1/10，因而做小微更有持续性。而在“场景+科技模式”的探索下，微众银行也找到了自己小微金融服务之路。

资料来源：累计放贷超4.6万亿元！互联网银行成小微金融新力量［EB/OL］. 轻金融，2020-10-30.

任务一　认识科技创新下的银行业

任务导入

银行业在我国的金融业中处于主体地位，银行业与新技术深度融合之后发展出了多种新型银行，也创新了业务运营模式，对银行业造成了革命性的影响，甚至基于金融科技创新出现了一种具有相当大的市场影响力的银行类型——互联网银行。那么，金融科技的应用具体诞生了哪些银行模式？你能厘清它们的概念吗？金融科技在银行业又有哪些具体的应用呢？我们将在本次任务中了解。

知识准备

一、银行业的科技创新历史与发展模式

几个世纪以来，科技进步一直是推动银行业发展的重要力量。历次科技革命不仅催生了新的产业形态和商业模式，而且有效降低了交易成本、提升了运营效率。银行业在一次次科技革命的冲击下不断改革创新。从复式记账法的发展到现代中央银行和支付系统的建立，再到引入复杂的金融产品，科技在银行业的应用呈现加速趋势，如图 7－1 所示。

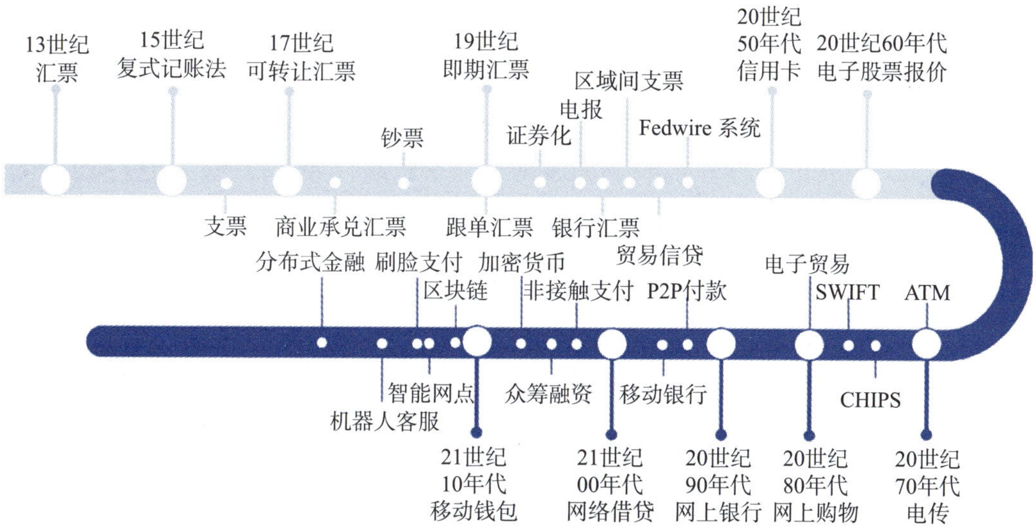

图 7－1　银行业的科技创新历史

可以说，银行业发展史就是一部伴随科技不断进步的历史。根据银行业发展历程中不同时期的代表性技术，科技对银行业发展的推动和变革可以划分为金融 IT 阶段、互联网金融阶段和金融科技阶段三个阶段。

（一）金融 IT 阶段

20 世纪四五十年代的信息技术革命以电子计算机的广泛使用为核心。银行在这一阶

段主要通过IT软硬件来实现内部办公和业务的电子化，用以优化业务流程、提升业务效率以及降低运营成本。ATM、POS机、支付系统等是这一阶段的代表产品。与此同时，信息的采集、处理和传输在计算机时代更加快速高效，使得银行从单纯经营存款、贷款和汇款业务的金融机构，转型为信息的提供、服务和管理者。

（二）互联网金融阶段

2008年以来，移动互联网技术及数字设备的出现使得年轻客群的金融消费行为发生较大的改变，众多成熟的互联网公司和新成立的初创企业凭借自身的技术、平台和数据优势开始跨界进军金融业，直接向企业和公众提供金融产品和服务，构建出以互联网为交易渠道的互联网金融模式。商业银行利用互联网和移动终端渠道实现线下业务向线上迁移，直销银行和互联网银行是互联网金融阶段我国商业银行转型的两种主要模式。

1. 直销银行

我国直销银行最初是互联网金融浪潮下银行业创新的产物。我国传统商业银行为了融入互联网发展趋势，借鉴国外直销银行模式，纷纷成立直销银行并将之作为一个新的部门（或事业部）。直销银行模式的核心是依托银行电子账户体系和独立的App应用，将银行业务和服务进行互联网线上化。用户可以通过直销银行在线完成用户信息注册，开立Ⅱ、Ⅲ类账户和投资理财等金融服务。然而，这种创新模式与手机银行和网上银行的业务重合度较高，差异化优势并不明显，且摆脱不了严监管，无法切入更多的长尾人群。

随着直销银行在体制上创新的难度越来越大，监管部门批准成立独立法人模式的直销银行。2017年11月，中信银行和百度公司联合发起的百信银行正式开业，这是国内首家独立法人模式的直销银行。另外一家直销银行——邮惠万家银行（全称中邮邮惠万家银行有限责任公司，邮储银行100%控股）于2020年12月批复筹建，并于2021年12月获得开业批复。

业界前沿

邮惠万家银行获批开业

2. 互联网银行

在我国，互联网银行主要是指民营银行中以纯互联网的形式运营的银行。自2014年原银监会批准第一批民营银行以来，截至2024年底，我国共有19家民营银行获批。在获批成立的民营银行中，有部分银行选择以纯互联网的形式运营，典型的代表有深圳前海微众银行、浙江网商银行和四川新网银行。三家互联网银行在股东背景中皆有互联网企业的参股，互联网银行成为互联网企业入局银行业的途径之一。

扩展视频

首批5家民营银行试点已全部开业

（三）金融科技阶段

2016年被业界称为金融科技元年，以大数据、云计算、人工智能、区块链等为代表的新一代信息技术突飞猛进，催生了社会生产生活方式的颠覆性变革，驱动数据资源指数级增长和裂变式衍生，金融科技的主要技术及应用得到了前所未有的关注和高速发展。在数字技术的推动下，金融和科技的边界日益模糊。银行业竞争格局发生巨大改变，传统商业银行面临同业竞争和跨界竞争的双重压力，从而对新型组织形态进行探索。在这一阶段，除了智慧银行得到了深入的实践与发展，还出现了包括虚拟银行、开放银行等新的发展模式。

1. 智慧银行

不同于其他几类新型银行，智慧银行并没有一个十分显著、用以明确区分的特征，更像是一个新理念的变革与应用，所以它的概念也更加宽泛与抽象。智慧银行是传统银行、网上银行的高级阶段，银行企业以智慧化手段和新的思维模式来审视自身需求，并利用创新科技塑造新服务、新产品、新的运营和业务模式，实现规模经济，提升效率和降低成本，从而达到有效的客户管理和高效的营销绩效的目的。智慧银行不是对银行现有服务与技术创新的简要融合，而是一场理念、策略、流程的变革和实践，是利用成熟的智能技术和设备，对银行传统经营模式、管理体制机制、业务体系以及品牌文化的再造与重塑，是以技术为开端和介质，对银行进行系统性的智慧创新建设。

智慧银行的创新性应用主要体现在以下四个方面：

（1）智慧网点。

扩展视频

人工智能和物联网正在改变银行营业厅

随着技术的进步与租金、人力成本的提高，银行网点运营的效益逐渐与成本不匹配，业务量也已经被线上业务赶超。但银行网点仍然是银行与客户接触最重要的渠道，是传统银行业务的基础，其为客户带来的面对面的信任感和复杂业务的服务能力依然是不可替代的。智慧网点是传统银行网点降本增效的一个有效转型路径，它通过5G、物联网、人工智能、大数据、生物识别等技术提高网点服务的智能化水平。智慧网点主要通过各种智能设备与客户进行智能交互，如智能机器人、远程视频柜员机（VTM）、移动智能柜员机（MIT）、智能迎宾机、人脸互动大屏终端、智能广告机等，在兼顾服务成本的同时为客户提供高质量的互动沉浸式创新金融服务体验。

（2）银行支付服务。

银行支付服务是指银行在收付款人之间作为中介机构提供网络支付、预付卡的发行与受理、银行卡收单等货币资金转移服务，是银行与客户交互的重要渠道。随着互联网金融的迅速发展，以财付通和支付宝为代表的第三方支付公司凭借简单实用、覆盖面广、增进社交的支付服务应用，不断获取规模大、黏性高的客户群体资源，挤占了银行原本的获客空间。

因此，为了能够在竞争对手的压力之下继续生存和增长，银行开始不断地对其支付服务进行创新，主要思路是拓宽支付服务场景和保障支付安全，让银行支付服务的触角延伸到生活中的方方面面，逐渐形成完整的支付生态，从而大幅提高服务的便利性、高效性与安全性。

（3）智能风控。

银行传统的风控环节不仅成本高昂，而且存在有效性差、效率低等问题，在银行要争取长尾客户的情况下，传统风控已经不能满足需求。将金融科技与风控结合，提升风控环节的智能化水平，是银行风控发展的大势所趋。智能风控就是结合大数据和人工智能技术制定智能风控策略，并将其应用于传统风控流程，从而对传统风控进行全方位的优化。对比传统风控，智能风控利用了更多维度的信息，并通过算法、模型和规则避免了人工主观性的影响，从而能够得到更为精确的结果。

（4）智能财富管理。

由于民众财富积累日益增多，理财需求日益增大，并且我国互联网、人工智能行业高度发达，因此智能财富管理体现出很大的潜力和很好的前景。人工智能将财富管理模式带入由客户需求驱动并通过财富管理平台进行资产配置的新时代，成为银行转型的重要推进器，为此银行纷纷推出智能财富管理产品。

虽然银行的智能财富管理取得了较快发展，但技术含量与证券市场的智能投顾还存在一定的差距。智能财富管理更像是理财产品的智能营销和一键购买，而非真正具有投资决策分析能力的智能投顾。因此，未来银行的智能财富管理在投资策略和智能算法等核心功能方面还需要不断升级。

特别提示

相比于其他几类新型银行，智慧银行的概念提出要早得多，2008 年 IBM 公司就在“智慧的地球”愿景中提出了智慧银行的概念。但是，只有大数据、区块链、人工智能、云计算和 5G 等新技术才能让智慧银行成为现实。

2. 虚拟银行

虚拟银行基于高速移动网络、利用增强现实技术，模拟面对面、场景化的服务体验，实现银行网点向低成本、高效率、轻型化转型。中国香港是虚拟银行的积极部署者之一。早在 2000 年，香港金融管理局（以下简称香港金管局）就首次发布了《〈虚拟银行的认可〉指引》（以下简称《指引》）。2018 年 2 月，香港金管局对《指引》进行修订并于 5 月正式发布，宣布向全社会开放申请。2019 年 3 月，香港金管局批复了 Livi VB Limited、SC Digital Solutions、众安虚拟金融有限公司的虚拟银行牌照，4 月批复 WeLab Digital Limited 成为香港第四家虚拟银行，5 月又批复了蚂蚁商家服务（香港）有限公司、贻丰有限公司、洞见金融科技有限公司和平安壹账通有限公司的虚拟银行牌照。至此，香港金管局已批复八家虚拟银行。

业界前沿

香港蚂蚁银行开业，3 分钟可远程开户

相对于传统商业银行，虚拟银行具有以下优势。第一，低运营成本带来价格优势。过去数年，香港大部分传统银行已经全面升级系统，构建了线上服务平台，但是租金、设备及薪酬等物理网点运营成本仍然占据总成本的 2/3 左右。不设立物理网点的虚拟银行可以帮助银行进一步压缩成本，为客户提供更低价的服务。第二，发展普惠金融的有力手段。《〈虚拟银行的认可〉指引》中强调虚拟银行“一般以零售客户为服务对象，当中包括中小型企业”，可见虚拟银行主要向先前未能触达的长尾客户提供服务，虽然长尾客户一般风险较大，但是借助大数据风控等前沿技术能够实现风控的全面提升。从香港在虚拟银行领域的布局可以看出，香港银行业正在加快金融科技布局，大力发展普惠金融。

特别提示

实际上，虚拟银行与互联网金融阶段的互联网银行十分类似，只是以微众银行为代表的互联网银行诞生得更早（2014 年），彼时金融科技这一概念还没有被广泛地研究与讨论。

3. 开放银行

开放银行是商业银行数字化转型的重要组成部分，强调以用户为中心，以 API[1]、SDK 等技术实现方式为特点，通过双向开放的形式深化银行与第三方合作机构的业务链接和合作，将金融服务能力与客户生活、生产场景深度融合，从而优化资源配置，提升服务效率，实现双方或多方合作共赢。银行通过 API 开放产品和服务，将其嵌入合作的第三方机构平台，开展基于特定消费场景的服务。对银行而言，开放 API 是一个“出口”和“进口”的过程。银行“出口”的是数据、流程和算法等。虽然这会让银行承担一定的风险，但也带来了很多机会。例如：银行可以借此提供新的产品和服务，还可以改善客户体验，增加新的收入来源，以及参与一个更大的互利的生态。从“进口”的角度看，银行将产品和服务开放给第三方，其实也是在扩展自身的业务范围，提供超越传统银行的服务，增加非银行产品和服务，如家庭服务、消费品购买服务和旅行服务等。

特别提示

出于风控和合规的要求，长久以来，银行系统处于相对封闭的状态。然而，开放银行的实践让银行与外界的数据流通成为必然。在这一背景下，如何在开放环境下保证数据安全，是银行业面临的新挑战。

2018 年，随着金融科技的普及，多家传统商业银行开始在开放银行领域布局。7 月，浦发银行推出业内首个无界开放银行——API Bank。8 月，中国工商银行在半年报中提到要打造无所不包的开放银行、服务无所不在的身边银行、应用无所不能的智能银行。9 月，中国建设银行提出要将数据以服务的方式向社会开放，把技术服务推向社会，为整个社会赋能。同一时期，招商银行宣布迭代上线招商银行 App 7.0 版本和掌上生活 App 7.0 版本，通过 App 打造一个开放式平台。从此，中国的开放银行进入快速发展阶段。2018 年也被视为开放银行发展元年。

业界前沿

平安银行构建开放联盟生态圈

二、金融科技在银行业的应用

（一）大数据：探索精准营销和风控新模式

当前我国商业银行服务同质化，产品差异性小，因而产品和业务创新是中小型银行提高竞争力的重要手段。大数据技术的应用可以实现精准营销，推动银行营销变革；根据数据智能分析向前台提供服务与反馈，支持实现以客户为中心的服务模式与体验；整合日益互联互通的各种服务渠道；形成从广泛的数据源持续获取、度量、建模、处理、分析大容量多类型数据的能力；在流程、服务、系统间实时共享数据，并将经过智能分析和加工的数据用于业务决策与支持；智能分析与预测客户需求。

在风控方面，传统商业银行的短板就是出于风险与成本的考量难以为小微企业和个人

---

① API（应用程序编程接口）是一种用于计算机程序交互的特殊协议，它允许在一个应用程序中使用另一个应用程序的功能。例如：你在短视频 App 中观看一个视频，看上了视频中的小商品，下面可能会有商品链接，点击即可直达购物网站，这就是 API 的应用。

用户提供金融服务。通过大数据技术，商业银行以已有客户信息为基础，收集自有的电商平台个人和企业的网络交易数据，识别个人和企业的信用风险，扩大消费和小微企业信贷业务。

（二）机器人流程自动化：提升业务效率

机器人流程自动化（Robotic Process Automation，RPA）正迅速成为企业改善服务、提高效率和降低成本的关键工具。RPA 又称为“数字化劳动力”，是可以模拟并且增强人与计算机的交互过程，将基于规则的常规操作自动化的智能化软件。从理论上讲，具有高重复性、有规律可循的业务流程都可以让 RPA 代为完成。可以预见，RPA 的应用是未来银行业发展的必然趋势。RPA 的应用将最大限度地减少重复性、劳动密集型的机械性工作，以更低的成本、更快的速度和更高的质量进行全天候服务，进而解放人力去做更有价值的创造性工作。在银行中，风险评估、财务分析、投资管理、交易、信贷审批、KYC 反洗钱政策、监管和合规等方面，都将是 RPA 的重点应用领域。

（三）区块链：构筑全新信用机制

区块链由于其所具有的去中心化、透明度高、不可篡改等核心优势引起各界关注。随着数字化进程的推进，区块链构建的信任机制基础设施，为线上数字资产流转和交易提供了绝佳的基础，极有可能成为未来网络基础协议和信用范式的颠覆性技术。目前，银行业主要围绕电子交易、商业票据、支付转账、数字货币、信息存储、内部管理等方面展开应用开发，以提高交易和信息处理的效率。从中长期来看，实现技术突破与监管政策落地之后，区块链将在征信与信贷、清算与结算、加密货币存款与托管、数字资产管理与个人理财等金融领域展现出更大的潜力与效能。可以预见，随着区块链技术在金融场景中的深入应用，会有更多的交易和信息交换通过区块链建立互联互信体系，最终打造一个“万物互联”的信任时代。

（四）5G：助力数字化转型

作为继 4G 之后的新一代蜂窝网络技术，5G 具有更高的速率、更宽的带宽、更高的可靠性以及更低的时延等特性，被称为“引领未来”的新兴技术。根据国际电信联盟（ITU）发布的 IMT-2020（5G）规范，单个 5G 基站至少能够处理 20 Gbps 的下行链路和 10 Gbps 的上行链路，在理想情况下，连接 5G 网络的最大时延不能超过 4 毫秒，甚至保持 1 毫秒的超低延迟通信。5G 技术的出现，将为金融业注入新的血液。在 5G 时代，客户将感受不到移动端金融服务的业务流程延迟，金融服务也将不再受到空间限制。金融机构可以采用虚拟现实技术或全息技术，将金融服务以立体影像的形式呈现出来，在为客户提供优质服务的同时还能降低运营成本。若将来全息技术成熟，金融机构还可以实现远程开户验证，进一步突破现有时间和空间的服务障碍。此外，5G 作为世间万物进入数字世界的入口，将获取海量、多维度、相关联的人、物、企业数据，进一步优化供应链金融、信用评估、资产管理等相关金融服务，以实现更多丰富场景的探索。

（五）物联网、数字孪生：实现万物互联

随着 5G 时代的到来，物联网将获得广阔的发展空间。伴随着物联网应用的增加，物

理实体的数字化化身——“数字孪生”概念在最近几年受到了极大的关注。物联网无所不在的连接使得数以千亿计的设备联网，数字孪生在设备的基础上创造一个数字版的“克隆体”，二者将为各行各业带来无可比拟的运营效率和商业模式的颠覆式创新。物联网和数字孪生的产生和运用，将对金融业产生革命性影响。物联网与金融的深度融合，将拓展金融服务的生产可能性边界，使以往不可能的创新服务变为可能。更为重要的是，金融业本质上是经营风险的行业，利用物联网技术能够促进有效的风险管控。物联网打通了线上、线下的各类数据，将虚拟经济和实体经济连接，实现完全客观的信用体系，由此产生更好的信贷模式、信用评估和风控模型，提高风控的可靠性和效率。通过数字孪生技术，银行的营业网点可以实现数字化，把线下的组织架构原封不动地复制到线上，让客户享受到与线下一模一样的金融服务。

（六）沉浸式技术：打开体验新天地

计算机图形与仿真技术的不断发展为人类带来了众多的沉浸式技术，从虚拟现实（VR）、增强现实（AR）、混合现实（MR）到扩展现实（XR），这些沉浸式技术通过不同程度的数字信息与现实环境的融合，模糊了物理世界和虚拟世界之间的界限，为用户带来虚实交错的时空体验。沉浸式技术由于有着改善客户体验的巨大潜力，被应用到银行业无疑是大势所趋。这类技术可以使客户处于完全虚拟的银行环境中，逼真的银行大楼、服务大厅、办公室等三维立体空间，一切都会让客户身临其境。在这片虚拟空间里，客户如同行走在真实的银行大厅中一样，无须到网点就可以办理所有的金融服务，实现了真正意义上的智能化无人银行。

三、金融科技对银行业的影响

近年来，金融科技在全球范围内兴起，在提高银行服务水平和经营效率的同时，也对银行经营生态产生了深刻的影响。

（一）银行的传统竞争优势受到挑战

在新的经营环境中，银行的传统竞争优势受到严峻挑战。银行的服务场景和渠道发生深刻变化。传统上，客户只能从银行物理网点获取存、贷、汇等银行服务。互联网及电话普及之后，服务渠道更多转向银行专属的互联网和电话渠道。丰富的应用场景和优良的客户体验成为推动互联网金融快速发展的利器。而在金融科技时代，客户可以在不同的消费和工作场景中，通过互联网和移动平台获取银行服务。由此，客户服务由以银行物理网点为中心逐步转向以客户应用场景为中心。在互联网和移动平台上，客户对银行服务以及服务商选择的自由度大幅提高。

在客户信息方面，由于之前几乎所有的金融服务流程都在银行体系内部完成，因此银行在交易过程中掌握了大量的客户财务信息和金融需求。在新的竞争环境下，越来越多的金融交易与客户消费或工作生活场景相关联，提供此类场景的平台企业掌握着大量的客户行为数据，包括消费偏好、生活习惯、社交关系等，平台企业亦可通过大数据分析推导出客户的金融需求、财务能力和财务状况。

在资金方面，互联网金融创新产品对银行存款形成了有力的竞争。沉淀在第三方支付体系的资金通过基金等方式直接进入货币市场及资本市场，各类互联网理财产品的快速发展也在加速银行存款的分流。

金融科技从根本上改变了银行业原有的经营环境，使市场竞争的核心要素发生深刻变化，竞争的方式和对象随之转变。随着金融服务的渠道方式和产品的不断丰富，客户黏性降低，竞争压力大幅上升，传统银行依靠信息优势“躺着挣钱”的时代已一去不返。银行必须根据自身特点，以更具有针对性的定位为基础，制定专业化的发展战略。

（二）传统银行加速战略调整，推进数字化转型

为应对急剧变化的竞争环境，大部分银行已投入大量资金用于金融科技的开发与应用。同时，银行的传统管理体制已经无法适应新的竞争环境，尤其是原有模式中条块化、封闭式的业务流程，“烟囱”和“孤岛”式的数据治理模式，层级化、官僚化的组织架构，都在不同程度上限制了新环境下银行竞争力的提升。因此，许多银行正在从战略规划、组织架构、业务流程、数据治理、人才结构等方面，全面推动数字化转型。

从金融科技的应用来看，大部分银行前、中、后台的业务流程和经营模式都发生了根本性的变化。

在业务前台，银行通过移动互联、生物识别、人工智能等技术拓宽服务渠道，提升客户体验。金融科技使银行的柜面延伸至整个网络空间，不再受物理区域和固定营业时间的限制，同时将金融服务嵌入消费者生活、工作场景，以满足客户一站式、个性化、便捷化的服务需求。

在业务中台，银行通过大数据、人工智能等技术，加强对客户数据和信息的挖掘应用，推动业务流程的优化和服务能力的提升。金融科技大幅提升了银行的数据洞察能力。通过对客户进行精准画像，银行的产品定价和风控能力显著提升，银行服务得以从“千人一面”向“千人千面”转变。同时，金融科技推动中后台运营流程进一步优化，提高业务集中自动化处理能力，大幅提升业务控制和风险管理效率；加强合规科技应用推广，提高银行合规管理水平。

在业务后台，银行通过云计算等分布式计算技术，建立随需而变的科技资源分配模式，提升数据传输、存储和计算能力，保障业务发展中系统的弹性可扩展。同时，银行通过构建统一技术平台以及敏捷开发模式，提升系统及应用交付水平，支撑金融科技源源不断地输出业务能力。

（三）银行由封闭转向开放，开始与第三方机构合作

银行与第三方机构开展的金融科技合作已经覆盖银行价值链中的多个重要环节。

在业务前台，银行在渠道建设、网络贷款、移动支付、账户开立、资金存管等方面与第三方机构广泛开展合作。比较典型的合作是在客户引流方面，许多银行在第三方机构的社交、电商服务平台上提供银行 API 接口，吸引客户通过第三方机构购买银行提供的金融产品和服务。

在业务中台，银行在客户身份验证、客户画像与风险评级、信用风险管理等方面与第三方机构开展合作，以获取相关数据信息以及海量数据挖掘与分析能力。近年来，银行将

信用卡催收、账单处理、业务对账、集中作业等业务外包也呈上升趋势。

在业务后台，银行在私有云建设、大数据分析、人工智能研究、移动互联业务拓展、网络安全防护等方面，通过技术合作、协同开发、外包服务等方式，聘请第三方机构提供技术咨询，引进第三方机构提供的成熟技术产品，以提高银行科技建设效率、降低建设成本、加强网络安全防护。

任务小结

1. 科技创新是银行业发展的重要推动力。在我国，互联网金融阶段直销银行和互联网银行成立，金融科技阶段又诞生了智慧银行、虚拟银行和开放银行等新模式。

2. 银行利用大数据探索精准营销和风控新模式，利用机器人流程自动化提升业务效率，利用区块链构筑全新信用机制，利用 5G 助力数字化转型，利用物联网和数字孪生实现万物互联，利用沉浸式技术打开体验新天地。

3. 金融科技对银行业产生了深刻的影响：一是银行的传统竞争优势受到挑战；二是传统银行加速战略调整，推进数字化转型；三是银行由封闭转向开放，开始与第三方机构合作。

技能实训

扩展视频

智慧银行宣传片

1. 根据所学的内容，查询网络资料，向你的朋友讲解直销银行、互联网银行、开放银行、智慧银行、虚拟银行之间的区别与联系，并介绍它们的典型代表各一个。

2. 扫描右侧二维码观看视频《智慧银行宣传片》，找出视频中有哪些地方体现了银行的精准营销、机器人流程自动化的效率提升和沉浸式技术的新体验。

任务二　走进互联网银行

任务导入

银行在网上办理业务已经十分常见了，但是你知道只在互联网上办理业务，一个实体网点都没有的银行吗？在我国，人们称之为互联网银行。那么，什么是互联网银行？它有哪些特点和优势？它的发展现状如何，又面临哪些挑战呢？

知识准备

一、互联网银行的概念

2012 年，原银监会印发了《关于鼓励和引导民间资本进入银行业的实施意见》。2013 年 6 月，国务院常务会议提出，鼓励民间资本参与金融机构重组改造，探索设立民间资本发起的自担风险的民营银行和金融租赁公司、消费金融公司等。2013 年 7 月，国务院下发的《关于金融支持经济结构调整和转型升级的指导意见》明确提出，尝试由民间资本发起设立自担风险的民营银行、金融租赁公司和消费金融公司等金融机构。同年 11 月，《中共中央关于全面深化改革若干重大问题的决定》提出，在加强监管前提下，允许具备条件的民间资本依法发起设立中小型银行等金融机构。千呼万唤始出来，历时多年，我国民营银行制度逐步成型。2014 年 3 月，原银监会确定深圳前海微众银行、上海华瑞银行、温州民商银行、天津金城银行、浙江网商银行等 5 家民营银行进入首批试点，揭开了民营银行的发展序幕。

特别提示

民营银行就是完全由民间资本发起的银行。在这之前，虽然我国一直有序推进民间资本投资、入股银行业，但并没有一家全部资本都来自民间的银行。截至 2024 年底，我国民营银行共有 19 家。

首批试点的 5 家民营银行均服务于小微企业，其中，浙江网商银行和深圳前海微众银行具有互联网“基因”，天津金城银行、温州民商银行和上海华瑞银行则更接近于传统银行，主要通过线下网点向区域客户提供传统金融服务，并辅以互联网渠道建设。浙江网商银行定位“小存小贷”，且不开设物理网点；深圳前海微众银行定位“大存小贷”；天津金城银行定位“公存公贷”；其他两家则定位于特定区域，服务当地的小微企业和金融消费者。在首批 5 家民营银行中，有两家是没有营业网点的银行，分别是深圳前海微众银行与浙江网商银行，它们被称为互联网银行。互联网银行是指无物理营业网点并且依靠大数据风控，实现纯线上放贷经营的银行。在这之后，我国又相继成立了两家没有营业网点的纯线上银行，分别是四川新网银行、中信百信银行。这四家互联网银行的对比如表 7－1 所示。互联网银行一个非常明显的特征是没有物理网点，但是这并不是互联网银行的内核，互联网银行更核心的特征应该是利用大数据风控经营信贷业务，而不像传统银行的风控主要依靠人工。

表 7－1 四家互联网银行的对比

对比项目	WeBank 微众银行	网商银行	XW 新网银行	百信银行 AIBANK
银行全称	深圳前海微众银行	浙江网商银行	四川新网银行	中信百信银行
开业时间	2015 年 1 月	2015 年 6 月	2016 年 12 月	2017 年 11 月
注册地	广东省深圳市	浙江省杭州市	四川省成都市	北京市
主要股东	腾讯、百业源等	蚂蚁金服、复星、万向等	新希望、小米、红旗连锁等	中信银行、百度等
主要贷款产品	微粒贷、微业贷等	网商贷、旺农贷等	好人贷等	好会花等
总资产（亿元）（2022 年）	4 738.62	4 410.89	848.20	969.22
净利润（亿元）（2022 年）	89.37	35.38	6.81	6.56

资料来源：Wind、各银行 2022 年财报.

特别提示

民营银行并不全是互联网银行，互联网银行也并不全是民营银行。19 家民营银行中，只有深圳前海微众银行、浙江网商银行、四川新网银行是互联网银行。四家互联网银行中，中信百信银行由中信银行与百度公司联合发起设立，是国有控股的互联网银行。

二、互联网银行的特征

（一）定位普惠金融

互联网银行定位于服务中小微企业、个人消费者与“三农”，改变了原有交易方式，提供了更加便捷的交易渠道，加速了金融脱媒，降低了交易成本，促进了普惠金融的发展。以深圳前海微众银行（以下简称微众银行）为例，其用户群具有“50，30，20”的小额特征，即户均授信约 50 万元、户均余额约 30 万元、笔均借款约 20 万元，远远低于平均水平。浙江网商银行（以下简称网商银行）的平均贷款规模也不到 2 万元。这些小微贷款直接解决了个人和小微企业主的融资需求。小微贷款不但解决了很多城市小企业贷款难的问题，还深入农村。从 2015 年 6 月开始，网商银行推出了“村淘合伙人掌柜金”计划，仅一年就累计为 1.6 万名村淘合伙人提供专项资金支持。按照规划，微众银行和网商银行将在 3～5 年内投入至少 10 亿元为 10 万名村淘合伙人提供电商创业启动及代购资金。2019 年末，17 家 A 股上市银行普惠小微贷款平均户均规模达 101.9 万元。截至 2023 年末，网商银行已累计服务超过 5 300 万小微企业，总贷款额近 4 亿元；微众银行则已累计服务个人客户近 4 亿元，累计授信小微企业超 140 万家，且累计发放“无纸化”贷款近 4 亿笔。

（二）以科技为核心驱动力

互联网银行的互联网“基因”显著，其以大数据和云计算为基础进行征信和放贷，与传统商业银行征信模型截然不同，实现了技术上的跨越。互联网银行正在进行金融科技实践，有浓厚的科技色彩，一般都推行 ABCD 战略，即 AI（人工智能）、Blockchain（区块链）、Cloud Computing（云计算）、Big Data（大数据）。与传统银行不同的是，互联网银行科技投入不仅仅是降本增效，更能直接进行科技输出，带来实实在在的收入。以微众银行为例，员工中科技人员占比超过 50%；2021 年研发费用达 24.23 亿元，占营业收入比重达 9.0%，远远高于一般银行 3%的研发投入占比；2019 年公开的发明专利申请量达 632 件，居全球银行业前列。

（三）纯线上 7×24 小时运营

互联网银行没有物理营业网点，所有的业务都通过互联网渠道运营。以贷款为例，互联网银行不与客户见面，完全依靠所掌握的数据和信息，在线上实现客户拓展与营销，并完成客户信用评价，实现放贷。这类银行以大数据为基础，以合理成本实现对陌生客户或存量客户的风险评价，完成授信决策。其主要依靠反欺诈系统识别恶意骗贷者，通过大数据风险评价模型对客户进行风险评价，然后还有成本优化控制系统，以尽可能节约数据的获取成本。基于纯线上运营，互联网银行与传统银行在运营方面的另一个区别是可以提供 7×24 小时服务。

课堂讨论

互联网银行与网上银行是同一个概念吗?

(四) 低成本运行

互联网银行有着大数据风控、互联网技术等方面的优势，对小微客户的信用评价不限于历史和静态信息，而是能够通过动态分析预测客户未来经营情况。例如：基于大数据对借款人进行预授信，在网商银行的申贷无须人工调查，做到了三分钟申贷、一秒钟放款、零人工介入。这就大幅降低了审贷放贷成本，做到了单笔成本低于 1 元。而传统银行从审贷到放贷的单笔贷款成本高达 2 000 元。传统银行信贷员的数量在人员构成中占比最大，而互联网银行依托大数据征信，信贷员人数为零。以科技为核心决定了互联网银行边际成本极低。例如：微众银行每万台服务器的运维人员仅需 11 人，单账户的年 IT 运维成本仅需 2.2 元，远低于银行业平均值。另外，因无人工干预，通过机器和大数据判断用户信用，互联网银行每笔订单的成本不到 2 元，而传统银行获得一笔订单的成本是 2 000 元。

三、互联网银行的发展现状

(一) 头部特征明显

业界前沿

探索微众银行

表 7－2、表 7－3 是 2022 年我国 19 家民营银行的规模和业绩情况。从中可以看出，微众银行与网商银行依靠股东的渠道资源，经历了数年的稳定增长，已经取得了非常显著的头部优势。互联网银行之间的差距越来越明显，微众银行在业务规模和盈利能力上已经遥遥领先，2022 年净利润超 89 亿元，是网商银行的 2 倍多，而网商银行获得支付宝更多支持，净利润的增速超过 60%。

表 7－2　2022 年民营银行的规模情况

公司简称	2022 年总资产（亿元）	较上年变动（亿元）	同比变动
微众银行	4 738.62	351.14	8.00%
网商银行	4 410.89	152.58	3.58%
众邦银行	1 077.88	206.64	23.72%
苏宁银行	1 042.89	30.68	3.03%
新网银行	848.20	277.04	48.50%
中关村银行	615.17	93.15	17.84%
三湘银行	573.80	−9.96	−1.71%
金城银行	571.59	51.22	9.84%
富民银行	548.74	7.19	1.33%
亿联银行	536.45	−62.51	−10.44%
蓝海银行	509.78	52.56	11.49%

续表

公司简称	2022年总资产（亿元）	较上年变动（亿元）	同比变动
华瑞银行	423.77	−35.48	−7.73%
民商银行	356.45	72.49	25.53%
锡商银行	311.88	54.01	20.95%
客商银行	302.05	53.37	21.46%
振兴银行	267.12	−0.03	−0.01%
华通银行	258.96	74.61	40.48%
新安银行	210.53	25.52	13.79%
裕民银行	176.73	2.87	1.65%

表7-3　2022年民营银行的业绩情况

公司简称	营业总收入		净利润	
	2022年（亿元）	同比变动	2022年（亿元）	同比变动
微众银行	353.64	31.03%	89.37	29.83%
网商银行	156.86	12.82%	35.38	69.10%
苏宁银行	40.65	17.64%	10.05	66.76%
新网银行	36.44	37.98%	6.81	−25.84%
金城银行	30.62	146.54%	4.37	904.37%
蓝海银行	20.38	23.32%	6.08	−1.21%
富民银行	19.70	−0.34%	3.33	1.79%
三湘银行	16.13	3.53%	−7.83	−21.55%
众邦银行	15.53	3.48%	3.50	6.76%
中关村银行	14.80	27.54%	4.43	24.25%
亿联银行	10.83	−24.48%	0.96	85.77%
锡商银行	10.72	39.29%	2.67	93.86%
华瑞银行	9.70	−39.42%	−3.41	−252.46%
民商银行	9.33	30.61%	4.07	34.15%
振兴银行	8.36	11.00%	1.03	124.09%
华通银行	5.58	78.58%	0.35	577.05%
裕民银行	5.42	29.01%	0.50	−19.03%
客商银行	5.02	74.90%	1.70	155.73%
新安银行	3.24	15.13%	1.57	29.78%

（二）资产收益率较高

互联网银行普遍资产收益率较高，部分贷款产品收益率甚至达到10%以上，远超行业平均水平。这也意味着，申请这类贷款的客群，主体是不被传统银行贷款产品覆盖的客群，如职场新人、白领、蓝领、小生意主、微型企业等，其收入水平不算特别高，在手头紧的时候需要周转资金（其他高收入人群主要从传统银行处获取信贷服务，利率更低）。这类贷款大部分体现为个人消费贷、个人经营贷或者小微企业贷款，属于普惠金融范畴，受政策鼓励，其主要竞争对手是一些仍有法律争议的现金贷、民间借贷等，因此互联网贷款被纳入正规银行信贷服务，积极意义巨大。但是，由于其也导致一些中低收入人群过度借贷，因此在贷款伦理上也引起一些争议。总体上看，这是一个积极意义较为明显的业务品种，是向长尾客群推广普惠金融的有力举措。

（三）负债成本率不低

虽然互联网银行的运营维护成本显著低于传统银行，但是互联网银行获得资金的成本也就是负债成本率并不低，尤其是在很难吸收结算存款、主要依靠高成本负债的情况下，总的负债付息率明显超出行业水平。利息收入与利息支出相抵后，几家互联网银行的净息差水平显著高于行业平均水平。但除利息支出外，业务及管理费也不低，“业务及管理费/平均资产”在1.1%～4.5%，而行业平均水平仅为0.76%，这显示出互联网银行在数据购买、技术研发投入方面成本并不低。此外，互联网银行的“资产减值损失/平均资产”也高于行业，主要是这些客群本身信用水平低于传统银行，但整体不良率还是维持在可控的水平，甚至低于行业。

（四）ROE普遍较高

最近几年，与传统上市银行净资产收益率（ROE）稳中趋降不同，民营银行的ROE稳步提升，已达到各类银行中的最高水平。2022年，全国上市银行的平均ROE为11.33%，而互联网银行中有代表性的微众银行和网商银行的ROE分别为27.9%和17.94%，之后也基本保持在20%左右。互联网银行ROE较高的原因有两个：一是互联网银行的客户主要面向个人及小微企业，生息资产收益率高于行业平均水平；二是以普惠金融为定位的互联网银行，探索出适应自身禀赋的服务模式，线上化轻资产运营使其盈利能力高于其他类银行。

四、互联网银行面临的挑战

（一）监管政策趋严

2020年下半年以来，《商业银行互联网贷款管理暂行办法》《关于规范商业银行通过互联网开展个人存款业务有关事项的通知》《关于进一步规范商业银行互联网贷款业务的通知》等政策相继出台，监管部门对互联网存贷款的监管大幅收紧。监管层出台一系列互联网存贷款政策，是落实中央防范化解重大风险攻坚战和金融服务实体经济要求的具体举措，对规范金融市场行为、防范金融风险、保护金融消费者权益具有积极正向的引导作用。同时，在具体执行过程中，各类机构由于商业模式、业务结构和业务体量的差异，受到的影响也不尽相同，总的来说国有银行和部分传统银行受影响较小，但是对业务主要在线上开展的互联网银行而言，影响十分深远。政策的核心有四点：

1. 禁止非自营平台开展存款业务

《关于规范商业银行通过互联网开展个人存款业务有关事项的通知》第四条规定，商业银行不得通过非自营网络平台开展定期存款和定活两便存款业务，包括但不限于由非自营网络平台提供营销宣传、产品展示、信息传输、购买入口、利息补贴等服务。近几年，部分中小银行借助第三方流量平台，实质上通过高利率快速拓展储蓄存款，支撑资产端的快速扩张，一定程度上冲击了存款市场竞争秩序，同时加重了负债端成本压力，这反过来也迫使中小银行不得不追求更高风险的资产投放，信贷利率居高不下，信用风险不断积累，客户投诉大幅攀升。

2. 禁止变相发行高息存款产品

《关于规范商业银行通过互联网开展个人存款业务有关事项的通知》第二条规定，商业银行通过互联网开展存款业务，应当严格执行存款计结息规则和市场利率定价自律机制相关规定，自觉维护存款市场竞争秩序。近几年，部分中小银行迫于竞争压力，在传统的积分礼品等手段外，不断提高存款利率，有的通过产品创新使定期存款活期化，突破利率定价机制和计息规则，导致总体负债成本持续攀升。以新政策出台为契机，中国人民银行对中小银行的窗口指导明显收紧，引导存款利率持续下行，三年期及以下存款利率严格控制在基准利率 1.5 倍以内，五年期存款利率也较年内高峰时压降 50 个 BP 左右，同时禁止靠档计息等定期存款活期化的违规行为。

3. 限制异地展业行为

《关于规范商业银行通过互联网开展个人存款业务有关事项的通知》第十一条规定，地方性法人商业银行要坚守发展定位，确保通过互联网开展的存款业务，立足于服务已设立机构所在区域的客户；《关于进一步规范商业银行互联网贷款业务的通知》第五条规定，地方法人银行开展互联网贷款业务的，应服务于当地客户，不得跨注册地辖区开展互联网贷款业务。

4. 限制联合贷款业务

《关于进一步规范商业银行互联网贷款业务的通知》进一步收紧互联网贷款业务，一方面要求银行自主完成对贷款风险评估和风险控制具有重要影响的风控环节，另一方面对联合贷款出资比例、合作机构集中度、总量限额做出了明确限制，要求单笔贷款中合作方出资比例不得低于 30%，与单一合作方发放的本行贷款余额不得超过一级资本净额的 25%，全部联合贷款余额不得超过全部贷款余额的 50%。一段时间以来，部分中小银行与互联网金融平台基于各自的资金优势和客户流量及交易信息资源，联合开展个人消费贷款业务，虽然一定程度上满足了长尾客群的金融需求，但次生的过度诱导消费、客户偿债成本过高等问题也愈加凸显。此次政策的收紧，体现了监管层对平台经济下互联网金融快速扩张的关注，旨在引导银行和平台回归各自运行轨道。

（二）客群难以扩张

商业银行通过互联网渠道开发业务分为专属客群模式和全客群模式。以微众银行、网商银行为代表，它们的客户主要来源于股东单位的互联网平台、生态圈，一般是互联网平台上的存量客户，本身已积累了较多大数据，同时也会从外部获取一些数据，相互结合，最终完成风险评价。我们称这一模式为专属客群模式。这一模式下，机构本身由于已对客户非常熟悉，因此事先精选了优质客群来定向推介信贷产品。专属客群模式更像是“邀请制”，而不是任何人都能主动申请贷款，未被选中的客户甚至在App界面上都看不到申请贷款的链接。而其他银行，股东或关联方不能提供类似的资源（或仅能少量提供），主要客群、数据均来自体系之外，则属于全客群模式。专属客群模式利用已有资源支撑了互联网银行的快速增长，但显然也有局限性，从目前的情况看，互联网银行只能停留在自己的专属客群，难以扩张到自己体系之外的客户。例如：2021年，微众银行和网商银行业绩虽然显著增长，但核心业务过于单一，主要依赖零售贷款，这是无法突破现有客群的表现。

（三）传统金融机构的竞争加剧

目前，我国银行业正处于快速转型的过程中。随着经济结构转型，传统对公客户的业务空间变小，很多大小不等的银行均有瞄准零售客户的态势。参考互联网银行的做法，利用大数据技术进军原先不被传统银行覆盖的草根客群，是这些银行的共同目标。因此，这一领域的参与者必然越来越多，竞争会加剧，贷款收益率可能下降。跟前几次银行信息化浪潮的结局一样，新技术应用可能在未来普及，互联网银行、传统银行都将逐渐掌握类似的模型和数据处理技术，届时机构之间比拼的就只能是客户基础、资金成本等因素了。资金成本低廉、客户基础雄厚的大型银行反而优势凸显，互联网银行将面临巨大的挑战。

任务小结

1. 互联网银行是指无物理营业网点并且依靠大数据风控，实现纯线上放贷经营的银行。我国目前的互联网银行有深圳前海微众银行、浙江网商银行、四川新网银行和中信百信银行。

2. 定位普惠金融，以科技为核心驱动力，纯线上7×24小时运营，低成本运行，是互联网银行的特征。

3. 目前，互联网银行头部特征明显，资产收益率较高，负债成本率不低，ROE普遍较高。

4. 目前，互联网银行面临监管政策趋严、客群难以扩张和来自传统金融机构的竞争加剧等挑战。

技能实训

1. 区分互联网银行与网上银行的概念。

2. 登录微众银行官方网站，点击导航栏“信息披露”，再点击“存款利率表”，查询微众银行个人存款利率，与你身边的大型商业银行存款利率对比，判断二者存款利率总体差异，并分析差异产生的原因。再通过网络资料了解微粒贷与微业贷的计息方式和利率，并将其与大型商业银行贷款利率对比，判断二者差异并分析差异产生的原因。

3. 登录网商银行官方网站，点击导航栏“关于我们”，再点击左侧“信息披露”，阅读网商银行2023年度报告，回答以下问题：

（1）网商银行的最大股东是谁？

（2）网商银行定位于普惠金融的表现与案例有哪些？

（3）网商银行2023年度科技投入占比（研发费用/营业收入）是多少？反映了什么问题（全国银行业科技投入占比平均约为3%）？

（4）网商银行2023年度不良贷款率是多少？2023年全国银行业不良贷款率为1.59%，分析网商银行不良贷款率高于或者低于全国平均水平的原因。

（5）分析总结网商银行的最有代表性的金融产品“网商贷”的特点、适用人群和场景以及产品运营状况。

在线测试

项目七
智慧银行

项目八 大数据征信

学习目标

知识目标

1. 掌握征信的概念与分类，了解我国征信业的发展历程，熟悉我国的征信行业格局

2. 掌握大数据征信的概念与特征，熟悉大数据信用评分的流程，了解我国大数据征信存在的问题

能力目标

1. 能够准确描述我国征信体系

2. 能够辨析传统征信与大数据征信的概念

3. 能够查询个人信用报告，能够在国家企业信用信息公示系统查询企业信息，获取信用报告

素养目标

1. 培养信用意识：理解个人诚信是社会诚信的基础，企业诚信是经济有序发展的保障

2. 践行社会主义核心价值观——诚信：正确认识个人诚信价值和社会诚信价值，在未来的生活与工作中珍惜信用记录，树立法治意识，践行诚信价值

3. 了解征信业国家政策：认识构建完善的征信体系对数字经济时代经济建设的重要作用

项目案例

利弊交织的大数据征信

如今，大数据征信和人们生活的日常联系越来越紧密。从贷款、信用卡，到共享单车和缴纳水电费，信用记录都在发挥作用。良好的信用不仅意味着优惠的贷款利率，也意味着更加方便的生活。随着人们信用意识的逐步加强和征信应用场景的增多，社会大众信用需求增加、信用意识不断增强，信用正朝着“生活必需品”的方向转变，征信开启全民变现时代，中国征信行业潜力待释放。然而，在越来越多“征信红利”涌现的同时，个人隐私的泄露、信用数据遭遇篡改、大数据征信商业化的合法边界不清等问题也随之浮现。大数据征信，处在利弊交织的时代。

一位消费金融的使用者说，“信用分现在可以当钱花了，信用好了就可以免除和朋友借钱的尴尬或者去银行借钱的烦琐”。大数据征信可以直接实现信用借贷。除此之外，大数据信用评分还可以用来免押金骑共享单车、租车、租充电宝、入住酒店等，甚至审核签证也参考大数据信用评分。

不信不立，不诚不行。随着社会信用体系建设的发展以及社会信用需求的增加，征信的表现力也越来越强。对全社会而言，征信的意义在于降低交易成本、改变劣币驱逐良币的状况。例如：有的地区的市场监管局就与大数据信用评分机构开展合作，提供行政处罚、经营异常名录、严重违法失信、罚款逾期未缴纳等多类本地的企业信用信息，经匹配核实的失信企业和个人将会被列入重点关注名单，并披露给相关合作商户，合作商户会在各种信用服务的应用场景中，对失信者酌情予以限制，如在“黑名单”上的人不能在网上办理出国旅游签证，网购退货不能享受快速退款，租车也必须支付押金。

从欧美国家的经验看，征信体系已经成为现代经济运行的重要基础。相较而言，我国征信市场发展空间仍然较大。但在征信市场化的推进过程中，个人信息和数据的获取方式、征信机构获取数据后对个人信息的合法使用仍然存在隐患，存在未经客户授权或者客户不知情的情况。很多人会遇到这样的情况，浏览网页时突然弹出之前与之前所购买物品类似的产品广告。经常在网上购物的某用户说：“虽然有些网购消费数据可以提高我的信用值，使我享受到分期付款以及借款等的好处，但是这种泄露隐私的商业行为也令我无法接受。”监管政策有天然的滞后性，这造成公民信息数据泄露情况严重，很容易被不法分子利用。贩卖公民银行个人信息、家庭情况等数据的黑色产业链一直存在。对于信用主体的信息保护，目前确实面临非常大的挑战。

征信市场化大幕已经开启，但由于“数据孤岛”现象严重、信用市场尚在培育、监管法律法规仍在完善等，征信发展仍然存在一些问题。预计监管层未来将会完善监管法律法规，以便解决征信市场化与信息泄露的问题，从而使市场化征信机构与央行征信中心相互补充。

随着消费习惯的改变、金融用户的下沉，征信需求日益增加，毫无疑问，未来中国个人征信行业将迎来爆发式增长。中国的征信时代，机会和挑战并存，如何找出市场化与隐私保护的交叉区，如何以正确的方式迎接大时代，是亟须关注的问题。

资料来源：利弊交织的大数据征信［EB/OL］. 金融世界，2017－11－14.

任务一 了解我国的征信体系

任务导入

2022 年 10 月 10 日，中国人民银行征信管理局发布题为《建设覆盖全社会的征信体系》的文章。文章指出，党的十九大以来，中国人民银行坚持“政府+市场”双轮驱动发展模式，逐步构建金融信用信息基础数据库（征信系统）和市场化征信机构协同发展、互相补充的发展格局。那么，如何在中国人民银行征信系统查询个人信用报告和企业信用报告？我国有哪些市场化的征信机构，它们与中国人民银行征信系统又有什么区别？

知识准备

一、征信概述

征信是指对企业和个人的信用信息进行采集、整理、保存、加工，并向信息使用者提供的活动。征信是信用风险管理服务的基础，往往以信用报告或者信用评分的形式体现。传统的征信主要服务于信贷领域，防范和化解信用风险，同时也被广泛应用于经济领域，可以促进商品流通、降低交易成本、提高商业运转效率、扩展市场交易范围、优化商业环境等，对社会和经济管理有着深远的影响。

现代的征信业起源于 19 世纪初英国伦敦的裁缝行业，英国裁缝店分享未偿还债务的顾客的信息，形成了征信的雏形，距今已有两百多年的历史。进入信息技术时代，征信业的发展和信息技术密切交织在一起，属于信息技术和金融的交叉领域，信息技术的进步推动着征信领域的变革和发展。数据批量处理技术的应用，促进电子化记录代替了早期的手工记录、人工操作。数据库技术出现后，大量数据存储技术日益成熟，推动了全国性征信机构的出现。随着数据挖掘技术的发展，信用评分和自动风险决策开始出现。当下，大数据与人工智能相结合，实现了对更多人群、业务的覆盖，研发出更多信用创新产品。

二、征信的分类

（一）按照征信信息主体分为个人征信和企业征信

征信信息主体是征信机构采集、整理、加工和使用的征信信息描述对象，从这个角度，征信可以分为个人征信和企业征信。个人征信是指依法设立的个人征信机构对个人信用信息进行采集和加工，并根据用户要求提供个人信用信息查询和评估服务的活动。从事个人征信业务的机构就是个人征信机构。企业征信也称商业征信，是指由征信机构采集汇总分散在社会各层面的企业信用信息，形成企业征信数据库，通过信用评估模型对所采集的信息进行转换、评价、深入分析挖掘，从而产生相应的数据产品，向社会提供各种企业信用信息服务的活动或业务过程。从事企业征信业务的机构就是企业征信机构。

（二）按照业务模式分为传统征信和大数据征信

在传统征信业务场景下，征信产品以信用信息查询为主，主要体现为个人或企业信用报告，通过对信息主体基本信息和借贷信息等内容的列示，形成对信息主体较为直观的信用评价。但在金融业务创新背景下，前述较为单一的征信产品形式已经无法满足市场需求，部分互联网公司基于数据积淀和技术投入，不断创新信用评价的模式。以大数据为核心的征信，使现代征信业的内涵发生了质的变化。大数据征信是指通过网络非定向地全面抓取各种数据，获取海量数据信息，从而实现对信息主体的信用轨迹和信用行为进行综合描述，以全面刻画信息主体的诚信度、行业合规度与践约度。

（三）按照主导机构分为公共征信、第三方征信和同业共享型征信

知识链接

中国人民银行征信系统

公共征信是由政府和中央银行共同建立的，其信息来源以信贷登记系统为主，为中央银行、商业银行和其他金融机构等提供发放贷款所需要的征信信息，这就决定了其不为市场服务，不以营利为目的。我国的公共征信系统是中国人民银行征信系统，它是我国征信体系的基础。第三方征信由独立的第三方征信机构收集信息数据，在我国指的是除中国人民银行征信系统以外的其他征信机构。如果一个国家的征信体系由公共征信主导，则是政府主导型征信模式，如德国、法国、比利时；如果一个国家的征信体系由第三方征信主导，则是市场主导型征信模式，如美国和英国。除此之外，还有一种由行业协会主导的同业共享型征信模式，该模式引导会员加入行业协会，会员可以通过协会建立的信用信息中心基础数据库为自身提供服务，日本采用的就是这种同业共享型发展模式。

课堂讨论

支付宝中的芝麻信用分是企业征信还是个人征信？是传统征信还是大数据征信？是公共征信、第三方征信还是同业共享型征信？

三、我国的征信体系

（一）我国征信业的发展历程

1. 第一阶段：探索建立全国统一的征信体系

我国现代化的征信体系的探索起源于 20 世纪 90 年代中后期。随着市场经济的发展，以及银行业发展和变革的压力，构建良好的信用文化和信用体系的需求逐渐产生。在推动银行业改革的同时，中国人民银行设立了征信管理局，推动社会信用体系建设、监管征信行业。考虑到我国银行国有背景和银行业强监管的特征，中国人民银行于 1996 年开始推行企业贷款证制度。在信息化和电子化的推动下，银行信贷信息实现了地、省、总行三级数据库的全国联网。中国人民银行于 2005 年建成了全国集中统一的企业信用信息基础数据库。个人信用信息基础数据库于 2004 年初开始建立，2006 年 1 月实现了全国联网运行。

至此，我国建立起涵盖和连接中国人民银行分行和省会中支、商业银行总行和分支机构营业网点、地方性金融机构和分支机构营业网点的，覆盖全国的，统一的企业和个人征信系统，即金融信用信息基础数据库。2006 年，中国人民银行征信中心成立，负责金融信用信息基础数据库的建设、运行和维护。

2. 第二阶段：探索建立市场化的征信体系

2013 年《征信业管理条例》和《征信机构管理办法》正式实施，中国征信业进入了有法可依的发展阶段。法规明确了中国人民银行是征信业监管部门，金融信用信息基础数据库不以营利为目的，从事信贷业务的机构应当按规定向金融信息信用基础数据库提供信贷信息，不从事信贷业务的金融机构在符合规定的情况下提供和查询信用信息，个人征信业务应当由中国人民银行批准，企业征信业务应当向所在地中国人民银行省会分支机构办理备案，突出了对个人信息主体权益的保护。

随着互联网、新技术、互联网金融和普惠金融的快速发展，信用信息种类增多，外延扩大，市场对征信服务的需求更进一步，征信应用场景更加丰富。在这一背景下，2015 年 1 月，中国人民银行允许八家公司开展第一批个人征信试点业务。虽然经过两年左右的试点，八家机构均没有满足监管要求和市场的需求，没能取得个人征信牌照，但监管层在探索建立市场化的征信体系时关注的问题和主要思路也更加清晰，我国发展市场化的征信体系面临的主要痛点也逐渐显现。

3. 第三阶段：发展市场化、法治化和科技化的征信体系

2018 年，百行征信成立，成为我国第一家持牌的市场化个人征信业务机构，承接了此前试点机构的部分征信业务。2020 年底，中国人民银行发放第二张个人征信牌照，朴道征信成立。截至 2024 年底，中国人民银行尚未发放第三张个人征信牌照。

扩展视频

百行征信获批首个征信牌照

这一阶段，法律体系逐步完善，征信行业监管加强。《中华人民共和国民法典》《中华人民共和国网络安全法》《中华人民共和国数据安全法》《中华人民共和国个人信息保护法》等法律法规陆续出台。2021 年 9 月，《征信业务管理办法》发布，征信业务的规则进一步明确，在适应目前的市场需求和行业科技发展趋势的同时，加强监管。从 2020 年底开始，互联网平台和互联网金融整改加速推进。征信业务整改是互联网金融信贷领域整改的重要组成部分。目前，助贷平台、持牌个人征信机构、金融机构合作方式和业务整改方案有待监管批准和公布。

业界前沿

百行征信

（二）我国的征信行业格局

目前，我国的征信体系和框架已经基本建设完毕（见图 8-1），征信行业监管部门和法律法规体系、征信信息提供者、征信服务商、征信信息使用者四个组成征信体系的要素已经齐全。据世界银行的征信信息深度指数（衡量公共信用登记机构和私人部门征信机构对信用信息的可得程度），中国已经达到了世界领先水平。随着互联网金融和助贷业务整改的推进，目前定位不清的互联网金融平台、助贷平台、数据服务商等机构的行业定位和业务边界将更加清晰。

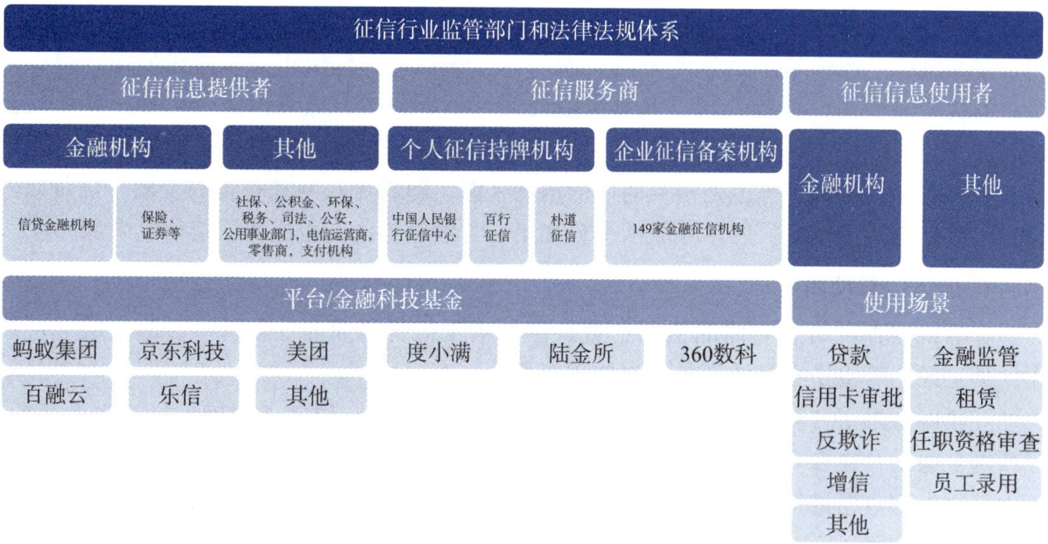

图 8－1　我国的征信体系

资料来源：华泰研究.

1. 征信行业监管部门和法律法规体系

中国人民银行征信管理局是征信行业的监管部门，负责对征信业和信用评级业进行监管，推动建立覆盖全社会的征信体系，承担征信市场准入和对外开放的管理工作。

征信体系相关的法律法规包括《中华人民共和国民法典》《中华人民共和国网络安全法》《中华人民共和国数据安全法》《中华人民共和国个人信息保护法》等，以及 2013 年以来陆续出台的针对征信行业的《征信业管理条例》《征信机构管理办法》《征信业务管理办法》等。

扩展视频

信用名片
（中国人民银行
征信宣传微电影）

2. 征信服务商

对征信服务商而言，征信机构与评级机构不同。评级机构主要关注单个公司的大额信用，对公司运营、财务、治理等进行深入分析，并给出信用评级。征信机构更多地关注大样本的小额信用。世界银行将征信服务分为三类：信用登记（一般出于监管目的，对金融机构一定规模以上的信贷信息进行强制性登记）、征信（个人征信）和商业信用评估（企业征信）。中国人民银行征信中心的全国企业和个人征信系统扮演了信用登记、征信和商业信用评估三个角色。百行征信和朴道征信是持牌市场化个人征信机构，同时也是企业征信备案机构。截至 2023 年 2 月，我国有 149 家备案企业征信机构。我国的征信服务商如表 8－1 所示。

表 8－1　我国的征信服务商

类别	个人征信	企业征信
金融信用信息基础数据库（中国人民银行征信中心）	个人征信服务（互联网个人信用信息服务平台）	企业征信服务
市场化征信机构	百行征信、朴道征信	149 家企业征信机构

3. 征信信息提供者

金融机构，包括从事信贷业务的金融机构（银行、农村信用社、信托公司、财务公司、消费金融公司、租赁公司、汽车金融公司、小贷公司、融资担保公司等）和保险公司、证券公司，是主要的征信信息提供者。此外，政府部门、电信运营商、公用事业部门、零售商、支付机构等也是常见的征信信息来源。随着互联网和科技的发展，信贷以外的替代数据的边界得到扩展，互联网平台和第三方数据提供商也成为征信信息来源。

4. 征信信息使用者

金融机构查询信息主体的信用信息，主要用于信贷等业务。此外，金融监管、反欺诈、员工录用等也是常见的征信信息使用场景。

互联网金融平台和金融科技公司目前在征信体系里的定位并不明确，扮演多个角色。互联网金融平台在自身生态系统内产生了大量高频数据，这让其成为征信信息提供者，基于内部或外部数据进行信用分析时扮演征信服务商的角色，基于信用分析结果发放贷款或者承担贷款信用风险时又成为征信信息使用者。随着征信业务整改的推进以及市场化征信机构的发展，互联网金融平台目前部分与征信相关的业务可能出现调整，平台在产业内的定位有望变得更加清晰。

任务小结

1. 征信按照征信信息主体，可分为个人征信和企业征信；按照业务模式，可分为传统征信和大数据征信；按照主导机构，可分为公共征信、第三方征信和同业共享型征信。

2. 我国经历了探索建立全国统一的征信体系、探索建立市场化的征信体系和发展市场化、法治化和科技化的征信体系三个阶段，目前征信体系和框架已基本建设完毕。

3. 我国征信体系包括征信行业监管部门和法律法规体系、征信信息提供者、征信服务商、征信信息使用者四个组成要素。

技能实训

1. 回答征信体系的组成要素，向他人介绍我国有哪些个人和企业征信的查询渠道。

2. 登录百行征信的官方网站，结合网络资料，介绍百行征信的一款增值征信服务产品。

3. 参考个人信用报告查询渠道，任选一个渠道查询自己的个人信用报告。

（1）线下渠道：

① 柜台查询：中国人民银行分支机构 2 100 多个查询点提供柜台查询。

② 自助查询机：中国人民银行通过分支机构查询点、部分商业银行网点提供 10 000 多台自助查询机。

（2）线上渠道：

① 登录中国人民银行征信中心官网，在官网首页中间位置点击进入“互联网个人信用信息服务平台”进行操作；

② 各银行网银；

③ 各手机银行 App。

4. 登录国家企业信用信息公示系统，查询任意一家企业的信用信息，并获取查询报告。

任务二　认识大数据征信

任务导入

每一位同学都可以登录支付宝，在芝麻信用模块获取自己的芝麻信用评分。即使没有向我们收集数据，芝麻信用也可以计算出每个人的评分。作为大数据评分的代表，芝麻信用评分是如何得出来的？它的评分权威吗？我们将在本任务中认识大数据征信和大数据信用评分。

业界前沿

芝麻信用与芝麻分

知识准备

一、大数据征信概述

（一）大数据征信的概念

大数据征信是指通过网络非定向地全面抓取各种数据，获取海量数据信息，从而实现对信息主体的信用轨迹和信用行为进行综合描述，以全面刻画信息主体的诚信度、行业合规度与践约度。大数据征信的基础是多元化、大体量、大样本的异构数据①，其原理是通过将大数据、云计算等新一代信息网络技术运用到征信系统的数据收集和信用评估等环节，对信息主体的行为习惯进行全方位、综合性的收集整理，同时建立有针对性的征信评估算法和模型，由该模型演算、倒推出信息主体的信用特征，最终得到较精确的信用评估结果。

（二）大数据征信的特征

与传统征信相比，大数据征信呈现出与当前互联网快速发展相契合的诸多时代特点和印记。

1. 数据来源广泛

如图 8－2 所示，大数据征信的数据来源既包括交易、消费、支付等交易数据，也包括社交活动、网络行为、地理位置等交互数据，还包括通过可穿戴设备、RFID 设备、视频监控设备等获取的传感数据。这些数据主要是通过互联网获取的，可称为网络大数据。网络大数据有许多不同于自然科学数据的特点，包括多源异构、交互性、时效性、社会性、突发性和高噪声等，不但非结构化数据多，而且数据的实时性强，大量数据都是随机动态产生的。与传统征信仅依靠信贷记录、公共信用信息等数据刻画信息主体信用状况不同，大数据征信基于网络大数据，通过数据挖掘，从多个维度刻画、描述信息主体的违约

① 异构数据，指的是不同类型、不同格式或数据之间具有不同结构的数据。

状况、人际关系等，丰富了传统信用评价的广度和深度。

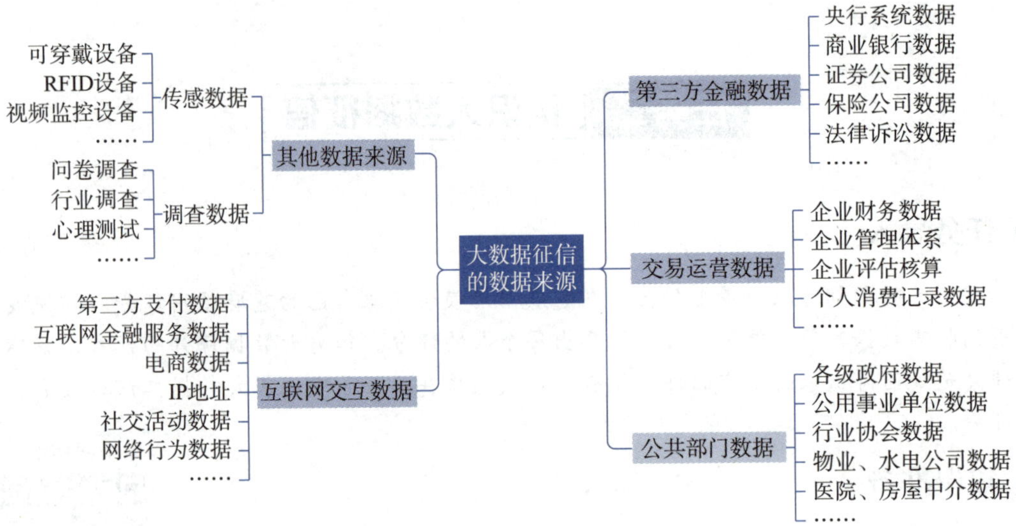

图 8-2　大数据征信的数据来源

2. 模型技术复杂

传统征信一般利用个人基本数据、信贷情况和公共数据生成信用报告，再由第三方机构或者征信信息使用者基于这些高价值密度数据，研发出各类信用评分模型，实现对客户信用风险的评价。传统征信的信息组织方可能仅提供信用报告，并不对客户进行量化评分和定性评价，即使进行信用评分和定性评价的征信机构往往也以统计学上的逻辑回归方法为核心。逻辑回归方法是信用评价模型中的经典，具有准确性高、假设条件少、结果稳定、可解释性强等特点，这种方法是当前国内外金融机构、征信机构应用最广泛的方法。

大数据征信的应用是以互联网的快速发展与普及为基础的，需要在技术及研发上持续不断地投入。从技术上看，由于大数据征信的数据源较为复杂，需要处理的变量远超传统征信模式，因此开发一套针对用户的信用评价系统通常需要经过数据收集、数据清洗、关联分析等环节，再由一套复杂的模型算法最终得出用户的信用报告或信用分，需要从事大数据征信的企业在大数据收集、分析、挖掘等技术上持续不断投入。大数据征信的信用评分模型更多采用支持向量机（SVM）、决策树、随机森林、自适应提升（AdaBoost）和梯度提升决策树（GBDT）等算法。这些机器学习方法在解决特定问题时具有一定的优势。相对于传统的逻辑回归方法，它们能够应对数据稀疏、价值密度低、数据覆盖维度广、单变量风险区分能力弱、数据来源规范性不足等问题。

特别提示

大数据应用的模型方法并不一定优于传统的方法，只是在处理特定问题时具有一定优势。

3. 应用场景多样

与传统征信运用具有强相关性的信贷数据刻画信息主体的信用状况不同，大数据征信基于大数据技术，应用机器学习等模型，对海量的弱相关性的网络大数据进行采集、清洗、匹配、整合和挖掘，转换成信用数据，使得信用评估的效率和准确性得到一定程度的提升。基于大数据征信的这些优势和特点，沉淀了大量用户的电商、社交媒体、网络借贷等互联网公司纷纷涉足大数据征信领域，运用数据挖掘等技术来实现快速的身份识别、风险识别、反欺诈、精准营销、个性化服务等，而这些多样化的应用场景则进一步丰富了大数据征信的内容和结构。随着人工智能技术被纳入征信模型，信用分析的结果将更具前瞻性。传统征信与大数据征信运营模式的比较如图 8-3 所示。

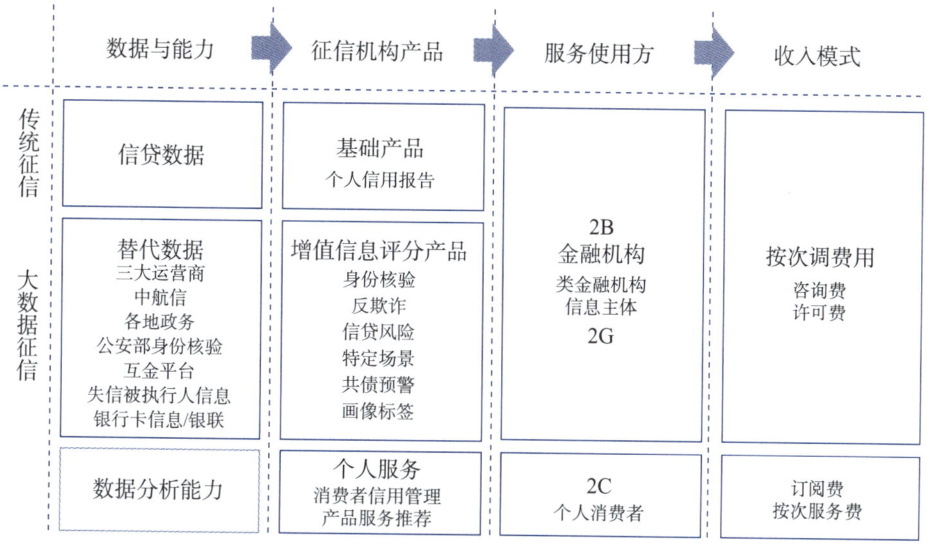

图 8-3　传统征信与大数据征信运营模式的比较

资料来源：招商证券.

二、大数据信用评分的流程

大数据征信可以应用在企业信用评分与个人信用评分两个方面。下文将以某消费金融公司的大数据信用评分流程为例，阐述其构建个人信用评分卡的流程。

特别提示

从形式上来看，征信业务包括信用记录、信用调查、信用评分、信用报告和信用评级等，其中信用评分是大数据征信在金融领域最为常见的一种征信业务形式，也可以被视为信用报告的数据摘要。

（一）数据获取

信用评分的第一步是完成数据源识别和数据收集。构建信用评分模型需要涉及客户的大量信息，应该尽量全面收集信息。银行或者电商的信用评分数据的第一个来源是中国人民银行个人征信系统以及银行账户信息。通过中国人民银行个人征信系统，消费金融公司可以获得客户的三部分信息，包括个人信用信息提示、个人信用信息概要以及个人信用报告。第二个数据来源是客户主动提交的数据，包括客户在商业银行中的流水账单和客户申请信贷服务时填写的个人信息。第三个数据来源是外部收集，一般向专门收集人口统计数据、消费者信用历史数据、地理变量、商业特征和人口普查数据的企业购买。

（二）大数据预处理

对数据进行预处理，是决定个人信用评分模型最终效果的关键步骤。与处理小样本、低维度数据相比，大数据的预处理过程更为复杂，主要包括四个步骤。第一步，初步掌握变量取值特征。第二步，根据变量分布特征，选择合适的方法对缺省值进行填补或处理。第三步，对样本进行异常值检测并作相应处理。第四步，确定连续变量的处理方式，包括离散化、数值化以及不处理等。当然，在实际操作中，某些步骤可以同时进行，比如缺省值填补和异常值检测。与此同时，数据预处理还可能是一个反复的过程，而是否需要反复以及反复次数，主要取决于评分效果。

（三）特征选择

特征选择是标准评分流程中的重要环节。从含义上来说，特征选择是从若干相关特征集中挑选出最重要子集的技术。如果将构建个人信用评分卡看作一项工程，则利用各种方式从初始变量中选择或提取反映个人信用状况的最终变量，并将这些最终变量应用于建模的过程称为特征工程。

特征工程主要包括特征选择和特征变换两种模式。经过特征选择，最终变量集合是初始变量集合的子集。与此不同的是，在特征变换中，最终变量集合并非从初始变量中直接选出，而是按一定规则对初始变量进行变换，在此基础上得到新变量，并且这些新变量能够较好地反映初始变量信息。特征选择的方法有 WOE 分箱和 IV 值排序等。

（四）评分卡构建

进行特征选择之后，经过训练集与测试集划分，通过逻辑回归、机器学习等算法可以构建标准评分卡，如表 8－2 所示。构建标准评分卡的目的是根据评分预估客户的违约概率。通常来说，评分越高，说明客户信用越好，违约概率越小；评分越低，说明客户信用越差，违约概率越大。

表 8－2　标准评分卡示例

一级指标	二级指标	指标分组	分值
身份特征	年龄	22 岁及以下	A_1
		23～32 岁	A_2
		33～42 岁	A_3
		43 岁及以上	A_4
	…	…	…

续表

一级指标	二级指标	指标分组	分值
履约能力	信用卡余额占授信额度的比例大于30%的账户数	0	B_1
		1	B_2
		2	B_3
		3	B_4
		4 及以上	B_5
		缺省值	B_6
	…	…	…
风险提示	信用卡最后一次逾期距今的月数	21～24	C_1
		15～20	C_2
		0～14	C_3
		缺省值	C_4
	…	…	…
稳定性	学历状况一致性	一致	D_1
		个人填写的高	D_2
		个人填写的低	D_3
		缺省值	D_4
金融经验	信贷当前正常且从未逾期账户数	0	E_1
		1	E_2
		2	E_3
		3	E_4
		4～12	E_5
		13 及以上	E_6
		缺省值	E_7

需要说明的是，由于授信先于客户违约，因此根据评分卡得出的客户信用分与其实际还款行为存在偏差，而评判评分卡优劣的标准就在于该偏差是否足够小。我们可以从定性和定量两个角度对评分卡进行分析，在此过程中，需要对训练集和测试集的情况做充分比较。

三、我国大数据征信存在的问题

知识链接

A卡、B卡、C卡

近年来，大数据征信以革新之势在我国蓬勃发展，但是它的出现总会伴随着一定的负面影响，或者与原有的体系产生冲突。由于我国法律监管体系仍不够完善，技术水平仍待加强，因此目前我国的大数据征信仍存在一些问题。

（一）大数据质量和共享效率有待提升

就社会信用体系建设而言，近年来，我国社会信用体系建设取得长足进步，但覆盖全社会的征信系统尚未形成，社会成员信用记录严重缺失，不利于大数据公司或个人大数据库的建设。尽管互联网的出现大大降低了数据采集和共享的难度，但是由于我国在互联网上采集到的客户群体信息基本包含于中国人民银行征信信息数据库中，因此数据采集的广度和深度依然存在缺陷，缺口很大，尤其是农民的数据采集较为困难，信息不对称问题严重。此外，数据收集也缺乏统一的规范管理，在后期也没有相应的协调机制，因此并不能算实现了真正安全高效的信息互联。与此同时，金融机构并不完全信任互联网信用报告平台收集的数据，这使得互联网信用报告平台与中国人民银行信用报告系统衔接不畅，互联网信用信息无法得到有效利用。

（二）数据安全与隐私保护等问题仍须解决

从征信监管角度来看，为规范我国征信市场，相关部门出台了《征信业管理条例》《征信机构管理办法》《个人信用信息基础数据库管理暂行办法》《征信机构监管指引》等相关法规。作为一种新兴技术，大数据征信不再局限于商业银行等金融机构，它已扩展到数百个第三方组织。在大数据的背景下，信息收集涵盖了所有方面，包括个人信息、经济条件和人际关系等，加上监管目标的多样化，信用信息系统、评估的方法以及数据应用的差异使得监管工作难以有效开展。由于发展起步较晚，我国征信行业在征信监管和自律方面，尚未形成刚性的市场监管，相关监管模式尚未成熟，行业标准尚未统一，行业规范以及行业职业道德等内容尚未完善，缺乏适应大数据时代的征信监管需求的监管人员。在现有法律法规中，缺乏对数据的收集、使用和管理的明确性规范和指引。当个人信息和隐私受到侵犯时，缺乏具有可操作性的制度规范指导信息主体行使权利，也没有清晰界定监管部门的职责和机构应承担的责任。互联网模式下的个人信息保护立法进程滞后于网络技术的高速发展，个人信息安全更加难以得到切实保障。

（三）征信普及率仍然较低

我国征信客户目标人群覆盖范围不够广，人们对征信的认知普及率不够高。截至2019年底，中国人民银行个人征信系统已收录自然人10.2亿人，其中覆盖人群中有信贷记录的自然人为5.7亿人，征信系统信贷人群覆盖率（覆盖人群中有信贷记录的人数/我国成年人口数）为49%。从国际对比来看，美国消费者金融保护局（CFPB）披露2010年美国征信行业信贷人群覆盖率约为89%。相较发达国家，我国个人征信系统信贷人群覆盖率仍有较大提升空间。尤其是数亿中国农村人口，他们是最庞大的一个“零征信人群”，然而他们也有金融需求，需要金融体系的服务。在互联网发展如此迅猛的当下，大数据产品层出不穷，因此需要社会公众、相关部门通力合作，提高征信普及率和社会对大数据征信的认知水平。

任务小结

1. 大数据征信是指通过网络非定向地全面抓取各种数据，获取海量数据信息，从而实现对信息主体的信用轨迹和信用行为进行综合描述，以全面刻画信息主体的诚信度、行业合规度与践约度。大数据征信的特征有数据来源广泛、模型技术复杂、应用场景多样。

2. 大数据信用评分的流程有数据获取、大数据预处理、特征选择和评分卡构建。

3. 目前，我国大数据征信存在的主要问题有大数据质量和共享有待提升，数据安全与隐私保护等问题仍须解决，征信普及率仍然较低。

技能实训

1. 以芝麻信用为例，总结大数据征信与传统征信的区别。
2. 画出大数据信用评分的流程图。

在线测试

项目八
大数据征信

项目九

数字货币

学习目标

知识目标

1. 掌握比特币的关键技术和特征，了解比特币的发展现状

2. 熟悉法定数字货币和数字人民币的概念，掌握数字人民币的特征，了解数字人民币钱包，了解数字人民币的发展历程以及可能产生的影响

能力目标

1. 能够领悟比特币等非法定数字货币的非货币属性

2. 能够辨析数字人民币与支付宝、银行账户和非法定数字货币的区别

素养目标

1. 树立健康的投资理念：以比特币为代表的非法定数字货币已被政府确定为数字商品，并非数字货币，投资的投机性强、风险高，应该在此认知的基础上形成健康的投资理念

2. 了解人民币国际化政策：数字人民币是人民币走向国际化的一个突破点

3. 理解数字经济发展战略：数字人民币是数字经济发展战略在货币领域的实践

4. 强化辩证思维：比特币虽然有一定的价值，但存在诸多局限性，应学会辩证地看待创新金融产品

项目案例

数字人民币应用场景不断“上新”

2024 年 9 月 12 日，在服贸会“Hi Fun”数币潮流集市上，数字人民币仍是金融专题展的“重头戏”之一。多家银行及腾讯、京东等机构通过强互动和趣味的形式，例如绑定送指定金额、满减活动、潮玩消费品联名抽盲盒，吸引公众前来打卡互动（见图 9-1）。今年，多家机构展示了数字人民币在对公、跨境、民生等领域的场景应用。

在中国工商银行数字人民币展区，一台地铁闸机吸引了不少人驻足。工行客户经理表示，类似此前苏州轨道交通的全线试点推广，用户使用数字人民币硬钱包碰一碰即可乘车过闸机。中国建设银行的“数字人民币沙盘”首次综合展示了在全国试点地区“数币＋裕农通”“数币＋智慧政务”“数币＋消费升级”等领域的多样化特色场景。交通银行则推出了数字人民币零钱包兑换机，不同舱门内可放置不同额度的零钱包，用户可以使用数字人民币兑换不同额度的现金零钱。交行现场工作人员提到，数字人民币零钱包兑换机未来或将会大规模应用。

图 9-1　众多数字人民币科技和创新应用亮相服贸会

值得关注的是，数字人民币的跨境支付也有了新进展。以腾讯为例，通过“条码互通”“钱包快付”等功能，境外来华人士可以在数字人民币试点地区超百万商户，通过数字人民币 App 扫微信支付绿码支付，也可以通过“钱包快付”功能，在微信小程序、视频号等场景内用数字人民币支付。在“外卡内绑”方面，除了原有的国际主流卡组织的银行卡，微信支付目前全面支持境外发行的银联卡。

2024 年 6 月 5 日，由国际清算银行（香港）创新中心和多国货币管理当局联合建设的多边央行数字货币桥项目宣布进入最小可行化产品（MVP）阶段。对于有境外支付需求的人来说，传统的外汇结算手段手续繁杂且时间周期长。国家与国家间的货币桥搭建后，数字人民币的使用会提升支付结算效率。当货币桥 MVP 验证成功后，更多的国家和地区将被吸纳。腾讯数字货币部的管理人员表示，目前数字人民币还在试验阶段，这关系到未来法定数字货币的发展问题，未来将成为全球基础设施。

资料来源：“2024 服贸会”数字人民币应用场景“上新”：一分钱乘地铁、跨境支付 [N]. 经济观察报，2024-09-13.

任务一 了解比特币

任务导入

比特币是一款具有代表性的加密数字货币，虽然它没有使用价值，但是价格却一路上涨，2009 年每枚比特币的价格还不到 1 美分，近几年价格最高的时候甚至超过 7 万美元。我们不禁要问，比特币是货币吗？它将来会成为世界范围内最主要的支付工具吗？如果不能成为主流货币，那么它是一场泡沫，还是有其存在的价值？我们将在本任务里探寻比特币的本质，探讨比特币的未来。

知识准备

一、货币形态的演变及数字货币概述

货币是商品生产和商品交换长期发展的产物。随着商品生产和商品交换的不断发展，出现了经常充当等价物的商品，如贝壳和银、金等贵金属，这些特殊的商品就是货币。随着技术的变革，货币的形态也在不断变化，从商品货币（包括实物货币和金属货币①）、不兑现的纸币到如今的电子货币，如图 9-2 所示。

图 9-2 货币形态的演变

随着经济与技术的发展，如今的经济社会中电子货币已经逐步取代纸币成为最重要的货币形态，甚至有不少人已经在设想无现金社会。电子货币中的“电子”是货币的载体和形态，如果仅从字面来看，电子货币包括的货币形式非常多样，例如银行卡里的存款、支付宝和微信支付的余额、比特币这样的非法定数字货币②、中央银行发行的法定数字货币，甚至网络积分、游戏币都可以被称作电子货币。

我们现在要探讨的是一个在金融科技时代被重点关注的货币概念——数字货币。我们通常认为数字货币是电子货币的一种，它不是银行电子账户或微信支付、支付宝等第三方支付账户中的货币，而是指以密码学技术特征结构为基础的富含多种隐藏信息的加密字符串，也可以称之为加密货币。目前的数字货币可以分为两类（见图 9-3）。一类是没有中心发行方的非法定数字货币，也称虚拟货币。非法定数字货币又

知识链接

稳定币

① 金属货币时代也有纸币，但那时的纸币是金属的凭证，其本质仍然是金属货币。

② 根据中国人民银行等五部委 2013 年印发的文件《关于防范比特币风险的通知》，虽然比特币名为“货币”，但我国不承认比特币等非法定数字货币的货币属性，认定它们为特定的虚拟商品。本书为了表述方便，仍称比特币为货币。

可以分为加密数字货币和稳定数字货币两种，加密数字货币的典型代表是比特币和以太币，稳定数字货币的典型代表是天秤币（Libra）[①] 和摩根币（JPM）。另一类是由各国中央银行发行的法定数字货币，它一般是现金的数字形式替代。

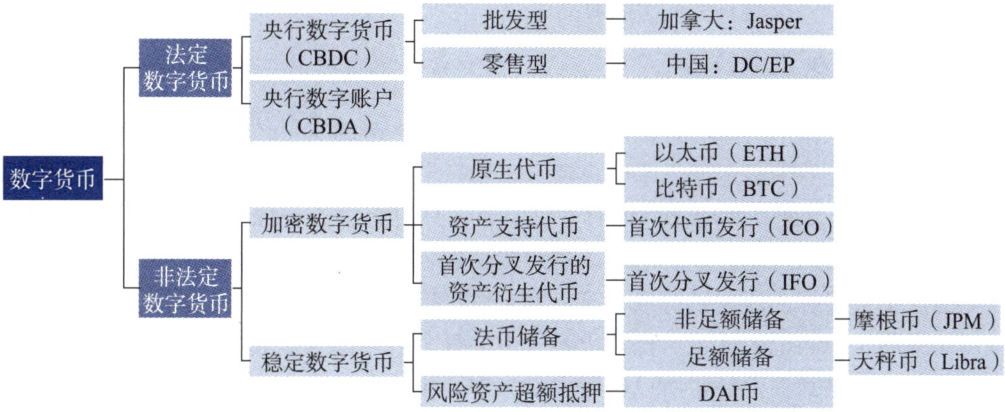

图 9-3　数字货币分类

特别提示

应用加密技术是各类数字货币的共同特征。传统电子货币的价值转移依赖的是后台清算、结算和账户体系完成不同数据库余额数字的此增彼减，而加密货币可实现账户的松耦合[②]，本身作为价值主体，通过加密签名技术实现权属变更和真伪鉴别，它不需要一个复杂的用以清算的后台。

接下来，我们将学习非法定数字货币的代表——比特币和我国的法定数字货币——数字人民币的知识。

二、比特币概述

2008 年，中本聪发表了一篇名为《比特币：一种点对点的电子现金系统》的论文，提出建立一套去中心化货币系统的方案。这套方案与当时的货币体系完全不同，它并不依靠中央银行和商业银行的信用，而是依靠密码学原理、共识机制、激励机制和其他的计算机技术，目标是构建一套完全去中心化的货币体系，而这些技术打包在一起，构成了一项先进的记账技术——区块链。

特别提示

区块链是比特币的底层技术，比特币是区块链的应用之一。但有趣的是，区块链可以被看作比特币系统发明之后，从比特币系统提炼出来的一项新技术，其在比特币之外的领域有了广泛的应用。

① 2020 年 12 月，Libra 更名为 Diem。

② 松耦合（Loose Coupling），在这里是指不需要银行账户就可以开立数字货币钱包，钱包之间的支付不依赖银行账户，与现金一样。

比特币系统的主体结构是由一张张记录交易信息的账页串在一起的链条，账页就是区块（Block），串在一起就叫区块链（Blockchain）。第一个区块诞生于 2009 年 1 月 3 日，被称作创世区块，在这之后，每 10 分钟就会形成一个新的区块加入这个链条。比特币系统应用区块链技术，使其具有以下特征。

（一）去中心化

去中心化是比特币的核心特征。如今，任何一套主流的支付体系都一定有一位中心化的记账人，如现金的中心记账人是中央银行，银行卡的中心记账人是商业银行，还有国际贸易中的 SWIFT 系统，移动支付中的支付宝等。只要有中心记账人的存在，就会有记错账目或者更改账目的可能。我们之所以愿意接受现金、银行卡和支付宝等支付方式，是因为我们信任中央银行、商业银行或者第三方支付机构，因此中心化的记账货币体系的前提是信用。不同于中心记账体系，比特币系统中的每个节点都有一套账本并实时更新，简单地说就是每个节点都在记账，所以比特币是去中心化的。

特别提示

比特币诞生的背景是 2008 年全球金融危机爆发，为了应对危机，各国政府采取量化宽松等措施，救助由于自身过失而陷入危机的大型金融机构，当时的欧美国家的政府和大型金融机构遭遇了巨大的信任危机。中本聪在全球金融危机后的 2009 年 1 月上线比特币，并在比特币的创世区块中记录了当天（2009 年 1 月 3 日）的《泰晤士报》头版文章标题《财政大臣考虑第二次出手纾解银行危机》，用以讽刺主权货币放水超发的宏观调控行为。而比特币是一套去中心化的货币体系，不用担心通货膨胀，这是比特币能够得到市场认可的重要原因。

（二）难以篡改

比特币通过密码学和链式结构的巧妙应用，保证它的历史交易记录无法被篡改。比特币系统是区块绑在一起的链条，如果有人更改了其中一个区块中的信息，之后所有的区块中的哈希值都会跟着改变，而比特币系统的每个节点都记录了历史的交易信息，都可以快速验证出信息不一致。修改记录也并不是完全不可能，如果这个修改记录的节点可以将这个节点之后的哈希值全部运算出来，这时候就会形成一个新的链条，仅仅从哈希运算的角度是能被验证通过的。但是这存在两个问题：一个问题是比特币系统的哈希运算对计算资源的耗费十分巨大，算出一条新链的代价自然也十分巨大；另一个更关键的问题是所有节点都只认同最长的那条链，新链想要获得全网承认的前提是在长度上超过修改前的旧链，而事实上旧链又由全网的节点一起来运算并打包，不停地更新，长度一直在增加，新链的长度几乎永远无法追赶上旧链。

修改后的区块链长度超过之前的区块链也不是完全不可能，如果修改信息的这个节点的算力超过全网算力的 50%，它谱写新链的速度就要快于全网其他算力的总和，这种利用算力优势修改区块链记录的方法叫作 51%算力攻击（见图 9－4）。试想，假设现在区块链中已经有 100 个区块，有人控制了加密数字货币 51%的算力，某一天他向别人支付了货币，交易记录已打包到 101 号区块并加入了区块链，之后他又打包了另外一个 101 号区块，这个新的 101 号区块没有他支付的记录，他就可以选择在没有他支付的交易记录的那个区块后面继续打包。他的算力超过全网算力的 50%，他打包区块的速度快于其他所有节点，又因为数字货币在出现分叉的时候以最长链为正确的链（最长链原则），所以新链成为合法链，他就成功地完成了交易记录的篡改，实现了双花。

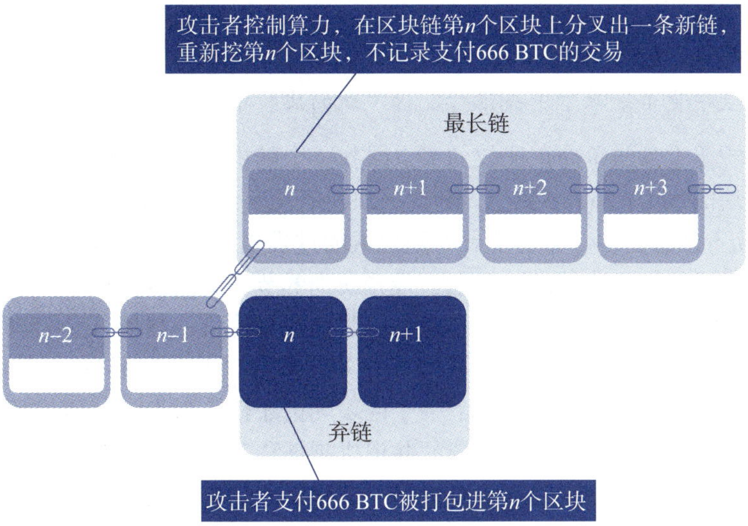

图 9-4　51%算力攻击示例

所以，一套去中心化的数字货币体系的安全与全网的算力总和息息相关，全网算力越高，51%算力攻击的难度越大，这套货币体系就越安全。比特币未发生过 51%算力攻击成功的事件，但是有不少其他的非法定数字货币被 51%算力攻击成功。比特币参与的节点有 1 万多个，截至 2024 年 10 月，比特币已经成功打包了 80 多万个区块，整套系统从技术稳定性上来说是比较可靠的。

知识链接

双花问题

特别提示

难以篡改是中本聪创设比特币系统的初衷，它的主要目的是保护网上交易中的卖家，让他们能在没有像支付宝、SWIFT 系统这样的第三方平台的前提下，也能完成网络交易。

（三）自我激励

中心化的记账体系往往不需要考虑激励问题，中央银行拥有货币发行和管理的权利与义务，商业银行和其他第三方支付平台是营利性企业，构建支付体系是为了追求利润，但是去中心化的记账体系需要一套不同于中心化记账体系的激励机制，以保证节点的参与度，维持系统的运转。比特币系统规定将每 10 分钟[①]的交易记录打包成为一个新的区块，首个成功打包区块并发布到网络上的节点就可以获得比特币奖励，这也是比特币发行的过程。比特币初期，首个成功打包区块的节点可以获得 50 个比特币的奖励，之后，奖励的

① 比特币系统算法决定了每 10 分钟左右产生一个区块。如果一段时间内区块产生的平均时间超过 10 分钟，算法会降低游戏难度；反之，算法会提高游戏难度。

数量逐步减少，截至 2024 年 10 月，成功打包一个区块的奖励为 3.125 个比特币。

参与打包区块的节点很多，而打包区块，也就是汇总 10 分钟交易信息的难度本身并不大，很多节点都想最先成功打包区块获得系统奖励（节点争夺记账权）。那么，如何确定由哪个节点来打包这个区块的交易记录并最先发布到网络呢？比特币的解决办法是做题。

特别提示

新的法定数字货币来源于中央银行发行，新的比特币来源于打包区块的系统奖励。

比特币系统要求参与争夺记账权的节点寻找一个随机数，这个随机数加入之后使得由包括前一个区块的 SHA-256 函数值、新的区块所有交易记录和基本信息组成的新的 SHA-256 函数值前 n[①] 位都是零。而这个寻找随机数的过程毫无技巧可言，只能用穷举法[②]，通过不停地尝试来寻找满足条件的随机数，最先找到的节点就获得了这个区块的记账权，可以在区块链上增加一个新的区块，并获得系统奖励的比特币。其他节点会快速验证它算出的随机数是否满足条件（虽然寻找随机数非常难，但验证却很容易），如果满足条件则停止这个区块的随机数穷举，继续争夺下一个区块的记账权。因为尝试随机数需要付出大量的算力或者说工作量，所以比特币系统的共识机制被称为工作量证明。通俗地说，比特币使用的工作量证明共识机制就是在班级里出一道数学题，全班同学一起来求解，求解的方法只有一个，就是逐个试不同的数字以判断是否符合题设条件，谁计算能力强，谁就可以试更多的数字，试出正确答案的概率就更大，谁一旦试出了正确答案，就会立即告诉全班的同学，全班的同学会验证这个答案是否正确，如果正确，那么该同学就获得了这个奖励，大家再一起竞争下一道题目的奖励。

特别提示

寻找随机数当然是由计算机通过强大的算力来完成的，这个过程俗称为“挖矿”，参与“挖矿”的人被称为“矿工”，运算的计算机被称为“矿机”，成规模的“矿机”组成的营利组织被称为“矿场”。

2024 年 10 月，比特币的市场价值约为 7 万美元一枚，成功打包一个区块的奖励约为 22 万美元。丰厚的奖励自然会吸引大量的节点参与记账权的争夺。

（四）匿名交易

传统的货币支付体系基于中央银行，几乎必然处于政府的监管之下，但是比特币因为没有中央银行的参与，通过数字签名和非对称加密技术实现了匿名交易。除了现金之外，传统支付体系的交易结算都是以账户作为参与的基础。例如：我们用银行卡交易的前提是拥有一个银行账户，政府出于抑制违法犯罪，维护经济、金融秩序稳定的目的，往往都要求银行账户实名制。

比特币也是基于账户完成节点之间的交易，但是比特币的账户建立不用提供任何身份

---

① n 的大小取决于全网算力的大小，全网算力越大，n 就越大，找到合适随机数的难度也就越大。

② 穷举法是将所有可能正确的答案逐一去验证是否符合题设的条件。穷举法的解题方式决定了谁的算力强，谁试出符合条件的随机数的概率就更大。

材料，也没有数量限制。在注册新用户的时候，比特币系统会给用户生成一个随机数，然后根据随机数生成一个私钥字符串，再根据私钥字符串结合椭圆曲线乘法生成一个对应的公钥，有了公钥，就可以使用哈希函数生成比特币地址，这个比特币地址实际上就是比特币的账户。例如：中本聪的地址是 1A1zP1eP5QGefi2DMPTfTL5SLmv7DivfNa，这也是他的比特币账户。图 9－5 展示的是在 181 号区块中记录的中本聪转账给 Hal Finney，这笔转账发生在 2009 年 1 月 12 日，也是比特币系统的第一笔转账。

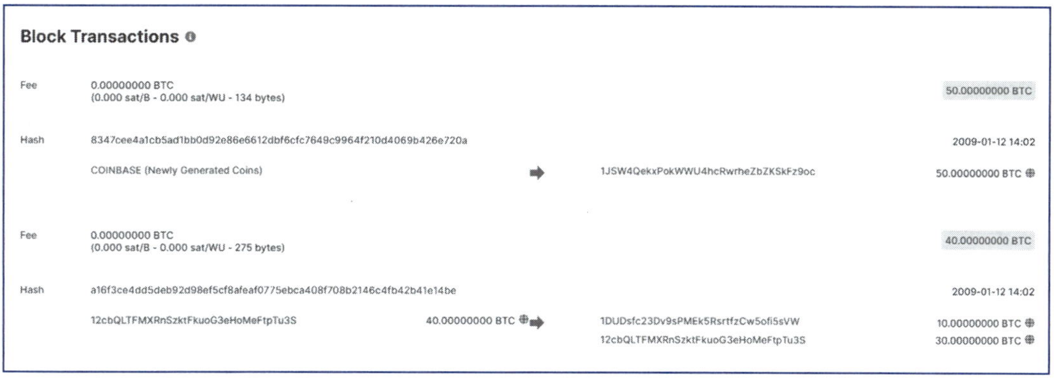

图 9－5　比特币系统的第一笔转账记录

特别提示

比特币系统既是透明的，又是匿名的。透明指的是所有交易向全网公示，匿名指的是其他人只知道参与者的网络地址，无法获取他的实名。例如：中本聪作为比特币的创始者，他的名称只是一个代号，我们可以很容易地在比特币系统中查询中本聪的钱包地址和交易记录，但我们并不知道中本聪是谁。

每一个比特币账户拥有一对密钥，包括公钥和私钥。如果甲需要向乙支付比特币，只需要用乙的公钥进行加密（公钥是公开的，就像银行账户是公开的一样），加密后的信息只有乙可以用自己的私钥解密，这样可以保证信息不会在传递过程中被截取。

特别提示

由于去中心化、难以篡改和匿名交易的特征，比特币系统被看作一种十分安全的交易结算体系。但这一切的前提是保护好钱包的私钥，一旦私钥丢失或者被窃取，也就相当于会损失比特币。另外，比特币也并不是没有交易手续费的，比特币系统默认的手续费是万分之一个比特币，这部分费用也会被记入区块并奖励给记账者。

（五）流通便利

比特币全球流通，可以在任意一台接入互联网的电脑上买卖，不管身处何方，任何人都可以挖掘、购买、出售或收取比特币。通过比特币交易平台[①]、比特币提款机、服务商和个人等渠道，人们就能将比特币兑换为当地的现金或以现金购买比特币。

---

① 为了防范代币融资风险，我国的比特币交易平台均已于 2017 年被关停。

相比银行卡购物，比特币付款更加容易，无需商家账户就可以进行比特币付款。在你的电脑或智能手机上的钱包应用程序中，输入收款人的比特币地址和付款金额，按发送键即可完成付款。为了更方便地输入收款人地址，比特币钱包可以通过二维码扫描或者 NFC 技术触碰手机获得地址。手机上的比特币钱包如图 9-6 所示。

图 9-6　手机上的比特币钱包

实际上，比特币作为流通手段也有缺陷，它的总体交易速度并不快，交易即时性并不能得到保障，相对于支付宝等电子货币每秒 30 万笔交易的峰值，比特币仅支持每秒 7 笔交易。

课堂讨论

比特币流通便利和匿名交易的特性可能会产生哪些负面效应？

（六）总量固定

比特币系统规定比特币的总量为 2 100 万枚，初期每打包一个区块加入链中会发行 50 枚比特币，之后每新产生 21 万枚比特币（约 4 年时间）后奖励数量会减半。目前，2 100 万枚比特币中的 90%已经发行，在接下来的时间里，只剩下不到 10%的比特币供“矿工”开采。比特币的最小单位是聪，一枚比特币等于 1 亿聪。比特币总量固定的规则与法定货币容易通货膨胀的现实形成鲜明的对比。在以中央银行为中心的法定货币体系里，中央银行掌握货币的发行权，会根据经济发展的需要调节货币供给，其中又以通货膨胀为主要的货币政策。而比特币的构想是约定发行总量，从根本上杜绝了通货膨胀的可能性。这也是比特币被称为数字黄金的原因，因为黄金的总量也几乎是固定的。

特别提示

黄金被认为是抵抗通货膨胀的有效投资手段，在通货膨胀预期较高时，黄金的价格往往也会走高。但是比特币并没有类似的效果，虽然比特币的价值波动非常厉害，但是与通货膨胀并没有什么相关性。

课堂讨论

回顾金本位制的发展和消失的历史，想一想，因总量固定而不会通货膨胀的货币一定会构成一个好的货币制度吗？

三、比特币的现状

（一）本质不是货币，是虚拟商品

我国已将比特币定性为虚拟商品而非数字货币。2013 年，中国人民银行等五部委联合发文《关于防范比特币风险的通知》，明确“比特币具有没有集中发行方、总量有限、使用不受地域限制和匿名性等四个主要特点。虽然比特币被称为‘货币’，但由于其不是由货币当局发行，不具有法偿性与强制性等货币属性，并不是真正意义的货币”。当然也明确，个人可以在风险自担的前提下参与比特币的商品买卖，但是持有金融或支付牌照的机构不得为比特币交易提供便利。之后，中国人民银行等七部门又于 2017 年 9 月发布《关于防范代币发行融资风险的公告》，进一步明确了与比特币类似的所谓数字货币的本质只是虚拟商品，不是货币。从性质上看，比特币应当是一种特定的虚拟商品，不具有与货币等同的法律地位，不能且不应作为货币在市场上流通使用。所以，比特币是类似于金银的数字货币商品，具有支付价值与收藏价值，但无法满足现代金融发展的需要，只能在一定范围内承担货币角色。

（二）价格波动大

业界前沿

比特币跌破 2 万美元，虚拟货币未来走势如何？

从比特币的历史价格波动来看，比特币的价格波动非常大。图 9－7 是 2018 年 12 月 28 日—2023 年 12 月 28 日比特币的价格趋势图，比特币价格的最高点出现在 2021 年 11 月 10 日，达到 68 928.9 美元，从此之后一路震荡下行，2022 年 8 月已经跌破 2 万美元，2023 年底又回升至近 5 万美元。比特币的价格波动说明投资它的风险极大，不适宜作为普通人的投资理财工具，也不具备抵抗通胀的作用。

图 9－7 比特币的价格趋势图

（三）资源耗费巨大

比特币实现共识机制的方式是工作量证明，也就是“挖矿”。建造“矿场”需要大量的资金投入，“挖矿”主要依靠的是显卡中的 GPU① 进行运算，一台以显卡为主体的“矿机”需要近万元，除此之外还有网络建设和场地建设费用。然而，初始建设并不是比特币资源耗费的主要部分，后期的“挖矿”对电力的消耗才是。一个含有 5 800 多台“矿机”的“矿场”每天耗电 16.8 万千瓦·时。每产生一个比特币需要消电 6 200 千瓦·时，如果

① GPU，全称为 Graphics Processing Unit，即图形处理器，是显卡的核心。GPU 相对于 CPU 更擅长并行运算，哈希运算效率更高。在比特币价值高企的阶段，比特币“矿场”对显卡的大量需求，使得很多能够用来“挖矿”的显卡供不应求，甚至影响了正常的显卡消费市场，普通消费者很难以正常的价格买到主流的显卡。

将所有的 2 100 万枚比特币都“挖”出来，至少要耗电 1 300 亿千瓦·时①，相当于整个北京市一年的用电量。有人预测，如果比特币的价格上涨到 50 万美元一枚，蜂拥而至的“矿工”们可能会将世界上 1/3 的电力都用在比特币的“挖矿”上，但这一切资源耗费的背后并不产生任何实际的使用价值。在耗费电力的同时，比特币“挖矿”还加剧了碳排放，与全球共识的减碳理念相违背。

任务小结

1. 人类已经进入电子货币时代，数字货币是电子货币的一种。数字货币分为没有中心发行方的非法定数字货币和由各国中央银行发行的法定数字货币。

2. 比特币是最典型的非法定数字货币，它具有去中心化、难以篡改、自我激励、匿名交易、流通便利和总量固定的特征。

3. 我国政府已明确比特币是虚拟商品，不具备货币属性。比特币的价格波动大，资源耗费巨大。

技能实训

郁金香泡沫

17 世纪初，郁金香被从土耳其引入西欧，由于量少价高，被上层阶级视为财富与荣耀的象征。投机商看中其中的商机，开始囤积郁金香球茎，并推动价格上涨。1635 年，炒买郁金香的热潮蔓延为全民运动，人们购买郁金香已经不再是为了其内在的价值或作观赏之用，而是期望其价格能无限上涨并因此获利。1637 年 2 月 4 日，郁金香市场突然崩溃，6 个星期内价格平均下跌了 90%。郁金香事件是人类史上第一次有记载的金融泡沫事件。

我们已经知道，比特币这样的去中心化的数字货币无法取代中心化的法定货币。但是对于比特币有没有价值，未来会如何发展，人们看法并不一致。有的人认为比特币就是一个泡沫、一场骗局，“海市蜃楼”一般的比特币早晚会烟消云散；也有的人认为比特币有它存在的合理性与价值，可以在一些细小的领域满足一部分人交易结算和资产储藏的需求，未来会持续存在。

请阅读材料《郁金香泡沫》，以小组为单位举行一场辩论赛——“比特币的未来”，正方的观点是“比特币会像郁金香一样价格归零”，反方的观点是“比特币会有一席之地”。

任务二 认识数字人民币

任务导入

数字人民币已经在我国多个城市开展了试点，很多人的手机里已经安装了数字人民币钱包 App，甚至开始抢红包了。数字人民币是什么？它和微信支付、支付宝有什么区别？

① 实际上，因为比特币发行的递减机制，全部 2 100 万枚比特币发行所耗费的用电量可能远大于 1 300 亿千瓦·时。

它也是去中心化的吗？让我们通过本次任务认识数字人民币。

知识准备

一、法定数字货币

数字人民币是数字化的人民币现金，是一种法定数字货币，所以在认识数字人民币之前，我们需要先了解法定数字货币，尤其是它与一些其他形式的货币的联系与区别。

（一）法定数字货币的概念与分类

国际清算银行（BIS）将央行数字货币（Central Bank Digital Currency，CBDC）定义为“不同于结算账户余额或传统准备金的央行货币数字形式”。按此定义，我们大致可以认为，央行数字货币（即法定数字货币）是一种以国家记账单位计价的数字支付工具，其负债主体是中央银行，由国家主权信用背书，风险度和纸币相当（几乎无风险）。

根据用户和用途不同，CBDC 可分为批发型、零售型和混合型。批发型 CBDC 主要面向商业银行等金融机构类主体，主要用途是大额结算，可简单理解为商业银行等金融机构在央行账户的数字化；零售型 CBDC 主要面向公众，主要用途是日常生活中发生的经济行为的支付结算，可简单理解为现金的数字化。目前不少国家已经明确了探索的方向，中国、瑞典和挪威等国的实现方向是零售型 CBDC，而新加坡、澳大利亚等国正在探索批发型 CBDC。混合型 CBDC 指的是可同时满足批发、零售需求的数字货币，或是该国央行并未限制或明确指出其数字货币的应用场景。

根据运营体系的不同，CBDC 可分为单层运营体系和双层运营体系。单层运营体系是指由中央银行直接面对全社会提供法定数字货币的发行、流通、维护服务；双层运营体系是指中央银行向指定运营机构发行法定数字货币，指定运营机构负责兑换和流通交易。

业界前沿

美国 CBDC 项目

特别提示

小型经济体和发展中国家在 CBDC 的发展上更为灵活激进，而发达国家和大型经济体在 CBDC 方面则显得相对谨慎，进度缓慢。

（二）法定数字货币与纸币的联系与区别

第一，法定数字货币的成本更低。一般经济体中流通的纸币，需要在防伪技术、发行、调拨、运输、清算、回笼、清分、销毁等方面投入大量研发成本，且在交易结算和清算过程中存在使用时的摩擦成本。数字货币由于其技术特性，在上述环节的成本节约方面具有巨大优势，且由于其使用了分布式账本技术，其交易原子化且不可抵赖，因此防伪性能较优，能更高效地保护用户账户和财产安全。

第二，法定数字货币与纸币一样具有法偿性。与纸币一样，CBDC 由中央银行发行，是中央银行的负债，其发行的基础是国家信用，且在经济体内部使用，任何人不得拒收。

第三，大多数国家用法定数字货币替代纸币。从全球央行对数字货币的定位看，将 CBDC 定位为 M0 的替代品几乎已成共识。此外，目前 M1 和 M2 已经在商业银行层面实现了数字化经营结算，若将 CBDC 归为此类口径，不仅会形成重复建设，而且容易引起统计混乱。

第四，法定数字货币具有可编程功能。可编程可以让法定数字货币具备纸币无法实现的功能，例如可以通过加载智能合约的方式实现更精准的货币投放，将贷款定向投放给高科技、环保等政策支持的领域，避免企业挪用。

第五，法定数字货币更易追踪。政府据此可以进行更有效的反洗钱、反恐怖融资、反逃税、反漏税等金融监管，保障金融安全。

（三）法定数字货币与非法定数字货币的相同点与区别

法定数字货币与非法定数字货币的相同点是都会用到数字加密和分布式记账等技术。除了实现技术上有类似之外，在发行主体与目的、流通范围和发行基础上都有显著的区别。

1. 发行主体与目的存在区别

法定数字货币的作用主要是替代实物现金。央行在设计数字货币时，会基于货币政策调控、货币的供给和创造机制、货币政策传导渠道进行综合考虑，发行渠道与现有的实物货币类似，实施同样的管理原则。法定数字货币参与商品流通与定价的特征比较明显，并不是去中心化的发行设计。目前非法定数字货币都是由私人部门发行的，大部分非法定数字货币的发行目的不是便于商品流通或降低交易成本，其与商品流通没有必然关系。非法定数字货币发行通常依靠一定的交易平台，以发展会员为渠道进行交易，并且多采用去中心化的发行设计。

2. 流通范围存在区别

法定数字货币的发行、流通和交易，都遵循与传统货币一体化的思路。通常情况下，法定数字货币的使用者是不特定的多数人。以人民币为例，它既可以在中国国内流通，也可以在那些对人民币已经具备信任基础的国家或地区使用。而非法定数字货币的使用者则是特定的人群。Coindesk 近期对世界各国 4 000 名比特币持有者的调查发现，比特币持有者中 91.8%为男性、72.5%为白种人、65.8%为技术人员。非法定数字货币的持有者大多数也会以投资为目的。

3. 发行基础存在区别

纸币发行初期，都与贵金属保持着一定的比例关系，后来发展到以本国信用担保发行。无论是与贵金属挂钩还是以国家信用担保，法定货币的价值通常比较稳定。只要国家这一社会组织形态不发生根本性变化，以国家信用为基础的货币体系就将始终具备法偿能力。与此相反，非法定数字货币既没有国家信用作担保，也不与任何贵金属挂钩，缺少“货币锚”，并且没有兑换兜底机制，持有人极易遭受无可挽回的损失。

除此之外，在价值尺度上，国家信用保证了法定数字货币计价的稳定，而非法定数字货币价值不稳，在普通民众看来公信力不强。在业务架构上，法定数字货币未改变信用货币的本质，仍然具有中心化的特征，而非法定数字货币则采用以加密算法为核心的区块链技术，无中心化机制保障，具有去中心化特征。

二、数字人民币

扩展视频

央行数字货币即将落地

我国发行的法定数字货币是数字人民币（e-CNY），该项目命名为DC/EP（Digital Currency/Electronic Payment），即数字货币与电子支付。数字人民币是中国人民银行发行的数字形式的法定货币，由指定运营机构参与运营，以广义账户体系为基础，支持银行账户松耦合功能，与实物人民币等价，具有价值特征和法偿性。数字人民币与其他货币类型的对比如表 9-1 所示。

表 9-1　数字人民币与其他货币类型的对比

比较项目	现金	银行账户余额	第三方支付账户余额	数字人民币	Libra	比特币
定位	M0	M1、M2	M1、M2	M0	/	/
发行主体	中国人民银行	中国人民银行	中国人民银行	中国人民银行	Libra 协会	无
准备金率	100%	部分	100%	100%	100%	无
信用背书	国家信用	银行信用	企业信用	国家信用	企业信用	算法信用
无限法偿性	是	否	否	是	否	否
中心化程度	中心化	中心化	中心化	混合框架	混合框架	完全去中心化
是否付息	否	是	是	否	否	否
是否匿名	是	否	否	可控匿名	可控匿名	完全匿名
双离线	支持	不支持	不支持	支持	不支持	不支持
适用范围	中国境内	中国境内	中国境内	主要为中国境内	全球各国	全球各国

资料来源：中国数字人民币的研发进展白皮书.

数字人民币的特征有以下几个。

（一）中国人民银行发行的法定货币

首先，数字人民币具备货币的价值尺度、交易媒介、价值贮藏等基本功能，与实物人民币一样是法定货币。其次，数字人民币是法定货币的数字形式。从货币发展和改革历程看，货币形态随着科技进步、经济活动发展不断演变，实物、金属铸币、纸币均是相应历史时期发展进步的产物。数字人民币发行、流通管理机制与实物人民币一致，但以数字形式实现价值转移。最后，数字人民币是中国人民银行对公众的负债，以国家信用为支撑，具有法偿性。

中国实践

数字人民币为什么选择双层运营体系？

（二）中心化管理、双层运营

数字人民币发行权属于国家，中国人民银行在数字人民币运营体系中处于中心地位，负责向作为指定运营机构的商业银行发行数字人民币并进行全生命周期管理。

数字人民币采用的是双层运营体系（见图 9-8）。中国人民银行负责数字人民币发行、注销、跨机构互联互通和钱包生态管理，同时审慎选择在资本和技术等方面具备一定条件的商业银行作为指定运营机构，牵头提供数字人民币兑换服务。

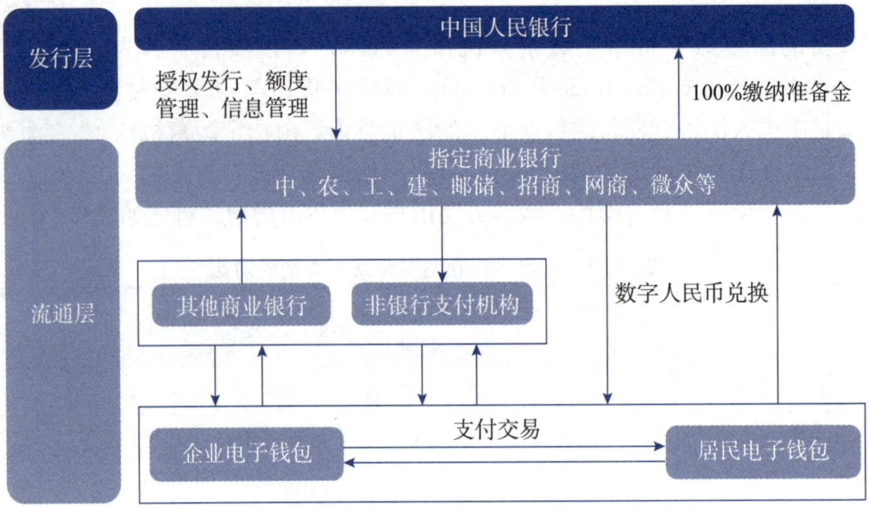

图 9-8　数字人民币的双层运营体系

课堂讨论

你会把人民币放在数字钱包里，还是存在商业银行的存款账户中呢？

（三）定位于 M0，不计付利息

数字人民币与人民币现金都是中国人民银行对公众的负债，具有同等法律地位和经济价值。数字人民币将与人民币现金并行发行，中国人民银行会对二者共同统计、协同分析、统筹管理。国际经验表明，支付手段多样化是成熟经济体的基本特征和内在需要。中国作为地域广阔、人口众多、多民族融合、区域发展差异大的大国，社会环境以及居民的支付习惯、年龄结构、安全性需求等因素决定了人民币现金具有其他支付手段不可替代的优势。只要存在对实物人民币现金的需求，中国人民银行就不会停止实物人民币供应或以行政命令对其进行替换。

因为数字人民币定位于 M0，与同属 M0 范畴的人民币现金一致，所以不对其计付利息。

现阶段，M1 和 M2 基于商业银行账户，已实现电子化或数字化，没有用数字货币再次数字化的必要，支持 M1 和 M2 流转的银行间支付清算系统、商业银行行内系统以及非银行支付机构的各类网络支付手段等运转正常，且在不断完善升级、日益高效，能够满足我国经济发展的需要。用数字人民币替代 M1 和 M2，既无助于提高支付效率，又会造成对现有系统和资源的巨大浪费。

特别提示

数字人民币与人民币现金一样，不依赖银行账户，支持双离线交易。

（四）零售型，不收取流通服务费

数字人民币主要用于满足国内零售支付需求。数字人民币是一种面向社会公众发行的零售型 CBDC，其推出是立足国内支付系统的现代化，充分满足公众日常支付需要，进一步提高零售支付系统效能，降低全社会零售支付成本。

与实物人民币管理方式一致，中国人民银行不向指定运营机构收取数字人民币兑换流通服务费用，指定运营机构也不向个人客户收取数字人民币的兑出、兑回服务费。

特别提示

支付宝、微信支付等移动支付确实方便了商家与消费者的支付结算，但是从它们的账户余额提取资金到银行卡需要收取约 0.1%的手续费，对于商家和消费者来说，这已经是一笔必须考虑的使用成本。

（五）可控匿名

数字人民币遵循“小额匿名、大额依法可溯”的原则，高度重视个人信息与隐私保护，充分考虑现有电子支付体系下业务风险特征及信息处理逻辑，满足公众对小额匿名支付服务的需求。但同时，我们需要防范数字人民币被用于电信诈骗、网络赌博、洗钱、逃税等违法犯罪行为，确保相关交易遵守反洗钱、反恐怖融资等要求。数字人民币体系收集的交易信息少于传统电子支付模式，除法律法规有明确规定外，不提供给第三方或其他政府部门。中国人民银行内部对数字人民币相关信息设置防火墙，通过专人管理、业务隔离、分级授权、岗位制衡、内部审计等制度安排，严格落实信息安全及隐私保护管理，禁止任意查询、使用数字人民币相关信息。相对于第三方支付由商业企业处理信息，数字人民币的交易信息由中国人民银行来处理，能更好地保护信息安全与隐私，中国人民银行可要求运营机构每日将交易数据异步传输至中国人民银行，既便于中国人民银行掌握必要的数据以确保审慎管理和反洗钱等监管目标得以实现，也能减轻商业机构的系统负担。

业界前沿

数字人民币的智能合约应用

特别提示

如果完全没有匿名，可能会泄露个人信息和隐私；如果允许完全匿名，可能会助长如逃税、恐怖融资和洗钱等犯罪行为。

（六）可编程性

数字人民币本质上是货币制度主要构成要素和权属信息经过加密算法生成的字符串，其中加密字符串留有可编程脚本字段，以实现数字人民币的可编程功能，使数字人民币在确保安全与合规的前提下，可根据交易双方商定的条件、规则进行自动支付交易，促进业务模式创新。数字人民币底层技术保留了区块链可追溯和不可篡改等特性，而可编程、可追溯的特性使数字人民币全生命周期可监控，从而可及时判断异常交易，精准监管、打击复杂且隐秘的违法犯罪行为，如洗钱、恐怖融资等

中国实践

为什么要研发数字人民币？

犯罪活动。数字人民币的可编程、可追溯特性还可以助力货币政策精准投放，提高货币政策传导效率。数字人民币底层技术的可追溯和可编程特性，可通过汇总和分析账户特征实施差异化货币政策，在发行环节可设置“前瞻条件触发”机制，在货币发行时预先设定符合政策导向的条件，以达到货币政策实时传导的效果。

特别提示

目前中国人民银行对数字人民币并未预设技术路线，也就是说不一定采用区块链技术。根据中国人民银行关于数字人民币的介绍，数字人民币的技术路线选择是一个长期演进、持续迭代和动态升级的过程。

课堂讨论

有人认为，一旦数字人民币加载了除法定货币本身功能外的智能合约，将影响其法偿功能，使得它不再是纯粹的货币，可能退化为有价票证，降低我国数字人民币的可自由使用程度，也将对人民币国际化产生不利影响。你支持数字人民币加载智能合约吗？

三、数字人民币钱包

（一）数字人民币钱包的概念

数字钱包是数字人民币的载体和触达用户的媒介。在数字人民币中心化管理、统一认知、实现防伪的前提下，中国人民银行制定相关规则，各指定运营机构采用共建、共享方式打造移动终端 App（见图 9－9），对数字人民币钱包进行管理，并对数字人民币进行验真；开发数字人民币钱包生态平台，实现各自视觉体系和特色功能，实现数字人民币线上线下全场景应用，满足用户多主体、多层次、多类别、多形态的差异化需求，确保数字人民币钱包具有普惠性，避免因“数字鸿沟”带来的使用障碍。

扩展视频

数字人民币 App 如何使用？

图 9－9　不同运营机构的数字人民币钱包

特别提示

数字人民币钱包与支付宝账户、银行卡不是一回事，把数字人民币放入数字人民币钱包就像是你把纸币和硬币放入你的钱包一样，只不过它是虚拟的而已。

（二）数字人民币钱包的类型

1. 按照客户身份识别强度分为不同等级的钱包

指定运营机构根据客户身份识别强度对数字人民币钱包进行分类管理，根据实名强弱程度赋予各类钱包不同的限额，如表 9－2 所示。最低权限钱包不要求提供身份信息，以体现匿名设计原则。用户在默认情况下开立的是最低权限的非实名钱包，可根据需要自主升级为高权限的实名钱包。

表 9－2　数字人民币钱包等级

		一类钱包	二类钱包	三类钱包	四类钱包（非实名）
办理要求		手机号、有效身份证件、本人银行账户、运营机构现场面签	手机号、有效身份证件、本人银行账户	手机号、有效身份证件	手机号
交易限制	余额上限	无	50 万元	2 万元	1 万元
	单笔支付限额上限		5 万元	5 000 元	2 000 元
	日累计支付限额上限		10 万元	1 万元	5 000 元
	年累计支付限额上限		无	无	5 万元

2. 按照开立主体分为个人钱包和对公钱包

自然人和个体工商户可以开立个人钱包，按照相应客户身份识别强度采用分类交易和余额限额管理；法人和非法人机构可开立对公钱包，并按照临柜开立还是远程开立确定交易、余额限额，钱包功能可依据用户需求定制。

3. 按照载体分为软钱包和硬钱包

软钱包基于移动支付 App、软件开发工具包（SDK）、应用程序接口（API）等为用户提供服务。硬钱包基于安全芯片等技术实现数字人民币相关功能，依托 IC 卡、手机终端、可穿戴设备、物联网设备等为用户提供服务，如图 9－10 所示，便是硬钱包的一种。软、硬钱包结合可以丰富钱包生态体系，满足不同人群需求。

特别提示

直观地说，数字人民币钱包 App 是软钱包，带芯片的设备是硬钱包。手机既可以安装软钱包，也可以安装硬钱包，因为有的手机具备 NFC 功能，可以把它变成硬钱包。

图 9-10 硬钱包

4. 按照权限归属分为母钱包和子钱包

数字人民币钱包持有主体可将主要的钱包设为母钱包，并可在母钱包下开设若干子钱包。个人可通过子钱包实现限额支付、条件支付和个人隐私保护等功能；企业和机构可通过子钱包来实现资金归集及分发、财务管理等特定功能。

业界前沿

子钱包的应用

课堂讨论

从普惠金融的角度谈一谈，数字人民币钱包为什么要分成不同的安全等级？又为什么要分软钱包和硬钱包？

四、数字人民币的发展历程

中国人民银行于 2014 年成立了法定数字货币研究小组，开始对发行框架、关键技术、发行流通环境及相关国际经验等进行专项研究。2016 年，数字货币研究所成立，完成法定数字货币第一代原型系统搭建。2017 年末，经国务院批准，中国人民银行开始组织商业机构共同开展法定数字货币（即数字人民币）研发试验。目前数字人民币已进入试点阶段。2019 年，在深圳、苏州、雄安、成都及 2022 年北京冬奥会场景开展数字人民币试点测试（第一批）；2020 年，新增 6 个新的试点地区，分别是上海、海南、长沙、西安、青岛、大连（第二批）；截至 2021 年 6 月 30 日，数字人民币试点场景已超 132 万个，开立个人钱包 2 087 万余个、对公钱包 351 万余个；2022 年，新增天津、重庆、广州、福州、厦门，以及浙江省承办亚运会的 6 个城市作为试点地区（第三批）。截至 2023 年 8 月，数字人民币试点范围已扩展至广东、江苏、河北、四川全省，以及山东济南、云南昆明等地，全国已有 17 个省份的 26 个地区开展数字人民币试点。但相较于用户基础更广阔的第三方支付，数字人民币落地应用的速度还是稍显缓慢。图 9-11 所示为数字人民币的发展历程。

五、数字人民币可能产生的影响

目前，社会各界对零售型 CBDC 影响的认识存在分歧，有关其是否会引发金融脱媒、削弱货币政策、加剧银行挤提等方面的争论较为集中。数字人民币所采用的研发设计方案会对货币政策、金融稳定、商业银行、第三方支付和跨境支付产生不同的影响。

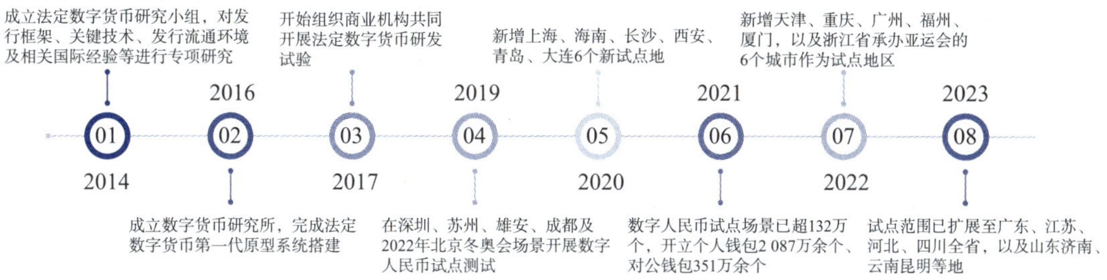

图 9-11　数字人民币的发展历程

（一）数字人民币对货币政策的影响

有观点认为，数字人民币比存款更具吸引力，可能造成金融脱媒，引发狭义银行效应及信用收缩。还有观点认为，广泛可得的数字人民币能增强政策利率向货币市场和信贷市场的传导作用。在数字人民币计息且孳息水平具有一定吸引力的前提下，机构投资者对部分低风险资产（如短期政府票据）的投资需求可能会降低，进而影响相关资产价格。因此，在设计数字人民币时，应当考虑制定和执行货币政策的需要。也有观点认为，数字人民币不计息方式有利于降低其与商业银行存款及其他低风险金融资产的竞争，减少对货币政策的潜在影响。

（二）数字人民币对金融稳定的影响

有观点认为，数字人民币作为特别安全的资产，在危机时可能会加剧商业银行挤兑问题。居民和企业可以便利地将银行存款转换为数字人民币，导致金融中介规模收缩，金融波动性增大。特别是在发生系统性风险时，数字人民币为社会公众快速转换安全资产提供了渠道。但也有观点指出，现有电子支付体系已经实现银行间的资金快速转移，数字人民币并不会产生较大影响。如果发生银行危机甚至经济危机（如货币危机或主权债务危机），资金将从包括数字人民币在内的所有本国资产中撤离，而非仅从商业银行存款转移至数字人民币。

（三）数字人民币对商业银行的影响

目前移动支付被支付宝、财付通和云闪付等第三方支付主导，而数字人民币采用双层运营体系，公众通过商业银行等金融机构开发的数字人民币钱包使用数字人民币，数字人民币可能让商业银行突破移动支付业务发展困境。数字人民币可能为商业银行引流，商业银行可从数字人民币钱包开始发散更多服务场景，构建更全面的用户生态体系，提高用户黏性，促进数字人民币钱包用户向商业银行零售客户的转化。在企业端，也可能衍生新盈利增长点，带来新盈利机会，例如衍生出数据接口服务、软件授权服务、硬钱包安装、智能合约定制等相关服务。数字人民币可以节省商业银行人民币现金所需的调运、存取、鉴别、清分成本，降低营运成本。

但是数字人民币的发行也会冲击商业银行的传统业务。数字人民币与银行账户余额实时转换的便捷性和零服务费用，将冲击银行传统业务；降低用户对银行传统业务如 ATM、网点个人账户类业务需求；压缩跨行转账、取现等业务收入。同业银行间、互联网银行的竞争压力会加大。因为数字人民币使得银行存款跨行转移成本降低，所以同业存款竞争将会更激烈，尤其是互联网银行中的网商银行、微众银行等作为指定运营机构，将依托互联网服务、场景、流量优势，在对公钱包业务方面加剧同业竞争。

（四）数字人民币对第三方支付的影响

从第三方支付层面看，数字人民币是数字化的人民币，第三方支付机构（如财付通和支付宝）是提供容纳居民货币资产的电子钱包，在概念上不属于同一维度。但在实际推广过程中，数字人民币与第三方支付在支付终端与支付体验上存在重合，二者之间具有一定的竞争。

中国人民银行不向指定运营机构收取兑换流通服务费用，指定运营机构也不向个人客户收取数字人民币的兑出、兑回服务费，这将吸引用户更有动力使用数字人民币交易，并被动下调第三方支付机构服务费用；数字人民币相比第三方支付机构具有较大竞争力。第三方支付机构也可能通过接入数字人民币服务拓展到此前未覆盖的商户，如大中型企业等通过数字人民币和其他渠道的收单业务获取利润。

课堂讨论

数字人民币正式发行之后，你还使用支付宝和微信支付吗？

（五）数字人民币对跨境支付的影响

据世界银行 2021 年的统计，以 SWIFT 与 CHIPS 为核心建立的跨境支付系统成本高，仅中介服务费用就达到 1 200 亿美元，全球零售汇款平均成本为汇款总额的 6.5%，且 SWIFT 技术更新慢、效率低下，国际电汇通常需要 3～5 个工作日，大额汇款通常需要纸质单据。截至 2021 年底，美元在 SWIFT 系统中的支付业务市场份额占比为 40.5%。尽管 SWIFT 是中立的全球组织，但由于美元结算的主导地位和 SWIFT 身处欧洲的情况，SWIFT 极易成为美国和欧盟经济制裁的工具，服务其达成特定政治目标。数字人民币可绕过 SWIFT 直接进行国际清算，这将直接推动人民币国际化的进程。

学习二十大

有序推进
人民币国际化

我国已加入多边央行数字货币桥项目（mBridge），该项目可以将跨境支付成本降低 50%，将支付时间从几天缩短到几秒，兼容不同的央行数字货币系统，避免境外流通影响他国货币主权的冲突问题，未来将会提升国际清结算效率，可能重塑跨境支付体系。

任务小结

1. 许多国家都开始推行法定数字货币，法定数字货币根据用户和用途不同可以分为批发型、零售型和混合型；根据运营体系的不同，可以分为单层运营体系和双层运营体系。

2. 法定数字货币相较于传统纸币发行成本更低，与纸币一样具有法偿性。大多数国家用法定数字货币替代纸币。法定数字货币具有可编程性，更容易追踪。

3. 法定数字货币在发行主体与目的、流通范围和发行基础方面与非法定数字货币存在区别，核心是发行主体的区别。

4. 数字人民币是中国人民银行发行的数字形式的法定货币，由指定运营机构参与运营，以广义账户体系为基础，支持银行账户松耦合功能，与实物人民币等价，具有价值特征和法偿性。它实行中心化管理、双层运营，定位于 M0，不计付利息，属于零售型 CBDC，不收取流通服务费，遵循“小额匿名、大额依法可溯”的原则，具有可编程性。

5. 数字人民币钱包按照客户身份识别强度可分为四个等级，按照开立主体可分为个人钱包和对公钱包，按照载体可分为软钱包和硬钱包，按照权限归属可分为母钱包和子钱包。

6. 截至 2023 年 8 月，全国已有 17 个省份的 26 个地区开展数字人民币试点。

7. 数字人民币全面运行之后可能对货币政策、金融稳定、商业银行、第三方支付和跨境支付造成较大的影响。

技能实训

假如你的朋友是“好奇宝宝”，对数字人民币十分感兴趣，向你提出了以下 10 个问题，你能依靠自己的专业知识通俗易懂地回答他吗？

（1）数字人民币和支付宝、微信支付有什么区别？

（2）数字人民币会淘汰支付宝、微信支付吗？

（3）数字人民币有利息吗？

（4）数字人民币转账支付要收手续费吗？

（5）数字人民币一定要绑定银行卡才能使用吗？

（6）数字人民币的发行会导致通货膨胀吗？

（7）数字人民币能通过“挖矿”得到吗？

（8）数字人民币会成为国际货币吗？

（9）听说数字人民币可以保护隐私，它是完全匿名的吗？

（10）手机丢了，数字人民币还在吗？

在线测试

项目九

数字货币

项目十 保险科技

学习目标

知识目标

1. 熟悉保险科技的概念，了解保险科技的发展历程和发展现状，了解保险科技的应用价值和风险

2. 熟悉保险科技的主流技术，掌握保险科技的业务创新

3. 掌握互联网保险的概念和优势，了解互联网保险的发展，熟悉互联网保险的经营模式，了解互联网保险发展面临的问题

能力目标

1. 能够辨析保险科技与互联网保险的区别，厘清保险科技与金融科技的关系

2. 能够描述保险流程中保险科技的具体应用

3. 能够分析保险科技的应用案例和互联网保险的产品案例

4. 能够初步设计互联网场景化保险产品

素养目标

1. 培养科学精神与创新思维：保险科技的应用富有科学精神和创新思维

2. 培养爱国主义情怀：我国互联网保险的发展在国际上处于领先地位

3. 理解脱贫攻坚与精准扶贫国家战略：保险科技在农村的应用是我国脱贫攻坚的制胜法宝，是精准扶贫的实践

4. 了解乡村振兴国家战略：保险科技在农村保险中大有可为，实践应用体现了推动乡村振兴的国家战略

5. 践行社会主义核心价值观——诚信：保险科技的一个重点应用方向是保险反欺诈，诚信价值体系构建对保险市场发展十分重要

项目案例

保险反欺诈需要借助科技“武器”

随着我国保险业的发展，保险欺诈日益成为侵蚀保险业肌体的毒瘤。近年业内不乏骇人听闻的投保人通过自残手段骗取保险理赔金、“假死骗保”引发母子三人自杀悲剧、“杀妻骗保”事件，为了巨额保险理赔款甚至有人配合“自杀”，由此也引发人们对于保险中道德风险的担忧。在人身险领域，骗保经常以生命和健康作为代价，最常见的做法是投保人带病投保以骗取保费，如一些人在获知自己患大病后才购买重疾险，等到观察期过后向保险公司索赔。

在财险领域，车险骗保一直是困扰保险行业的难题。近期曝光的车险骗保行为包括4S店故意损坏车辆完好零件骗取保费、代理人截留消费者保费、“以租代购”退保骗佣等。一组行业数据显示，车险欺诈是我国保险欺诈的重灾区，占比高达80%，保守估计每年涉案金额高达200亿元。相对车险而言，规模较小的航延险，也成为别有用心之人“薅羊毛”的工具。此前，上海市破获了首例航延险诈骗案，累计抓获犯罪嫌疑人27名，涉案金额超过2 000万元。

正因如此，保险欺诈成为行业难以祛除的痼疾，且欺诈手段呈现职业化、多样化、团体化等特点。有数据显示，全球每年约有20%～30%的保险赔款涉嫌欺诈，造成损失金额约800亿美元。据监管部门披露，2020—2021年我国保险业共向公安机关移送欺诈线索28 005条，公安机关立案千余起，涉案金额近6亿元。保险欺诈不仅加大了保险公司的经营风险，还扰乱了市场秩序。面对来势汹汹的保险欺诈恶行，保险业应拿起科技创新有力“武器”，提高风控水平以“破题”。

随着保险科技与保险业的深度融合，行业开始进入“智能风控阶段”，深度应用大数据、区块链和物联网等技术，实现智能预警和多维核验，从而以更强的风控能力识别骗保的蛛丝马迹。不少保险公司正在尝试借助新兴科技手段，如人工智能技术，使理赔业务中人工核保定损向系统智能转变；建立基于区块链的反欺诈系统，从分享欺诈理赔案件入手，加强保险公司之间的信息交流效率，并逐渐将理赔的处理转移到链上。上海保险交易所联合业内公司打造的保险风控区块链平台，拟将区块链技术引入雇主责任险、意外险、医疗健康险等险种的风控中。在多方协同反欺诈方面，中国银行保险信息技术管理有限公司和部分大型保险公司为公安机关建立“绿色查询通道”，推动整合保险理赔、交通事故、违章处理、公安云搜索、公安警务等大数据平台。为解决传统人工筛查欺诈线索方式效率低的问题，原银保监会风险处置局与公安部经侦局已开展大数据反保险欺诈试点，运用大数据等新技术手段防范保险欺诈风险、打击金融犯罪行为。

资料来源：恶意骗保屡禁不止 保险反欺诈需借助科技“武器”[EB/OL]. 金融时报，2021-01-20.

任务一 认识保险科技

任务导入

与银行业和证券业一样，保险业同样因为金融科技的应用发生了颠覆性的变化，进而诞生了一个新名词——保险科技。保险科技诞生之初就备受青睐，之后迅猛发展。那么，什么是保险科技？它为保险业带来了什么价值，又蕴藏着哪些风险？让我们一起来认识保险科技。

知识准备

一、保险科技的概念

与金融科技（FinTech）类似，保险科技（InsurTech）是由“保险”（Insurance）和“科技”（Technology）两个词组合产生的，是新兴科技与保险业的结合，它诞生于金融科技，却又不同于金融科技。保险科技是金融科技的一部分，也可以说它是从金融科技框架里衍生出来的一个独立的新兴分支。它起源并从属于金融科技，同时又区别于金融科技。

究竟什么是保险科技？目前学界和业界对保险科技内涵的界定可以概括为以下几个角度。其一，正如保险科技（InsurTech）词汇的产生逻辑一样，将保险科技定义为金融科技的一个子集。其二，重点强调金融科技在保险领域的创新技术应用。保险科技是金融科技发展创新的有力激励，是一个或多个传统或非传统市场参与者利用信息技术为保险业提供特定解决方案的创新现象。保险科技更强调区块链、人工智能、物联网、社交网络等信息技术在保险业务中的运用。其三，探讨保险活动效率的提升。保险科技是一种通过收集和分析数据以评估风险、计算风险敞口和保费支付的专业手段，其主要应用领域包括电子商务、点对点、数字化、按次计费、配套推销、颁发执照等。通过技术和灵活商业实践的结合，保险科技可提升传统保险活动的效率。综合来说，保险科技是指传统保险公司、保险初创公司和科技创新公司等经营主体，综合利用新技术颠覆传统保险业的经营模式，为保险业提供创新的解决方案，重塑保险经营模式。其目的是提升保险业的运营效率，降低成本，为保险消费者提供能够更加满足其需要的保险产品和服务。

二、保险科技的发展历程和发展现状

（一）保险科技的发展历程

1. 萌芽期（2013 年之前）

2001 年开始，中国太平洋保险、中国人民保险和泰康保险等国内的传统保险公司已经开始尝试线上销售保险，但是在 2013 年之前，业务范围及规模均比较小，且多作为传统保险公司的业务线、事业部之一开展，更多聚焦于独立环节的“信息化”，还没有专门

从事保险科技业务的公司出现。

2. 起步期（2013—2014 年）

2013 年，中国超越美国，成为全球第一大网络零售市场。与互联网消费生态的发展相适应，2013 年也被看作互联网金融元年。以余额宝为代表的互联网金融产品纷纷上线，不仅丰富了消费者的投融资渠道，也推动了大规模的金融教育。保险科技是金融科技发展浪潮的重要部分。从 2013 年开始，专业保险科技公司的数量持续增长，进而推动了保险科技业务的全面、深入开展。其中，众安保险的成立是中国保险科技发展过程中的标志性事件之一。

3. 爆发期（2015—2020 年）

2015 年开始，互联网平台公司的参与进一步提升了保险科技市场的热度，保险科技渗透率迅速提高，投资交易活跃。百万医疗险爆发带动健康险新一轮发展。蚂蚁金服成立保险事业部，整合了原淘宝、支付宝等多个电商平台的保险业务，系统地建立起互联网保险平台。2016 年，两家互联网保险公司——安心财险和易安财险相继开业。互联网保险的龙头——众安保险在此期间发展迅速，不断推出宠物险、手机碎屏险等创新险种，并于 2016 年成立众安科技，2017 年在港交所上市，2018 年业务拓展至海外。蚂蚁保与信美人寿相互保险社联手推出“相互保”，后期因监管要求更名为“相互宝”。互联网保险平台慧择网于 2020 年在纳斯达克上市，成为全球第一家上市的保险电商企业。

4. 高质量发展期（2021 年至今）

2021 年开始，互联网保险客户经营从流量增长转向深度运营，保险科技行业的投资有所下降，保险科技向中后台、底层延伸，行业生态开始完善，有更多保险业外部的关联科技公司参与其中，基础技术开发加强，保险科技走向高质量发展。2023 年，ChatGPT 引领新一轮人工智能应用开发热潮，保险业开始进行相关技术探索，例如蚂蚁保上线 AI 保险规划师。

综上所述，我国保险科技的发展历程如表 10－1 所示。

表 10－1　我国保险科技的发展历程

阶段	萌芽期	起步期	爆发期	高质量发展期
时间	2013 年之前	2013—2014 年	2015—2020 年	2021 年至今
阶段亮点	保险销售渠道互联网化	2013 年被看作互联网金融元年，互联网保险产品场景化、多样化；2013 年，我国首家互联网保险公司——众安保险成立	互联网平台参与保险科技行业，保险科技渗透率、交易活跃度迅速提升；自 2015 年起，众安保险迅速发展，推出各类创新险种，2017 年于港交所上市，2018 年业务拓展至海外；2020 年互联网保险平台慧择网在纳斯达克上市，成为全球第一家上市的保险电商企业	互联网保险客户经营从流量增长转向深度运营，保险科技生态完善，基础技术开发加强，保险科技走向高质量发展

（二）保险科技的发展现状

随着人工智能、大数据、云计算、区块链等技术在传统保险领域的不断应用和渗透，近年来保险科技在全球范围内迅速发展，全球市场对保险科技企业的投资关注度也显著增长。这具体体现在两方面。一是保险科技融资金额和交易数量与日俱增。根据《麦肯锡全球保险行业年度报告（2022）》，全球对保险科技的投资已从 2004 年的 10 亿美元增长到 2021 年的 146 亿美元。二是大型保险科技企业数量不断增加。根据零壹智库发布的《全球保险科技独角兽及案例报告（2021）》，截至 2021 年 8 月，全球约有 30 家保险科技独角兽企业，其中美国 17 家（7 家已上市），英国 3 家，德国、法国、新加坡各 1 家。此外，大型科技公司也开始联手打造保险服务，寻求保险科技创新和数字化经营，如拼车公司 Grab 与保险公司 Chubb 合作，为司机及其客户提供保险服务等。

我国保险科技的发展呈现以下特点：

（1）保险科技发展得到了政策的大力支持。2021 年 12 月，中国保险行业协会发布了《保险科技“十四五”发展规划》。这是我国首次发布保险科技领域中长期专项规划，内容涵盖较为广泛，为保险科技的发展提供了方向指导。《保险科技“十四五”发展规划》中明确要求，推动数字化转型，增强保险价值链创新的科技支撑，夯实信息科技建设基础，提升科技应用风险管控水平。此后，各地纷纷响应，鼓励当地保险机构加强科技领域的研究，积极探索“保险＋科技”新模式。

延伸阅读

保险科技“十四五”发展规划

（2）保险科技初创公司数量快速增长。近年来，越来越多的互联网巨头、科技公司、初创公司以及保险供应商、非金融公司等进入保险科技行业。2013 年，由中国平安、腾讯、蚂蚁金服联合控股的众安在线财产保险股份有限公司（简称众安保险）成为中国首家专业互联网保险公司。我国现已拥有众安保险等专业互联网保险公司，平安科技等科技类子公司，轻松保、悟空保等保险代理平台，以及和金在线、中科软科技等技术服务提供商。

（3）保险科技投入规模不断扩大，应用领域较为集中。据前瞻产业研究院预计，到 2025 年我国保险科技投入金额将增至 955 亿元。根据分子实验室发布的《2020 中国保险科技 100 强》，前 10 名保险科技公司主要集中在科技集成和互联网新中介领域。

（4）保险科技公司快速发展，应用场景逐渐深化。当前，我国多家大型头部保险公司都拥有了自己的互联网科技子公司，其内部架构、业务流程和服务等不断完善，主营业务范围不断得到延伸，具体应用场景也日益深化，主要包括智能保顾、一站式比价、精准营销、智能合约理赔、防灾减损和健康管理等。

总体来看，当前我国大多数保险科技公司尚处于不断探索和试错的阶段，有巨大的发展潜力。

三、保险科技的应用价值和风险

（一）保险科技的应用价值

1. 对保险价值链产生革命性影响，提升保险公司竞争力

保险科技的应用对保险市场的影响贯穿产品研发、宣传销售、签约承保、保单管理、索赔处理、资产运营、客户服务等整个过程，可对保险价值链产生革命性的影响。从客户角度来看，保险客户借助相关技术可随时随地获得保险相关金融服务，尽快找到更好或更

便宜的保险公司，获得更好的消费体验。从保险科技公司角度来看，保险科技的运用能加强经纪人和销售网络之间的互动，可在投保前更加便捷地寻找和挖掘潜在客户和战略合作伙伴，快速实现投保客户的初步风险评估，投保后实现索赔的快速响应，使索赔管理手段更加透明、灵活、高效，提升保险公司的核心竞争力。

2. 创新保险产品开发和服务，优化保险市场环境

在各种技术进步的帮助下，保险科技也在赋能保险业产品创新，为保险客户提供多场景、日益灵活、个性化和多样化的保险产品和服务，其带来的独特数字客户体验是行业领先增长的重要条件。同时，保险科技能有效推动保险产品分销，助推保险市场运营、服务模式、盈利能力和投资手段的深刻变革，助力营造各类主体公平竞争的市场环境。

3. 有效防范风险，消除欺诈行为

道德风险和欺诈行为一直是保险业的弊病，阻碍着保险业的发展。人工智能、大数据、区块链和物联网等技术可帮助保险公司更好地校准数据，提高保险公司风险评估和预测能力的精确性，降低道德风险，减少欺诈行为。例如：泰康在线智能风控系统通过隐私计算的方式，在保证客户数据隐私安全的情况下，引入海量外部数据，解决了在单一领域内进行数据分析的片面性问题和数据孤岛困境，通过挖掘多领域、多维度、深层次的潜在风险因子，分析客户是否有骗保动机。该系统还引入了前沿的图计算技术，即通过投保和被保关系、手机号、邮箱、IP 等 10 类强关系，及出险地点、报案地点、就诊医院等 12 类弱关系，实现各实体间的关联，描绘出人、保单和案件的关系网络，从而更加缜密地挖掘出欺诈团伙、甄别个体欺诈风险。

（二）保险科技的风险

保险科技的迅速发展在促进行业快速发展的同时，也引致或关联了新的风险。

1. 数据失真和算法错误风险

对于引入保险科技的传统保险公司，数据采样、模型、算法形成的任何偏差都可能会导致第一类错误或第二类错误[①]，影响整个结构的有效性以及训练系统的结果。

2. 歧视和不公平风险

保险公司使用性别或年龄等特征对客户进行风险分类时，可能会导致对客户的歧视和不公平对待，增加某些低风险客户的投保成本。例如：保险公司使用科学技术进行统计分析后发现，发生交通事故的投保客户大多为年轻男性，基于利润考虑，保险公司会对年轻男性客户收取更高昂的车险费用，但这种行为对那些年轻但行事谨慎的男性司机却不公平，会提升其投保成本。

3. 系统性风险

随着科技公司在保险领域的作用日益显著，保险公司和大型科技公司之间跨地域、瞬时性的技术合作日益丰富，传统和非传统保险业务的交叉性也不断增强。一旦某个业务平台发生实质性违约，其产生的风险将可能随着交叉业务快速传导到其他平台，从而引发风

---

① 在统计学和数据分析中，第一类错误和第二类错误是两种常见的错误类型。第一类错误指的是错误地拒绝了实际上成立的假设，即弃真错误；第二类错误指的是错误地接受了实际上不成立的假设，即取伪错误。

险类型重心的漂移，即微观金融风险类型的重心将会从传统金融风险漂移至非金融类型风险。进一步而言，金融风险还有可能会顺着经济链条传导到其他领域，严重时可能会对整个经济产生负面影响。

任务小结

1. 保险科技是指传统保险公司、保险初创公司和科技创新公司等经营主体，综合利用新技术颠覆传统保险业的经营模式，为保险业提供创新的解决方案，重塑保险经营模式。其目的是提升保险业的运营效率、降低成本，为保险消费者提供能够更加满足其需要的保险产品和服务。

2. 保险科技经历了萌芽期、起步期和爆发期，目前已进入高质量发展期。我国保险科技的发展得到了政策的大力支持，保险科技初创公司数量快速增长，保险科技投入规模不断扩大，保险科技公司快速发展。

3. 保险科技的应用价值有：对保险价值链产生革命性影响，提升保险公司竞争力；创新保险产品开发和服务，优化保险市场环境；有效防范风险，消除欺诈行为。保险科技的风险有数据失真和算法错误风险、歧视和不公平风险以及系统性风险。

技能实训

相互宝

“相互宝”，原名“相互保”，是由蚂蚁保和信美人寿相互保险社于2018年10月在支付宝上线的一项大病互助计划。根据“一人生病，众人分摊”的理念，符合条件的成员加入相互宝后，如遭遇重大疾病（99种大病、恶性肿瘤、特定罕见病），可申请获得30万元或者10万元的互助金，费用由所有成员分摊。2019年，全国已有1亿人加入相互宝。

然而，一边是相互宝用户规模的迅速增长，另一边是监管层对相互宝风险的担忧。2020年9月，原银保监会打击非法金融活动局发布《非法商业保险活动分析及对策建议研究》。研究称，相互宝、水滴互助等网络互助平台会员数量庞大，属于非持牌经营，涉众风险不容忽视，部分前置收费模式平台形成沉淀资金，存在跑路风险，如果处理不当、管理不到位还可能引发社会风险。2021年12月28日，相互宝宣布自2022年1月28日24时停止运行。

相互宝被定义为网络互助计划，而非传统的保险。结合相互宝的相关资料，回答以下问题：相互宝与传统保险的区别在哪里？相互宝应用了哪些保险科技？这种网络互助模式有哪些问题？从金融风险角度看，为什么监管层禁止它继续运行？

任务二 保险科技的应用分析

任务导入

在电商平台购物时，我们常常会见到运费险的购买选项。运费险就是科技在保险业的创新产品，虽然它每单的金额不大，但却应用了智能风控、差异化定价、欺诈管理、智慧理赔和数字化服务平台，流程中处处可见新科技。那么，保险业中到底运用了哪些高科技？这些高科技又是如何具体改变保险业的呢？我们将在本任务中了解保险科技的主流技术，探索保险科技的业务创新模式。

知识准备

一、保险科技的主流技术

保险科技运用的技术包括云计算、大数据、人工智能、区块链、物联网、车联网、互联网与移动技术、无人机与遥感技术、虚拟现实技术、生物科技、可穿戴设备等。云计算是其他各项技术实施的重要基础。云计算强大计算资源的支持促进了大数据技术的发展和成熟，而大数据最大的应用体现在人工智能技术上。随后，区块链和物联网等数据应用技术相继出现，在推动信息技术发展的同时带动保险业进行数字化转型。

（1）云计算。云计算应用于保险公司的运营管理、销售管理、风险管理和客户管理等领域。利用该技术，保险公司可以在产品开发、风险定价、营销、核保、理赔等环节实现精准智能的业务运营。

（2）大数据。大数据在保险业务的各个领域均有涉及，可以为保险公司在流程优化、产品设计、精算定价、客户服务和营销推广等方面提供精准的数据分析结果，目前主要应用于风险评估、新产品开发、客户体验、定向销售、交叉销售以及欺诈检测。

（3）人工智能。人工智能技术对保险业的方方面面均产生影响，包括分销、承保、定价、理赔等。人工智能能促进保险公司在线获客、营销推广、客户服务及自动理赔，可以在提高作业效率的同时防范潜在的保险欺诈行为。

（4）区块链。区块链技术被认为是传统保险公司最有应用前途的数字技术，其适用于任何种类的保险产品、服务、支付、资产管理和融资。区块链技术提供了客户控制个人数据的可靠平台，亦为智能合约提供了可靠支撑。

中国实践

“顶梁柱”项目

（5）物联网。物联网可以帮助保险公司全面准确地获取风险数据，其主要应用于保险产品创新、风险定价、风险预测与管理。

（6）车联网。车联网是物联网技术在汽车和交通领域的深度集成应用，其应用于保险公司的风险管理、定价、理赔、客户服务和欺诈识别等业务环节，特别是车联网能带来汽车保险定价模式的改变，能提高客户的续保率。

（7）互联网与移动技术。互联网与移动技术主要应用于保险公司的产品开发、营销和客户服务等业务，其可极大地提高产品和服务的可及性与便捷性。

（8）无人机与遥感技术。无人机与遥感技术主要应用于财产保险公司和农业保险公司的风险查勘、理赔定损等业务环节。

（9）虚拟现实技术。虚拟现实技术主要应用于保险公司的风险控制、员工培训以及营销领域，其可以在建筑物投保前通过航拍进行风险控制；能够对员工进行沉浸式体验训练；能够让客户在虚拟的环境中获得对风险的认知，提高防范意识。

（10）生物科技。生物科技包括癌症早筛技术、基因检测技术等，主要应用于保险公司的新产品开发、风险定价、承保和健康风险管理等业务环节。

（11）可穿戴设备。可穿戴设备也是物联网的具体应用之一，可以帮助保险公司进行客户健康风险管理、风险评估、产品创新等。可穿戴设备可以减少信息不对称，降低投保人的道德风险。

二、保险科技的业务创新

从保险经营管理的角度看，保险科技主要在三个层面给保险业务带来深刻变革，即表层的销售渠道和保险产品创新、中层的业务管理模式创新，以及底层的底层架构和经营理念创新，如图 10-1 所示。

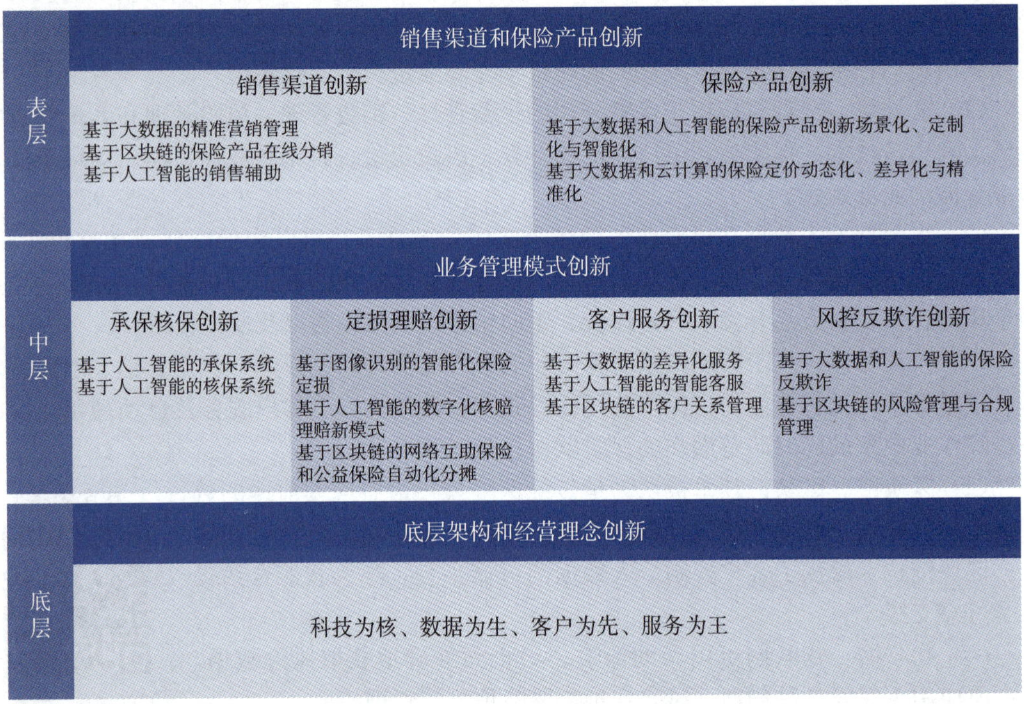

图 10-1 保险科技的业务创新

（一）销售渠道和保险产品创新

1. 销售渠道创新

保险科技的快速发展，使得“以客户为中心”的理念逐步深化，客户需求成为保险营销管理和服务改善的核心参考依据，推动保险业从以保险产品为主导的营销模式逐渐向以客户需求为核心的营销模式转变。

一是基于大数据的精准营销管理。利用保险科技，通过充分整合保险业内外部数据信息，特别是社会化和第三方数据，保险公司能够精确勾勒客户画像，实现客户的“千人千面”，在客户分群细化的基础上，

业界前沿

大都会人寿引入“AI动态客户画像”增强精准营销能力

开展服务流程完善和再造，制定全渠道可触达的精准营销规则和策略，提供差异化的保险服务和保险产品，同时建立精准营销效果评估及持续优化机制，形成从分析、策划到执行、评估的精准营销闭环管理系统，不断改善客户体验，增强客户黏性，打造良好的营销口碑和品牌美誉度。

二是基于区块链的保险产品在线分销。保险公司可将区块链技术引入互联网保险保单管理过程，对保险合同、客户身份以及营销人员等各个参与节点进行在线验证，进行分布式的、安全高效的认证和存储，并可通过基于区块链的数字资产交易和转让系统，实现分销费用的及时准确结算，而不受时空限制，从而建立起基于区块链的保单全周期管理模式，形成保险在线销售的闭环管理。

三是基于人工智能的销售辅助。对于保险业，特别是寿险业而言，大量营销人员的管理成本居高不下，且存在培训投入高、新手成单率低、人员流动性大等问题。人工智能虽然短期内无法替代营销人员，但是其快速的学习能力、丰富的专业知识库、高度的电子化程度、稳定的在岗能力等优势，使得保险销售特别是标准化产品的在线销售更加经济便利。

2. 保险产品创新

保险科技真正改变了保险产品的研发和定价模式，使得保险产品研发与创新逐步由企业内部驱动向市场需求驱动转变，保险产品定价逐步由更加关注改进精算模型向更加关注丰富数据维度和深度转变。

一是基于大数据和人工智能的保险产品创新场景化、定制化与智能化。移动互联深刻改变了社会公众传统的生活、工作、消费和支付习惯，其所蕴含的新风险、创造的新场景，也派生出新的保险需求，开拓出保险产品创新的新空间。保险科技实现了对保险生态的重塑，其核心是在“在线时代”的数字化社会背景下，以智能化方式描绘客户画像，刻画客户的“数字形象”，无缝接入服务场景，连接生态数据和服务，为互联网生态提供场景化、定制化保障，为每个客户提供个性化、定制化的风险解决方案。

二是基于大数据和云计算的保险定价动态化、差异化与精准化。保险科技的有效应用，能够促进保险公司更深入地洞察客户需求，按需提取和分析客户与交易数据，实时计算，提供更精准的风控方案和定价模型，评估和防控风险，打破传统保险产品定价模式，推动保险精算水平和精算效率的提升。

（二）业务管理模式创新

保险科技深入渗透保险经营价值链的每个环节，将保险公司的数字化与业务战略紧密结合，通过对数字资产、客户资源、管理系统等进行有效整合、改良、完善和利用，克服行业痛点和难点，实现保险业务和运营模式的优化与升级，助推保险公司的承保核保、定损理赔、客户服务、风控反欺诈等管理模式的创新变革取得实效。

知识链接

场景化保险

1. 承保核保创新

一是基于人工智能的承保系统。依托智能承保系统，保险公司能够根据不同的保险产品特点与要求，对不同保险产品的承保条件分别设置对应的承保选择规则。例如：在财产保险行业中占比最大的车险承保过程中，人工智能对 VIN 码、行驶证、车牌号、车型甚至发动机号、行驶里程等多种信息进行有效识别，实现自动化承保验车，整个过程简单、自动、高效、准确，为保险客户带来了非常好的便捷体验。

二是基于人工智能的核保系统。人工智能的效能发挥是基于大量有效的基础数据以及专门化的训练。在前期人工的参与、训练与引导下，人工智能逐步将专业的核保知识、案例和经验传给智能核保系统，完成智能核保系统知识库建设，继而实现智能核保系统对保险业务是否核保作出及时、准确的判断，推动智能核保系统逐步在核保环节发挥出超越人力工作的专业性、主动性、积极性与持续性，有效释放人力劳动，降低保险公司经营成本，并有效降低人为因素导致的逆选择及恶意投保等风险。

2. 定损理赔创新

一是基于图像识别的智能化保险定损。不同于传统定损的繁杂环节，基于图像识别的智能化保险定损仅需客户上传证件照和保险标的出险现场照片、图像定损、客户确认、赔付四个环节即可完成。在智能定损过程中，人工智能充当定损员的“大脑”和“眼睛”，通过部署在云端的算法识别事故照片，经连接保险公司后台，数秒内即可给出准确的定损结果。整个定损过程及时、简单、高效，极大提升了客户体验，有效降低了公司成本，同时最大限度地降低了人工操作带来的工作失误和徇私舞弊风险。

二是基于人工智能的数字化核赔理赔新模式。该模式利用人工智能技术，在大数据和高级算法的基础上，结合保险理赔管理的规则引擎，对理赔案件，尤其是小额、高频、碎片化的互联网保险产品的理赔案件，进行智能审核、校验和处理；利用历史数据和内置算法，通过系统自动搜索数据，完成定损数据计算任务，进行审核理算，在人机互检的基础上，快速进行核赔、理赔，协助保险工作人员快速、准确、高效、经济地处置理赔事件，实现数据处理的自动化与核赔理赔的高效化和准确化，全面革新传统理赔管理模式，综合提升保险理赔的质量与服务水平。

三是基于区块链的网络互助保险和公益保险自动化分摊。区块链，尤其是智能合约在互助保险组织领域的应用，能够实现保险合同在分布式系统下的损失分摊的自动和自主执行，并能够同时实现对保险合同主体身份等相关信息的真实有效性进行验证，推动互助保险组织实现“自验证+自执行”的组合形式，打通互助保险自动化交易、分摊、执行与管理的全链条，提供一个基于网络共识和自动化执行机制的线上交易实现平台，由此催生基于信息化平台的点对点互助保险组织，实现对风险的主动、直接管理，在安全、公开、可靠的基础上，保证相互保险组织实现高度自动化、智能化运行。

3. 客户服务创新

一是基于大数据的差异化服务。大数据有效增加了保险业与客户的接触点和接触频率，创新了客户交互的维度和视角，使两者之间形成“强连接”关系，保险销售与服务更有针对性、更加人性化，有效解决了客户痛点，极大降低了保险双方由于信息不对称导致的销售误导问题，以最低的费效比提供最佳的客户体验度和满意度。

业界前沿

众安科技利用AIGC进行情感服务自由化

二是基于人工智能的智能客服。利用语音与人脸识别、语义分析、深入学习等技术，智能客服可以准确捕捉客户需求，实现拟人化的人机交互，为客户提供更加耐心、更加专业、更加愉悦的服务建议和解决方案，在实现客户服务网络化和自助化的同时，大幅改善了保险与客户接触界面的友好性与和谐性，极大改变了保险业客户服务领域的服务与管理模式，有效提升了保险公司的运营效率、管理水平与客户满意度，极大降低了保险公司的人力成本、管理成本和培训成本。

三是基于区块链的客户关系管理。依赖于可靠、不可篡改的数据库，区块链将彻底改变人们身份、资产等相关信息的登记与验证方式，打造链上“数字身份证”，并基于全网的多方验证形成数据信息的“自证明”模式。基于区块链，投保客户可自行添加被保险人，建立“家族谱”式的投保管理列表，在确保隐私的前提下，实现菜单式的投保自我管理，进而实现基于区块链的菜单式保单与客户信息统一管理，使得保险业客户关系管理更加安全、更加高效、更加人性。

4. 风控反欺诈创新

一是基于大数据和人工智能的保险反欺诈。基于以往保险理赔案件处理情况，同时对接央行征信数据、公安数据、芝麻信用等行业外相关有效参考数据，利用保险科技，保险业可以建立适合行业实际的反欺诈模型，将保险欺诈案件中的相关特征以及要素，通过系统化的方法，以一种定量方式来评估案件欺诈风险的高低，进行理赔欺诈分析，并在实践中根据案件欺诈情况，自动对模型进行反馈，在模型的实际运行过程中训练形成新的规则，对反欺诈模型进行再调整与再完善，不断提升反欺诈模型的有效性，提升骗保欺诈案件识别的准确率和识别率，逐步打造自动化、智能化的保险反欺诈新生态。

二是基于区块链的风险管理与合规管理。区块链技术与保险业风控和合规管理具有天然的契合性，特别是区块链对于跟踪、保证和监督保险经营流程中人员、合同等相关信息的真实客观记录与执行实施极具应用前景。这样既能确保身份与交易信息认证真实可靠，又能确保交易执行和资金流向合规可控。此外，区块链技术还可实现对保险交易资金的有效执行、跟踪和监控，确保资金流向合理与合规，杜绝资金的违规操作与运用。

（三）底层架构和经营理念创新

传统的保险公司运营，采用基于多层级的总分架构，重资产、高投入，这驱动保险公司做大规模，不仅导致运营成本高昂，还给保险公司适应移动互联网时代快速变革和市场化进程带来巨大压力。保险科技的有效运用，为保险公司运营，特别是底层架构建设带来革命性变化，为保险公司，特别是互联网保险公司的重科技、分布式、轻资产、强服务的新型运营模式，提供了强大的技术支撑，极大加强了保险公司资产的流动性，有效提升了保险公司的核心运营能力，推动了保险业实现全面效率提升、深层价值挖掘以及生态外延扩展。

业界前沿

蚂蚁保的安心赔
和它背后的
“理赔大脑”

同时，保险科技也为保险业的经营理念变革注入了强大活力，推动保险业改变旧的思维，打破旧的模式，大胆进行改革与创新，推动行业再造。例如：智能驾驶、物联网等技术的发展成熟以及在汽车行业的深入应用，促使特斯拉等汽车制造公司大力发展无人驾驶汽车，并采取将汽车价格和车险保费打包整合统一销售的全新模式，这将彻底颠覆传统汽车保险的经营格局，推动保险业摒弃传统思维模式，求新求变，寻求突破。当下，科技驱动成为保险公司新时代经营发展的共识，甚至支撑保险公司将科技能力不断延伸至其他场景，向其他生态进行输出与扩展，有效提升保险业对产业链上下游的影响度和整合力。可以看出，保险业对于“分布式”“数据资产”“以客户为中心”等经营理念理解更为深刻，推动落实更为坚决有力，使得保险业逐渐走出一条“科技为核、数据为生、客户为先、服务为王”的新时代保险公司经营管理之路。

任务小结

1. 保险科技中的主流技术有云计算、大数据、人工智能、区块链、物联网、车联网、互联网与移动技术、无人机与遥感技术、虚拟现实、生物科技、可穿戴设备等。

2. 保险科技的业务创新体现在表层的销售渠道和保险产品创新、中层的业务管理模式创新，以及底层的底层架构和经营理念创新。

技能实训

图 10－2 是保险产品的流程图，请根据流程图描述在每一个流程的各项工作中如何应用保险科技完成业务创新和效率提升。

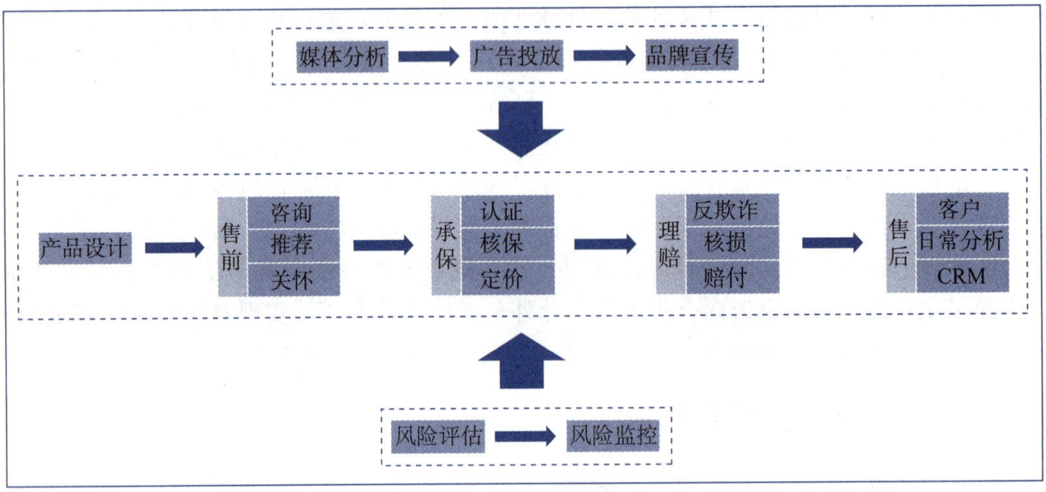

图 10－2　保险产品流程图

任务三　走进互联网保险

任务导入

失眠险、雾霾险、单身险、中秋赏月险、长痘痘险，这些都是互联网保险公司推出的“奇葩”险种，保险业在互联网时代也玩出了新花样。作为新型的保险销售方式，互联网保险难道只会推出一些“奇葩”产品夺人眼球吗？互联网保险与传统保险有什么区别？它与保险科技是什么关系？互联网保险公司又是如何开展保险业务的呢？让我们一起走进互联网保险。

知识准备

一、互联网保险的概念

互联网保险是指保险机构依托互联网订立保险合同、提供保险服务的保险经营活动。在互联网保险业务中，保险机构通过互联网和自助终端设备销售保险产品或提供保险经纪服务，消费者不但能够通过保险机构自营网络平台的销售页面独立了解产品信息，而且能够自主完成投保行为。从概念上看，互联网保险的本质仍然是保险，突出的是销售渠道的创新，保险机构销售推广、宣介和消费者投保的行为都通过互联网渠道完成。虽然销售渠道的创新是互联网保险的核心，但是互联网保险不只局限于渠道创新，因为渠道的变革和科技的应用，产品创新和商业模式的创新也是互联网保险的特征，如场景、销售方式、客户运营理念、产品设计与营销等方面的创新。

互联网保险与保险科技的概念不同。保险科技强调的是科技在保险业的创新应用，传统的保险业务也可以应用保险科技。互联网保险强调的是销售渠道、销售方式等商业模式的创新。当然，保险科技的创新应用促进了商业模式的创新，从这个角度来说，互联网保险是保险科技带来的诸多创新模式的一种。

特别提示

互联网保险和保险科技的关系与互联网金融和金融科技的关系类似。

二、互联网保险的发展

（一）互联网保险的发展历程

2011 年之前，互联网保险仍处于萌芽和探索阶段，早期的互联网保险探索主要集中在意外险、旅行险等比较简单、标准化程度较高的产品的销售服务。2011 年开始，互联网保险迎来了高速发展阶段。2011—2015 年，互联网保险保费规模持续保持 150%以上的年增长率。2013 年保险业与互联网模式开始融合创新，从互联网保金增至百亿元大关，到 60 余个险种在互联网上正式运营，互联网保险业正式进入大众眼球，各大保险机构纷纷向网络销售商提供互联网保险服务。2016 年以后，互联网保险发展速度有所放缓，也暴露出一些行业乱象。随着监管体系的不断完善，互联网保险在经历了 2016—2018 年的低谷期后，在 2019 年增长率恢复至两位数，进入新一轮的规范发展阶段。2013—2022 年，开展互联网保险业务的企业已经从 60 家增长到 129 家，互联网保险的保费规模从 290 亿元增加到 4 782.5 亿元，年均复合增长率达到 32.3%。但总体来看，我国目前的互联网保险渗透度不足 10%，仍处于较低水平。

（二）互联网保险的发展现状

1. 互联网保险的市场规模不断扩大

我国互联网保险市场规模快速增长，如图 10－3 所示，2021 年共有 60 家人身险公司开展互联网保险业务，累计实现规模保费 2 916.7 亿元，同比增长 38%；如图 10 - 4 所示，2021 年互联网财险累计实现保费收入 862 亿元，同比增长 8%，较财险行业整体保费增速高出 7 个百分点。互联网财险业务各渠道保费收入占比呈差异化发展，其中，专业中介渠道累计保费收入 412 亿元，占 48%；保险机构自营平台累计保费收入 195 亿元，占 23%；营销宣传引流累计保费收入 248 亿元，占 29%。预计到 2030 年，互联网保险的保费收入规模将比 2022 年增长近 6 倍，或将超过 2.85 万亿元，通过互联网渠道销售并完成理赔的金额将接近 1 万亿元。

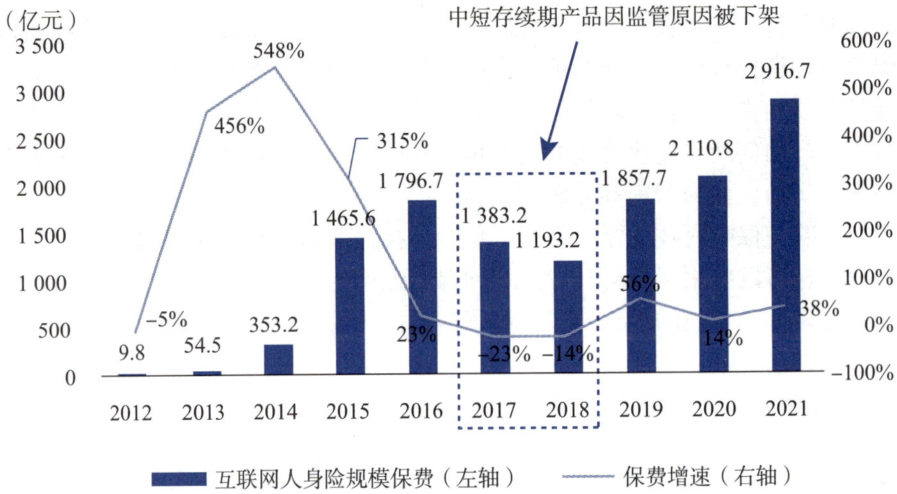

图 10 - 3　2012—2021 年互联网人身险规模保费

资料来源：同花顺 iFind，招商证券.

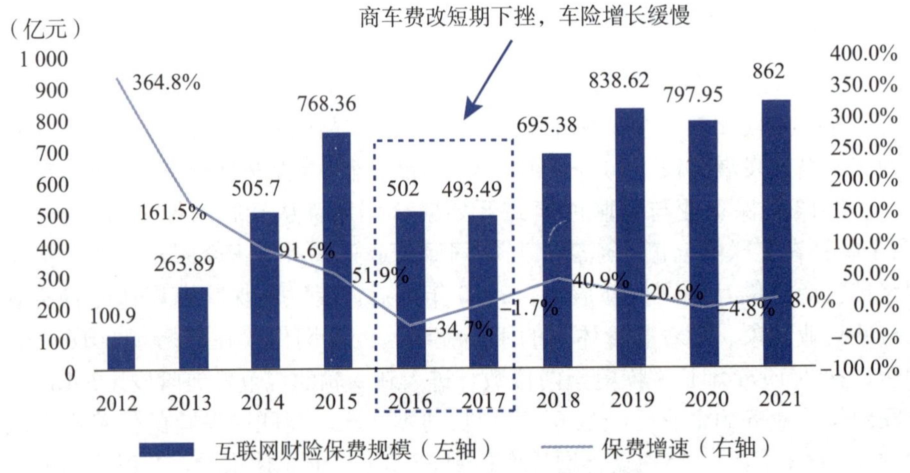

图 10 - 4　2012—2021 年互联网财险保费规模

资料来源：同花顺 iFind，招商证券.

2. 互联网保险产品推陈出新

互联网保险产品不断创新，互联网保险公司凭借自身的专业优势有针对性地推出具有创新性的险种。例如：泰康在线在健康领域推出的基因检测责任保险，易安财险[①]推出的公交车延误险，以及众安保险推出的宠物保险、“微医保”、“阳光星运动健康管理计划”等；根据一些生活中的意外设立的保险，如航班延误险、手机碎屏险等；互联网保险产品在虚拟经济领域也不断创新，如淘宝运费险、银行卡盗刷险、网络游戏虚拟财产损失险等。近年来陆续推出的消费保障险、违约保险等也为互联网保险市场注入了新的活力。

（三）互联网保险的发展特点

1. 传统保险机构积极布局互联网渠道，大力进行数字化转型

一方面，传统保险机构纷纷布局互联网渠道。当前，传统保险机构的互联网保险业务开展主要以第三方渠道合作为主、以险企官网自营为辅。2021 年，人身险业务通过第三方渠道实现的互联网保险保费占比为 86.7%。各家机构均根据不同资源禀赋在销售端与互联网中介开展不同类型的合作，借助互联网平台进行客户触达、引流、转化和销售。另一方面，越来越多的传统保险机构开始关注技术赋能，将物联网、大数据、云计算等新型技术运用到产品创新、核保承保、运营服务全流程，以及队伍建设、风控、经营决策等全方位的优化。例如：2019 年中国平安率先提出全面数字化改革，提出科技赋能队伍、数字驱动营销和数据驱动经营三大改革任务，构建覆盖前、中、后端的全面数字化运作模式。

2. 专业化互联网保险公司经营分化

2013 年 11 月，国内首家互联网保险公司——众安保险由蚂蚁金服、腾讯和中国平安等公司发起成立。其兼具科技和保险的双重基因，不设任何分支机构，完全通过互联网进行在线承保和理赔服务。众安保险的成立标志着互联网技术对保险经营与服务业态的进一步革新。此后，泰康在线、安心财险、易安财险等一批专业化的互联网保险公司相继成立。发展至今，受股东背景、资源禀赋等多方面原因影响，专业化互联网保险公司经营出现明显分化。众安保险与泰康在线分别于 2020 年和 2021 年实现盈利，经营相对稳健；众安保险的业务以意外健康险和基于互联网场景的运费险为主，走出了一条独具特色的互联网保险公司发展之路。而以车险、信用保证险为主要业务的易安财险与安心财险，其业务基本停滞，并未探索出适合财险业务的互联网新模式。

3. 互联网保险中介平台蓬勃发展

随着互联网保险规模不断增长，诸多服务于主体保险机构的互联网保险中介平台如雨后春笋般出现，如小雨伞、i 云保和蚂蚁保、水滴保险和微保等。这些依托场景、流量和科技的数字化保险中介平台，更能精准切入互联网保险客户的需求，提供更为个性化、多元化的服务；同时，其积极对接保险机构数字化转型的需求，帮助传统机构降本增效，有效提高了保险业的线上服务能力，已经成为互联网保险业不可或缺的服务者。

---

① 易安财险成立于 2016 年，是经原保监会批准设立的四家互联网保险公司之一，后因经营不善等原因，在 2022 年 7 月进入破产重整程序，2023 年 5 月完成了市场化重组，由比亚迪公司全资收购，更名为比亚迪财险。

三、互联网保险的优势

相比传统保险，互联网保险的优势主要体现在以下三个方面。

（一）信息透明

互联网保险能够让客户自主选择产品，在线比较多家保险机构的产品，保费透明，保障权益也清晰明了。这种方式相较于传统保险，退保率也会大大降低。

特别提示

传统保险销售模式主要依靠代理人推介，客户往往是被动购买，而互联网保险往往是客户主动寻求投保，或者依托场景投保。

（二）服务便捷

互联网保险公司可以打破地域及时空限制，无须设立地方物理服务站点，产品咨询、保单发送等都可以在线上完成。很多互联网保险实现了全程线上理赔，使得理赔也更轻松。

（三）保费较低

云计算、大数据及物联网等技术的成熟和应用，使得互联网保险公司的基础设施建设成本大幅度减少，有效地降低了保险运营前端成本。此外，无须在线下设置网点也可以降低互联网保险公司的建设成本。而在内部结构组织方面，互联网保险公司实行的是扁平化及轻资产的管理运营及组织形式，可以降低管理成本。更重要的是，互联网保险公司的运营往往依赖于平台，平台模式的特点是业务规模的扩张对人力成本的依赖较小，边际成本较低，这让互联网保险可以拓展小额保单业务。相对来说，互联网保险公司的保险性价比较高。

特别提示

正因为互联网保险购买和服务的便捷性以及互联网保险公司的低成本运营模式，互联网保险逐步占据了大部分传统保险产品的中低端产品市场。但是目前，高端保险产品中保险经纪人的角色似乎仍不可或缺。

四、互联网保险的经营模式

互联网保险的经营模式主要有三种，如图 10－5 所示。

（一）传统保险公司的线上模式

该类型是指保险公司通过自建官网形式展现自身品牌，展示保险产品，销售产品，提供在线咨询和服务。几乎所有的中大型保险公司都设立了自己的在线平台进行保险产品销售和服务，典型代表有太平洋保险、中国平安和泰康保险等。这些传统保险公司也会在电商平台开辟销售保险产品的网店，如泰康人寿开设了天猫旗舰店。

图 10－5　互联网保险的经营模式

（二）专业互联网保险公司

2013 年，第一家互联网保险公司——众安保险成立，它是我国第一家不设线下机构、业务流程完全线上化的财产保险公司。之后相继成立的易安财险、安心财险、泰康在线①都是专业的互联网保险公司。这类公司的核心是保险业务，只是在销售渠道、经营模式上与传统保险公司不同，客户流量、产品创新、科技赋能都是围绕保险业务展开，最终要实现的是承保盈利。

（三）保险中介平台公司

在金融科技发展的浪潮下，一类专营互联网保险销售的保险中介平台公司成立了。它们的定位是保险公司与互联网消费者的桥梁，帮助保险公司向客户推介销售保险产品，并向保险公司收取佣金（见图 10－6）。其中有一些保险中介平台公司由像腾讯、阿里巴巴这样的大型平台互联网公司构建，如蚂蚁保、微保，也有一些长期运营互联网保险中介平台业务，如慧择保险、小雨伞。按照面向的客户类型，保险中介平台公司还可以分为面向个人客户和面向企业客户两种类型，如慧择保险、蚂蚁保、微保都是面向个人客户，面向企业客户的代表有量子保、保险师等。

业界前沿

慧择保险

① 与其他三家不同，泰康保险在线上和线下均有销售渠道。

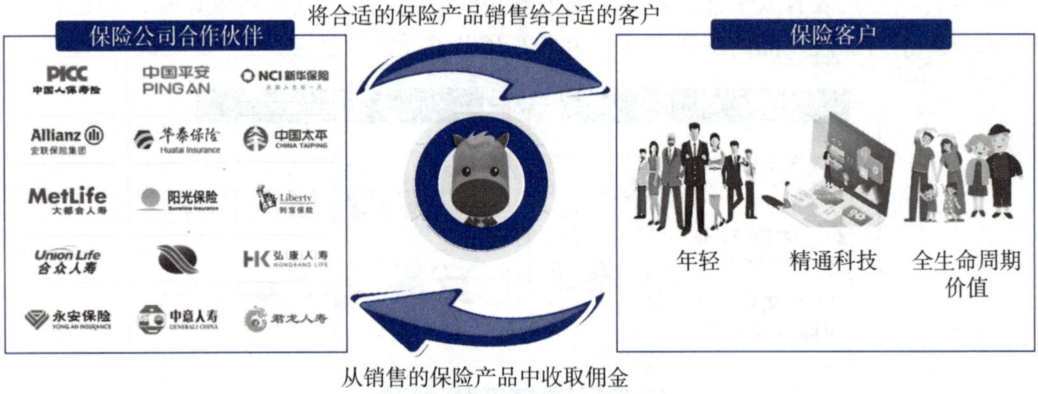

图 10－6　保险中介平台公司的运营模式

五、我国互联网保险发展面临的问题

（一）产品创新乏力，保费增长速度受限

自 2011 年以来，我国互联网保险保费收入呈现上升趋势，但增长速度不稳定，甚至出现过负增长。2019 年、2020 年、2021 年、2022 年互联网保险保费收入分别为 2 696.32 亿元、2 908.75 亿元、3 778.7 亿元、4 782.5 亿元，增速分别为 42.77%、7.88%、29.91%、26.6%。其原因包括：互联网保险业务产品单一，保费占比最大的车险业务保费不断下降；互联网保险运营模式并没有对传统的销售模式实现真正的革新，只是把保险产品销售从线下搬到了线上，保险产品依旧与之前类似，不能长期保持稳固的行业竞争优势，很容易被新进入者模仿从而丧失原有的市场地位。

（二）保险科技创新力度不足，网站设施和软件实力有限

作为资金密集型和知识密集型企业，在起步和初期阶段，互联网保险公司需要在产品研发、技术更新、网站运营、软件开发、硬件设备建设等方面投入大量资金，但目前研发投入普遍不足。以保险科技的领先代表众安保险为例，2017—2021 年，众安保险研发强度分别为 8.71%、8.93%、6.70%、5.39%、5.50%，和其他领先的互联网公司相比还存在差距。另外，互联网保险公司无形资产占比较低，以众安保险为例，2017—2021 年其无形资产比率分别为 1.07%、1.35%、1.35%、0.91%、0.86%，和国外发达市场上的互联网保险公司相差甚远。而且，这些公司自身的线上流量不足，过分依赖从第三方平台引流。据统计，在 2021 年互联网财险业务中，第三方代销渠道合计保费收入为 667 亿元，占比达 77.38%，同比上升 3.04%；互联网人身险第三方代销渠道保费收入为 2 529.4 亿元，占比达 86.72%，同比上升 2%。我国互联网保险对第三方平台过度依赖，长此以往将面临较大制约，未来与第三方合作平台之间的利益博弈将成为决定保费增长稳定性的关键因素。此外，第三方平台往往与多家保险公司合作，在同一平台提供多种具有竞争性的保险产品，这种非独家安排的合作模式使得还处于成长期的互联网保险公司面临更大的销售压力，市场份额被进一步挤压。

（三）保险产品定价和成本压力大，盈利能力受限

据统计，众安保险、泰康在线、安心财险、易安财险四家专业互联网保险公司近几年时间大部分处于亏损状态。2019 年，四家互联网保险公司全数亏损。2020 年众安保险、2021 年泰康在线扭亏为盈，但其他公司仍处于亏损状态，其中易安财险因亏损严重于 2020 年 7 月被监管部门实施接管。其原因是：一方面，互联网保险公司在我国才兴起不久，缺乏历史数据的支持，不能为保险产品定价提供可靠的依据，公司产品定价不准确，甚至导致定价低于成本，入不敷出；另一方面，互联网保险公司过分依赖第三方平台，支付给第三方平台的咨询与技术服务费占比较高，特别是目前市场竞争非常激烈，具有较大流量规模和销售能力的第三方平台较少，互联网保险公司不得不通过提高咨询与技术服务费的方式来争夺优质平台。过高的咨询与技术服务费使互联网保险公司承受了过高的费用负担，从而导致综合成本过高。

（四）服务能力较为薄弱，保险消费投诉增加

官方披露的保险消费投诉情况显示，2021 年第三季度亿元保费投诉指标中，两大互联网保险公司安心财险、泰康在线分别为 437.32 件/亿元、37.94 件/亿元，位居财险公司前十位。投诉的主要问题是销售页面没有明确说明免责条款、捆绑销售保险产品、未经同意自动续保、拒赔理由不充分等。从线下服务来看，传统保险公司由于在全国各地设置了分支机构和网点，后续线下服务容易实现。但互联网保险公司经营采取“轻机构”模式，即线下没有设立分支机构，因而线下服务相对不足，客户体验较差。

任务小结

1. 互联网保险是指保险机构依托互联网订立保险合同、提供保险服务的保险经营活动。互联网保险的本质仍然是保险，突出的是销售渠道的创新，保险机构销售推广、宣介和消费者投保的行为都通过互联网渠道完成。互联网保险与保险科技的概念不同。

2. 目前，互联网保险的市场规模不断扩大，互联网保险产品推陈出新。互联网保险的发展特点包括传统保险机构积极布局互联网渠道，大力进行数字化转型；专业化互联网保险公司经营分化；互联网保险中介平台蓬勃发展。

3. 互联网保险的优势有信息透明、服务便捷、保费较低。

4. 互联网保险的经营模式包括传统保险公司的线上模式、专业互联网保险公司和保险中介平台公司。

5. 互联网保险面临的问题有：产品创新乏力，保费增长速度受限；保险科技创新力度不足，网站设施和软件实力有限；保险产品定价和成本压力大，盈利能力受限；服务能力较为薄弱，保险消费投诉增加。

技能实训

众安保险

众安在线财产保险股份有限公司（以下简称众安保险）是中国首家互联网保险公司，

由蚂蚁金服、腾讯和中国平安共同出资设立，于2013年11月6日揭牌开业，2017年9月28日在香港联交所主板上市。众安保险总部位于上海，不设任何分支机构，完全通过互联网展业。众安保险成立之初，主要依赖淘宝场景的运费险，在2014年的“双11”期间，众安保险保单总数一举突破了1亿单。在此之后，众安保险又相继与携程合作推出航班延误险、与中国平安联合推出保骉车险等。由“保险＋科技”双引擎驱动，众安保险专注于应用新技术重塑保险价值链，围绕健康、数字生活、消费金融、汽车四大生态，以科技服务新生代，为其提供个性化、定制化、智能化的新保险。截至2022年底，众安保险服务超过5亿客户，累计出具约537亿张保单。

在科技赋能保险的同时，众安保险将经过业务验证的科技对外输出。2016年11月，众安保险成立全资子公司——众安信息技术服务有限公司（以下简称众安科技），将技术方案产品化，向海内外市场输出科技产品和行业解决方案。截至2021年底，众安科技的科技输出累计服务企业客户数超过600家，海外合作伙伴包括日本财产保险公司SOMPO、东南亚领先的O2O平台Grab、新加坡综合保险机构Income等知名企业。

众安保险目前的核心业务仍然是承保，由健康、数字生活、消费金融和汽车四个业务模块构成，分别占比37％、36％、22％和5％，主要险种有健康险、运费险、意外险、保证险、车险、信用险、家财险、货运险、责任险等。众安保险诞生之初的愿景就是应用保险科技，创新保险业务，其保险业务特点有线上化、场景化、碎片化、创新性和科技化。

近年，众安保险在经营保险业务的同时，也开始以授权、技术服务和其他SaaS等模式对外输出，开创新的利润增长点，2021年这方面的合作客户数达到109家，产生了5.20亿元收入，预计未来该模式的收入增速将超过保险业务。同时，众安保险也在香港地区拓展业务，其中也不乏创新，例如其在香港打造了低价虚拟银行ZA Bank和全数码化保险公司ZA Insure。ZA Bank客户人数超50万，吸收存款达70亿港币，发放贷款25亿港币，获得了虚拟人寿代理牌照。ZA Insure经营普惠性质的线上保险，开发了人寿保、癌症保、心中保和个人意外保四款产品。

根据案例资料，查询众安保险公开披露的信息，结合网络资料和项目案例，完成以下实训任务：

（1）谈一谈众安保险的特点与优势。

（2）任选两个保险科技主流技术，谈一谈众安保险是如何应用科技开展保险业务的。

（3）运费险是众安保险发展的初期支撑和典型代表，结合“任务二　保险科技的应用分析”中“知识链接　场景化保险”，思考场景化保险相较于传统保险有哪些优势。除了已经提到的保险产品，你还能想到或者设计出哪些场景化保险产品？

在线测试

项目十
保险科技

[1] 何国杰. 金融大数据处理：初级 [M]. 广州：中山大学出版社，2021.

[2] 巴曙松. 大数据通识 [M]. 北京：机械工业出版社，2020.

[3] 姚前. 中国区块链发展报告 [M]. 北京：社会科学文献出版社，2020.

[4] 郑红梅，刘全宝. 区块链金融 [M]. 西安：西安交通大学出版社，2020.

[5] 李伟. 中国金融科技发展报告：2021 [M]. 北京：社会科学文献出版社，2021.

[6] 刘新海. 征信与大数据 [M]. 北京：中信出版社，2016.

[7] 金融科技理论与应用研究小组. 金融科技知识图谱 [M]. 北京：中信出版社，2021.

[8] 皮天雷，刘垚森，吴鸿燕. 金融科技：内涵、逻辑与风险监管 [J]. 财经科学，2018 (9)：16－25.

[9] 姜睿. 我国金融科技演进逻辑、阶段特征与提升路径 [J]. 经济体制改革，2020 (6)：147－152.

[10] 刘少波，张友泽，梁晋恒. 金融科技与金融创新研究进展 [J]. 经济学动态，2021 (3)：126－144.

[11] 李跃然，等. 发展中的金融科技：影响与对策 [J]. 科技管理研究，2021 (24)：18－26.

[12] 丁晓蔚. 从互联网金融到数字金融：发展态势、特征与理念 [J]. 南京大学学报（哲学·人文科学·社会科学），2021 (6)：28－44，162.

[13] 周梓勋，张子悦，洪莹. 区块链技术在跨境支付中的发展与展望 [J]. 中国商论，2022 (11)：16－19.

[14] 袁辉，杜孟阳. 试论区块链技术赋能农业保险发展 [J]. 上海保险，2022 (5)：54－57.

[15] 王炜. 工商银行金融云助力智慧银行转型 [J]. 中国金融电脑，2020 (11)：39－41.

[16] 袁秀艇. 互联网第三方支付市场的发展与规制 [J]. 人民论

坛，2021（7）：82－85.

[17] 杨敏. 科技创新与银行业发展：演进历程及展望［J］. 新金融，2020（83）：33－37.

[18] 刘春航. 金融科技与银行价值链的重塑［J］. 金融监管研究，2021（1）：1－11.

[19] 孔德超. 大数据征信初探：基于个人征信的视角［J］. 现代管理科学，2016（4）：39－41.

[20] 赵志勇. 个人大数据征信：模式困境与出路探析［J］. 上海金融，2017（7）：92－95.

[21] 熊俊. 非法定数字货币的界定与监管［J］. 中国金融，2016（17）：26－27.

[22] 王媛媛. 保险科技如何重塑保险业发展［J］. 金融经济学研究，2019（6）：29－41.

[23] 夏诗园. 保险科技：监管挑战、国别经验及启示［J］. 南方金融，2022（11）：74－83.

[24] 黄静，莫恒勇，李文欣. 保险科技的实践创新［J］. 中国金融，2018（2）：63－65.

[25] 王和，周运涛. 我国保险科技发展展望［J］. 中国金融，2018（9）：64－66.

[26] 何飞. 中国消费金融大数据征信研究［D］. 南京：南京大学，2016.

[27] 中国信息通信研究院. 2021 年大数据白皮书［R］. 2021.

[28] 阿里云. 阿里金融云平台技术白皮书 V2.0［R］. 2022.

[29] 新华三人工智能发展报告白皮书［R］. 2020.

[30] 中国信息通信研究院. 金融人工智能研究报告：2022 年［R］. 2022.

[31] 中国人民银行数字人民币研发工作组. 中国数字人民币的研发进展白皮书［R］. 2021.

[32] 保观. 中国保险科技十年发展回顾与展望［R］. 2023.

[33] 中国社会科学院金融研究所. 2023 年互联网保险理赔创新服务研究报告［R］. 2023.

图书在版编目（CIP）数据

金融科技基础/汪一林，项阳主编. -- 北京 ：中国人民大学出版社，2025. 1. --（新编 21 世纪高等职业教育精品教材）. -- ISBN 978-7-300-33552-0

Ⅰ. F830

中国国家版本馆 CIP 数据核字第 2025TF8826 号

新编 21 世纪高等职业教育精品教材 • 金融类

金融科技基础

主　编　汪一林　项　阳

Jinrong Keji Jichu

出版发行	中国人民大学出版社		
社　　址	北京中关村大街 31 号	**邮政编码**	100080
电　　话	010－62511242（总编室）		010－62511770（质管部）
	010－82501766（邮购部）		010－62514148（门市部）
	010－62515195（发行公司）		010－62515275（盗版举报）
网　　址	http://www.crup.com.cn		
经　　销	新华书店		
印　　刷	北京宏伟双华印刷有限公司		
开　　本	787 mm×1092 mm　1/16	**版　　次**	2025 年 1 月第 1 版
印　　张	14.25 插页 1	**印　　次**	2025 年 1 月第 1 次印刷
字　　数	342 000	**定　　价**	45.00 元